B·R·A·N·D M·A·N·A·G·E·M·E·N·T

# 상표관리론

윤영수 · 이승훈 · 홍기갑 · 박강익 · 조성종

법문사

# 머리말

지난해 말 세계적인 브랜드 컨설팅 회사인 '인터브랜드'와 '비즈니스위크'가 발표한 '글로벌 100대 브랜드'에 의하면 '코카콜라'는 세계 1위의 브랜드 가치를 가지고 있으며, 그 가치만 670억 달러(약 80조원)가 넘는다고 한다(우리나라 기업인 '삼성전자'와 '현대자동차'도 세계 100대 브랜드에 그 이름을 올렸다). 또한 소프트웨어 산업의 신화적인 인물 빌 게이츠 회장의 브랜드 가치는 마이크로소프트사에 못지않다. 일본 여성들은 '브랜드'라면 자다가도 벌떡 일어날 정도로 명품에 관심이 많으며, 한국은 세계적인 명품 브랜드들이 날개돋힌 듯 팔리는 '브랜드의 천국'이다.

현대는 브랜드 파워에 따라 기업의 경쟁력이 좌우되는 시대이며, 강력한 브랜드의 구축이 기업의 운명을 좌우하므로, 21세기 기업 경쟁력을 극대화하려면 먼저 강력한 브랜드를 구축하는 것이 선행되어야 한다. 소비자의 마음을 사로잡는 강력한 브랜드는 기업 수익 창출을 보장하는 소중한 자산으로 브랜드를 육성하는 것은 모든 기업의 미래를 좌우하는 중요한 핵심 과제이다. 그럼에도 불구하고 상공회의소의 "국내기업의 브랜드 실태 및 애로조사"에 따르면 국내기업의 31.5%가 브랜드 도용 피해를 경험하였고, 조사대상의 28.4%가 독자 개발한 브랜드를 포기하였다. 21세기 지식사회와 지식경영시대에 브랜드경영에 대한 관심이 높아지면서 브랜드(상표권)의 침해는 더욱 심각해지는 현상이 발생하면서 그 대책으로서 상표관리의 필요성이 절실한 이유이다. 기업의 독자브랜드 개발 포기 이유(20.7%)가 '브랜드 도용으로 별 효과가 없기 때문'이라고 한다면 지식경영과 브랜드경영의 미래는 존재하지 않으며 우리나라 기업의 국제경쟁력은 낙후될 것이기 때문이다.

브랜드(상표권)의 권리침해에 대한 구제에는 권리 당사자조차도 무심하였던 것이 한국 사회의 현실이며, 이것은 지식재산권 창출 및 시장의 축소와 국가경쟁력의 약화라는 결과로 이어지고 있다. 21세기 지식사회에서는 부동산 등의 유체재산권보다 지식재산권인 무체재산권의 가치가 더 증대되고 중요하게 기능되고 있음에도 지식이 재화를 창출하는 지식사회에 한국 사회가 부응하지 못하고 있는 것이다.

저자는 몇년전 중국의 상표권센터소장에게서 업무제휴의뢰를 받은 적이 있다. 중국의 상표권을 국내에서 많이 침해하고 있으므로 이에 대한 한국 내에서의 관리를 해달라는 제의였다. 실제로 많은 사람들이 인지하고 있는 국내의 브랜드 중에서 중국의 브랜드(상표권)을 침해하고 있는 것을 찾는 것은 어렵지 않다. 우리의 상표관리가 철저하지 않을 경우 국가적으로 많은 손해를 감수해야 하는 결과를 양산하게 될 것이므로 이에 대한 대책이 요구된다.

브랜드(상표)는 인류의 생각과 삶에까지 지대한 영향을 끼치고 있다. 1950년대 미국의 "말보로맨"은 말보로가 1년만에 담배업계 1위로 등극하고 매출이 3,000% 이상 증가하는 대기록을 세우는데 결정적으로 기여하였으며, 담배의 전 세계적 판매에 큰 영향을 끼쳤다. "산타클로스"는 남녀노소를 막론하고 광범위하게 영향을 미친 가공의 인물이다. 그러나 산타클로스가 매년 세계경제의 4/4분기를 지배하며 세계인들을 소비의 바다로 빠트린다든지, 산타클로스란 존재가 없었다면 아마도 세계경제는 파산하고 말았을 것이라고 한다면 산타클로스가 가지는 브랜드력은 세계 제1위의 브랜드 "코카콜라"에 비할 바가 아닐 것이다. 또한 "네스호의 괴물"은 스코틀랜드의 명물로 유명해지면서 관광산업을 부흥시켜 지역경제를 지탱하는 역할을 하고 있다.

이러한 브랜드(캐릭터) 외에 "프랑스 파리"와 같은 국가브랜드와 지역브랜드 또한 세계인의 사고와 생활에 많은 영향을 주고 있다. 그렇다면 "한류"라는 국가브랜드를 우리는 얼마나 활용하여 부가가치를 생산하고 있는가 하는 의문을 가지게 된다. "한류"의 브랜드력이 가지는 영향력을 우리는 과대평가하면서도 과소활용하고 있는 것은 아닌가?

우리나라 특허청에 일본인의 상표출원이 2004년도부터 크게 늘어난 것은 일본에서 한류 열풍의 영향으로 한국에 대한 이미지와 인식이 크게 호전되어 한국에 대한 관심이 높아졌기 때문이라는 조사 분석 결과가 있다. 이는 달리 말하면 "한류"라는 한국의 국가브랜드를 일본인들이 자국 내에서 선점하는 것은 물론 원류인 대한민국에서도 지식재산권화하여 활용하려는 지식사회의 지식활동이라 할 것이다.

그렇다면, 일본에서 한국인에 의한 상표출원은 얼마나 이루어지고 있는가? 2000년 이후 매년 500건 내외의 상표출원을 하고 있는 데에 불과하다. 건국 이후 특허청의 상표등록을 고찰하면, 가치 있는 상표권의 상당수가 일본인 명의의 출원 및 등록으로 이루어져 있음을 발견할 수 있다. 우리가 알지 못하는 사이에 많은 국부가 그만큼 유출되고 있었다는 증거이며, 우리의 무지함과 지식활동의 부족을 자인하게 하는 것이다.

지식사회에서 지식에 의한 부익부 빈익빈의 실체가 21세기에는 더 현저하게 작용하므로, "한류"라는 고조선 이후 최대의 국가브랜드를 활용하기 위해서는 기업과 개인의 지식활동 즉, 우리나라와 각국의 상표출원/등록과 같은 지식재산권의 확보와 브랜드경영이 이루어져야 한다.

신문과 방송 그리고 업계에서는 성공한 브랜드경영을 외치고 있으며, 기업의 브랜드경영은 최고경영자 뿐만 아니라 중간관리자에게 있어서도 필수지침으로서 기능하고 있다. 이러한 가치경영으로서의 브랜드경영은 부분적으로 많은 성과를 양산하고 있는 것도 사실이다. 그러나 부분적 · 양적 성장에만 치중한 결과 질적 성장에는 무지한 결과를 낳아 비정상적으로 기형화된 브랜드경영과 브랜드관리가 이루어지고 있다.

예를 들어, 국내에서 최고의 브랜드경영을 자랑하는 대기업인 ○○의 경우 선도적인 브랜드마케팅과 상표관리에 역량을 집중하여 많은 성과를 얻고 있음에도 자사의 ○○브랜드(상표권)의 브랜드가치평가와 브랜드자산화를 소홀히 함으로써 다른 세가지 기능의 위축과 막대한 자산의 손실을 보고 있다.

이는 브랜드경영과 브랜드관리의 올바른 개념의 정립과 체계화된 교육프로그램 부족이 근본적인 원인이다. 이로 인하여 전문인력의 양성과 법제도의 발전이 이루어지지 않아 21세기 지식사회에서 "한류"라는 부의 물결을 활용하기는 커녕 상표권 및 산업재산권, 지식재산권에 관련된 사회적 분쟁이 격화되고 막대한 소모성 비용이 낭비되고 있다.

브랜드경영은 법제도적인 측면에서 지식재산권에 기초하므로, 우리나라에서 브랜드경영의 정착은 브랜드경영 = 지식경영이라는 개념을 확실히 하고, 사회적으로 지식재산권과 산업재산권 그리고 상표권을 이해하고 상표관리가 제대로 이루어 질 때에 이루어질 수 있을 것이다.

상표관리는 상표권의 출원 및 등록과 같은 절차적인 부분이 중요한 것이 아니라 "어떠한 상표권을 어느 범위로 출원/등록할 것인가?", "상표권이 출원/등록되지 않은 브랜드의 저작권상 활용방법은?", "상표권을 브랜드마케팅에 어떻게 활용할 것인가?", "상표권으로 브랜드가치평가를 높게 하는 방법은?", "상표권의 전용사용권 및 통상사용권의 설정계약은 어떻게?", "브랜드자산경영과 상표관리는?", "브랜드(상표권)의 거래(매매/사용수익)는 어떻게?"와 같이 상표권(브랜드)의 효과적인 관리나 사용에서 상표관리의 효율성과 브랜드경영의 제고가 이루어진다고 할 것이다.

브랜드의 중요성이 강조되는 현대 또는 미래사회에서, 기업에서 브랜드와 관련된 업무를 담당하거나, 브랜드와 관련된 다양한 분야에서 활동하는 브랜드전문가인 '브랜드관리사'의 선도적인 역할의 수행이 기대된다.

본서는 브랜드경영과 브랜드관리의 중추인 '상표관리'에 관한 책으로서, 브랜드관리사 수험서로써 뿐만 아니라 상표에 관한 업무를 담당하는 실무가도 쉽게 접근할 수 있는 개론서이다. 특히 '상표(브랜드)의 보호'에 관한 중요한 법률인 '상표법' 위주로

서술되었으며, 본서가 브랜드관리사 시험을 준비하는 분들과 상표법에 관하여 쉽게 접근하고자 하는 분들에게 조금이나마 도움이 되기를 기대하며, 앞으로 부족한 부분은 계속해서 수정・보완해 나갈 것을 약속드린다.

2009년 6월

저자 일동

## 브랜드관리사란?

- 브랜드관리사는 기업체에서 브랜드와 관련된 업무(개발, 가치분석 및 평가, 마케팅, 홍보, 관리 등)를 담당하며 브랜드경영에 이바지하거나, 브랜드네이밍 · 상표관리 · 브랜드가치평가 · 브랜드마케팅 · 브랜드거래 등 브랜드관리 분야의 개업사무소 및 프리랜서로 활동하는 브랜드전문가를 말한다.
- 브랜드관리사자격제도는 2002년 한국기업법학회 주관/한국자격진흥협회 인증 · 평가로 출범하여 한국브랜드관리사회/국제브랜드인증협회를 거쳐, 2009년도부터 한국브랜드관리사회/한국브랜드마케팅협회, 웅지세무대학 및 대학교, 언론사, 기관, 단체와 함께 공공성과 사회적 연대 형태의 공동주관으로 운영시스템을 채택하고, 자격제도의 활성화와 전문인력의 양성 그리고 브랜드경영과 브랜드관리의 제고를 기하고 있다.
- 브랜드관리사는 기업체의 기획 · 홍보 · 마케팅 등 브랜드관리자, 브랜드네이미스트 · 개업사무소 · 프리랜서, 세무사 · 회계사 · 경영지도사, 박사 및 교수 등으로 구성되어 각 분야에서 브랜드자산경영시대의 주역으로서 선도적인 역할을 수행하고 있으며, '2007년 유망직업 6위', '2008년 유망직업 2위'로 평가되어 선정되는 등 사회적 수요도에서 높은 평가를 받고 있다.

## 주요업무

| | |
|---|---|
| 브랜드관리 | 시장조사, 브랜드전략, 광고, 프로모션 등 기업의 브랜드를 총체적으로 관리한다든지 또는 한 제품 및 서비스 브랜드의 마케팅을 총체적으로 관리하는 역할을 한다. |
| 상표관리 | 상표관리를 통하여 브랜드의 효율적인 관리를 제고함으로써 기업활동의 원활화를 기하고 기업의 수익성을 증대한다.<br>▪ 기업의 브랜드개발, 기획, 홍보, 마케팅업무<br>▪ 브랜드 사용설정계약, 프랜차이즈<br>▪ 브랜드 침해 및 남용 등에 관한 관리 |
| 브랜드네이밍 및 가치분석 | 상호·서비스명·상품명·도형 등 브랜드네이밍을 행하며, 가치분석을 통한 브랜드개발로 기업이미지 상승과 수익성을 제고한다. |
| 브랜드거래<br>브랜드가치평가 | 브랜드가치평가는 브랜드 가치경영의 지침이 되며, M&A, Joint, Venture, Brand Licensing에 있어서 필수적인 기업정보이다.<br>기업과 개개인의 브랜드는 국가사회적 자산이며(유체재산권의 3~5배), 지식재산권이다. 브랜드의 거래(매매 및 사용)의 활성화를 통하여 새로운 성장동력원을 제공하고 국가 성장 및 브랜드자산화를 제고한다. |
| Education, Consulting | 기업체 내·외에서의 브랜드, 상표권 및 지식재산권에 대한 교육과 브랜드컨설팅업무를 행한다. 브랜드컨설팅업, 브랜드(상표권 및 저작권 등)의 거래(매매 및 사용수익)에 필요한 브랜드(상표)가치분석 및 평가업, 브랜드거래업, 브랜드관리업, 브랜드개발업(브랜드네이밍) 등이 새로운 미래산업으로 대두되고 있으며, 브랜드자산에 대한 사회경제적 중요성이 급격하게 제고되고 있다. |

2009년도

# 브랜드관리사(1/2/3급) 자격제도

## 1. 응시요건

| 브랜드관리사 1급(Brand Ambassador) |
|---|
| * 응시자격<br>1. 브랜드관리사 2급자격소지자<br>2. 관련분야 박사학위소지자<br>3. 상장회사 임원<br>4. 5급이상 공무원으로 재직한 자<br>5. 세무사, 회계사, 변리사, 변호사, 관세사, 경영지도사, 기술지도사 등 관련자격소지자<br>6. 관련 업무경력 10년이상인 자<br>7. 기타 1-6과 동등한 자격이 있는 자로서 자격심사를 통과한 자 |
| **브랜드관리사 2급(Brand Manager)** |
| * 응시자격<br>1. 브랜드관리사 3급자격소지자<br>2. 관련 업무경력 3년이상인 자<br>3. 경영, 법, 어문, 디자인, 경제, 심리, 마케팅, 지식재산권 분야의 전공과목을 9학점이상 이수한 자<br>4. 본 회가 인정하는 전문교육프로그램을 이수한 자<br>5. 기타 1-4와 동등한 자격이 있는 자로서 자격심사를 통과한 자 |
| **브랜드관리사 3급(Brand Namist)** |
| * 응시자격<br>학력, 경력, 연령 제한없음 |
| **과목의 일부 면제에 관한 규정** |
| 1. 관련분야 박사학위소지자<br>2. 세무사, 회계사, 변리사, 변호사, 관세사, 경영지도사, 기술지도사 등 관련자격소지자<br>3. 관련 업무경력 10년이상인 자<br>4. 본 회가 인정하는 기관 및 단체의 전문교육프로그램을 이수한 자<br>1-4에 해당하는 자는 본회의 심사를 거쳐 학위, 자격, 업무경력에 관련한 과목을 면제한다. (자세한 것은 홈페이지 k-brand.kr 참조) |

## 2. 시험과목 및 교재(시험범위)

| 구 분 | 시험과목 |
|---|---|
| 1급<br>Brand Ambassador | (필기고사/주관식)<br>상표관리, 브랜드전략, 브랜드마케팅, 지식재산권, 경영학(5과목) |
| 2급<br>Brand Manager | (필기고사/객관식)<br>상표관리, 브랜드전략, 브랜드마케팅, 지식재산권, 경영학(5과목) |
| 3급<br>Brand Namist | (필기고사/객관식)<br>상표관리, 브랜드전략, 브랜드마케팅(3과목) |
| 브랜드관리사 1급/2급/3급 교재(시험범위) | |
| * 상표관리론, 브랜드개발전략론, 브랜드마케팅, 지식재산권론, 브랜드경영을 위한 경영학<br>* 법문사(5권/2009년)<br>* 브랜드관리사 1급/2급/3급의 시험범위는 Homepage(k-brand.kr) 참조. | |

## 3. 정기시험 및 상시시험

| 구 분 | 브랜드관리사 1급/2급/3급 | | |
|---|---|---|---|
| | 회 별 | 시험일시 | 장 소 |
| 정기시험<br>(연 2회) | 제19회 | 2009년 6월 27일(토) 15:00 | |
| | 제20회 | 2009년 11월 14일(토) 15:00 | |
| | 제21회 | 2010년 6월 26일(토) 15:00 | |
| | 제22회 | 2010년 11월 13일(토) 15:00 | |
| | *자세한 시험일정은 Homepage(www.k-brand.kr) 공지사항 참조. | | |
| 상시시험<br>(연중) | 기업체/대학교/단체 및 KBMA에서 연중 실시<br>단체 및 개인의 신청/접수(웅지세무대학 브랜드경영센터<br>Tel. 031)940-3044) | | |

## 4. 검정방법

| | 시험과목 수 | 출제문항 수 | 시험시간 | 문제유형 | 만 점 |
|---|---|---|---|---|---|
| 1급 | 5과목 | | 100분 | 주관식 및 논술형 | 100점 |
| 2급 | 5과목 | 각 과목당 20문항 | 100분 | 객관식 | 100점 |
| 3급 | 3과목 | 각 과목당 20문항 | 60분 | 객관식 | 100점 |

## 5. 합격기준

평균 60점 이상 절대평가방식

## 6. 제출서류 및 응시료

- 응시원서 1부, 사진(3×4cm) 2매
- 시험응시수수료(자격심사 및 발급비 포함)

1급: 300,000원(학생 100,000원)

2급: 100,000원(학생 70,000원)

3급: 50,000원

## 7. 접수방법

□ 응시원서를 다운받아 작성하여 이메일(k-brand@k-brand.kr)로 접수

□ 사진(3×4cm) 2매는 e-mail 및 우편, 시험일 제출 가능함.

■ 문의/ 웅지세무대학 브랜드경영센터 Tel. 031-940-3044
Homepage: www.k-brand.kr E-mail: k-brand@k-brand.kr

# 차 례

## 제 1 장 서 설

## 제 2 장 상표등록요건

## 제 3 장 상표등록출원

## 제 4 장 상 표 권

BRAND MANAGEMENT

## 제 5 장 해외 상표권

## 제 6 장 참고자료

# 제 1 장

# 서 설

# 01 서 설

## 1. 지적재산권이란 무엇인가?

지적재산(intellectual property)이란 사람의 두뇌에서 나오는 지적 창작물로서 경제적 가치가 있는 무형의 소산물 또는 재산을 말한다. 이러한 지적재산이 법적인 권리로 발전 또는 규정될 때 지적재산권 또는 지적소유권이라 한다. 지적재산권을 유체물의 재산권에 대비되는 개념으로 무체재산권이라고도 하며, 최근에는 지식재산권이라고 부르기도 한다. 이는 인간이 내놓은 창작적 지식의 산물 자체가 재산권이 된다는 의미이다.

세계지적재산권기구(World Intellectual Property Organization : WIPO)규정에서 "지적재산권이라 함은 문학·예술 및 과학적 저작물, 실연자의 실연, 음반 및 방송, 인간의 노력에 의한 모든 분야에서의 발명, 과학적 발견, 디자인 상표, 서비스표, 상호 및 기타의 명칭, 부정경쟁으로부터의 보호 등에 관련된 권리와 그 밖에 산업, 과학, 문학 또는 예술 분야의 지적 활동에서 발생하는 모든 권리를 포함한다"고 규정하고 있다.

즉 저작권, 저작인접권, 특허권, 과학적 소유권, 디자인권, 상표권, 상호권이나 서비스표권, 부정경쟁방지법에 의하여 보호되는 원산지표시나 영업비밀등 일체의 것으로 종래 산업재산권과 저작권이 모두 지적재산권에 포함된다.

## 2. 지적재산권은 왜 중요한가?

경제적으로 정보가 엄청난 고부가가치를 낳는 정보화시대에는 정보창작이 개인은 물론 국가의 부를 결정짓는다. 개인의 개성과 창의성이 곧바로 산업경쟁력으로 연결되어 개인의 부와 국가의 부를 결정짓게 되는 것이다. 이처럼 정보가 필수적인 경제자원으로 기능하는 정보시대에서 지적재산권(intellectual property rights)의 중요성 부각은 필연이다. 일정 정보를 재산권의 대상으로 삼아 그 창작자에게 독점·배타적인 권리를 부여하는 지적재산권 제도가 무수한 정보를 산출하는 정보시대에서 빛을 발하게 되는 것이다. 지적재산권이 있음으로 정보 창작자는 법적 보호를 받게 되고, 그에 힘입어 양질의 정보가 확대재생산되는 길이 열리게 된다. 그러한 점에서 지적재산권은 정보가 재산으로 화하는데 결정적 역할을 수행하며, 정보재산의 기본권으로 자리한다.

## 3. 우리나라의 지적재산권 보호제도 배경

지적재산권제도는 기술보호법으로서, 특허법, 실용신안법, 산업디자인 보호법으로서의 디자인보호법, 영업상 사용되는 각종의 표지에 대한 보호법으로서 상표법, 상법 중 상호에 관한 부분, 부정경쟁방지 및 영업비밀보호에 관한 법률 등 이른바 산업재산권제도와 학문, 예술상의 창작물에 관한 보호법인 저작권법(컴퓨터프로그램보호법 포함)으로 대별된다. 이른바 신지적재산권으로 불리는 반도체집적회로의 배치설계에 관한 법률은 특허법과 저작권법의 중간영역에 있다.

**표 1-1 지적재산권 관련 대한민국 발효 조약 현황**[1]

| 발효일 | 조약명 | 체결일 |
|---|---|---|
| 2009.03.18. | 세계지적재산기구 실연 및 음반 조약(WPPT) | 1996.12.20. |
| 2009.03.18. | 실연자, 음반제작자 및 방송사업자의 보호를 위한 국제협약(로마협약, 인접권협약) | 1961.10.26. |
| 2004.06.24. | 세계지적재산권기구 저작권 조약(WCT) | 1996.12.20. |
| 2003.04.10. | 표장의 국제등록에 관한 마드리드협정에 대한 의정서 | 1989.06.27. |
| 2003.02.25. | 상표법조약 | 1994.10.27. |
| 1999.10.08. | 국제특허분류에 관한 스트라스부르그 협정 | 1971.03.24. |
| 1999.01.08. | 표장의 등록을 위한 상품 및 서비스의 국제분류에 관한 니스협정 | 1957.06.15. |
| 1996.08.21. | 문학·예술적 저작물의 보호를 위한 베른협약(1971년 파리개정) | 1886.09.09. |
| 1995.01.01. | 세계무역기구설립을 위한 마라케쉬협정(WTO)<br>부속서 : 무역관련 지적재산권에 관한 협정(TRIPs) | 1994.04.15. |
| 1988.03.28. | 특허절차상 미생물 기탁의 국제적 승인에 관한 부다페스트 조약 | 1977.04.28. |
| 1987.10.10. | 음반의 무단 복제로부터 음반제작자를 보호하기 위한 협약(레코드협약) | 1971.10.29. |
| 1987.10.01. | 세계저작권협약(UCC)<br>(1971년 파리개정) | 1952.09.06. |
| 1984.08.10. | 특허협력조약(PCT) | 1970.06.19. |
| 1980.05.04. | 공업소유권의 보호를 위한 파리 협약 | 1883.03.20. |
| 1979.03.01. | 세계지적소유권기구 설립협약(WIPO) | 1967.07.14. |

1) 한국이 20년만에 처음으로 미국이 지정하는 '지적재산권 감시대상국'에서 탈피한다. 문화체육관광부는 "미국 무역대표부가 '2009년 스페셜 301조 보고서'에서 한국을 지적재산권 감시국에서 제외했다"고 밝혔다. 미국의 지적재산권 감시제도는 매년 4월말까지 각국 지재권 보호수준을 평가해 그 수준이 미흡한 나라들을 '우선협상대상국', '우선감시대상국', '감시대상국'의 3개 그룹으로 분류하는 걸 이른다. 지재권 침해우려가 가장 높은 '우선협상대상국'은 무역보복 조치도 받을 수 있다. 한국은 1989년 이후 20년간 '우선감시대상국' 또는 '감시대상국으로 분류돼 왔다.(머니투데이, 2009.5.1.자 참조).

## 4. 지식재산권과 지적재산권의 차이는?

"지식재산권"이라는 용어는 인간의 지적 활동으로 얻은 창작물에 대한 권리를 표현한 영어의 intellectual property rights로서, 한자권에서의 지식재산권 등에 대응하며 기존에 사용해온 '지적재산권'과 의미에 큰 차이는 없다. 지식저산권은 인간의 지적 활동의 성과로 얻어진 정신적 산물로 경제적 가치가 있는 것으로서 법적으로 보호되는 것을 의미한다고 할 수 있다. 종래 지식재산권은 크게 산업재산권과 저작권으로 구분되어 왔으나, 최근에는 컴퓨터프로그램, 반도체집적회로배치설계, 종자신품종, 영업비밀 등 새로운 유형의 신지식재산권도 개별 법률에 의하여 보호되고 있다.

## 5. 지적재산권의 분류는?

**그림 1-1 지적재산권의 체계**

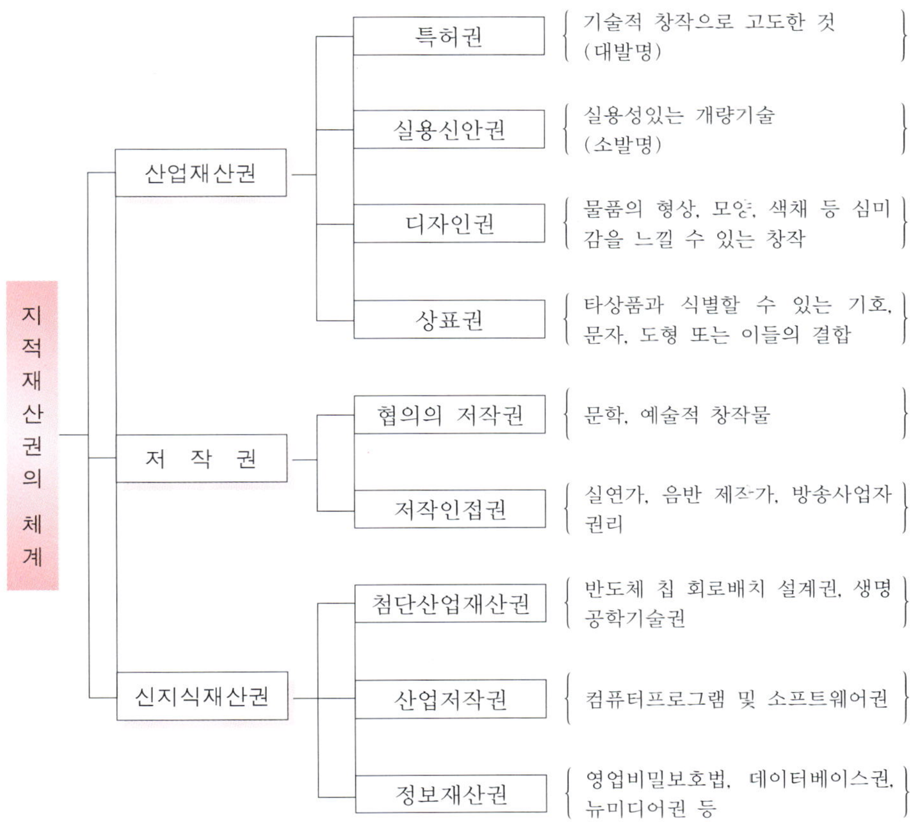

## 6. 세계지적재산권기구(WIPO)란?

세계지적재산권기구(World Intellectual Property Organization)는 지적재산권의 국제적 보호의 촉진과 국제협력을 목적으로 1967년에 설립된 국제기구로서, 약칭하여 WIPO라고 부른다. WIPO는 1974년 국제연합(United Nations)의 전문기구가 되었으며 정책결정기관인 총회를 3년마다 개최하고 회의를 연다.

WIPO는 지적재산권의 국제적 보호 촉진, 국제협력을 목적으로 하며, 이를 위하여 조약의 체결이나 각국 법제의 조화를 도모하고, 개발도상국에 대해서는 지적소유권에 관한 법률 제정이나 기술 등에 대하여 원조한다. 또한 음반·비디오 등 음악·시청각 재료의 해적판 범람을 규제하기 위하여 각국에 입법 조치를 강구하는 등의 결의를 채택하였다.

우리나라는 1973년에 옵서버로 참석하였다가 1979년 3월에 가입하였다. 2009년 현재 가입국은 180여개국이며, 국제사무국은 스위스 제네바에 있다.

## 7. 현행 지적재산권 관련 법은?

현재 우리나라에서는 발명에 관한 특허권을 특허법에서, 고안에 대한 실용신안권을 실용신안법에서, 디자인권을 디자인보호법에서, 등록상표에 대한 상표권을 상표법에서, 저작물에 관한 저작권과 실연·방송·레코드에 관한 저작인접권을 저작권법에서, 컴퓨터프로그램은 컴퓨터프로그램보호법[2]에서 각각 보호하고 있으며, 널리 알려진 주지상표나 상호 등과 영업비밀은 부정경쟁방지 및 영업비밀보호에 관한 법률에서 보호하고 있다. 이들을 총칭하여 지적재산권법이라고 할 수 있을 것이나 민법이나 상법도 보충적으로 지적재산을 보호한다.

이러한 지적재산법 중에는 지적재산을 물권과 유사한 권리로 구성하여 타인의 도용이 아닌 경우에도, 즉 고의·과실이 없더라도 권리침해라고 보고 이의 사용을 금지시키는 법률이 있는가 하면, 어떤 법은 타인의 도용에 대해서만 제재를 한다. 전자의 예가 특허권 등 산업재산권이라면, 후자의 예로는 저작권을 들 수 있다.

이에 반하여 부정경쟁방지 및 영업비밀보호에 관한 법률은 최초에 불법행위법의 특수한 유형으로 발전한 법으로 민법적인 개인보호에 근거하고 영업자의 자주적인 경제활동 및 그에 결합된 경쟁자의 경제적 명성과 성공을 보호대상으로 하는 것이었으

---

2) 본 교재는 2009년 4월 현재 적용되는 법률을 기준으로 하였다. 따라서 2009년 3월 25일 개정되어 2009년 9월 26일 시행 예정인 법률 제9529호와 2009년 4월 22일 개정되어 2009년 7월 23일 시행 예정인 법률 9625호는 반영되어 있지 않다. 참고로, 법률 9625호에 의하면 컴퓨터프로그램의 보호는 '저작권법'에 의하고, '컴퓨터프로그램보호법'은 폐지된다.

나 점차로 소비자 및 공중의 이익보호에까지, 그리고 보호대상은 영업비밀의 보호와 신의칙에 반하는 경쟁행위 일반에까지 확대되는 추세이다.

그러므로 부정경쟁방지 및 영업비밀보호에 관한 법률에 의한 상표, 상호보호와 상표법, 상법에 의한 보호는 중복되지만 부정경쟁방지법은 상표 또는 상호 등을 부정한 경쟁행위, 즉 널리 알려진 상표나 상호, 서비스표, 영업표 등의 모용에 의한 혼동초래 행위를 금지시키는 체계를 취하고 있어 상표 등을 재산으로서 보호하는 상표법과는 그 보호내용인 방법을 달리하고 있다.

## 8. 헌법과 지적재산권의 관계

특허권, 실용신안권, 디자인권이나 저작권 등 지적창작에 관한 권리는 헌법에 기초한다. 우리 헌법은 "저작자 · 발명가 · 과학기술자와 예술가의 권리는 법률로서 보호한다"(제22조 제2항)고 규정하고 있고, 또 "국가는 과학기술의 혁신과 정보 및 인력의 개발을 통하여 국민경제발전에 노력하여야 한다"(제127조 제1항)고 명시하고 있다. 이들에 관한 규정은 지적창작권에 대한 헌법적 기초가 된다. 이들 권리의 행사는 공공복리에 적합하게 행사하여야 하며, 물론 국가안전보장 · 질서유지 또는 공공복리를 위하여 제한할 수 있다.

한편 상표의 경우도 독점권으로 구성하여 타인의 상표사용을 금지하나 이는 상표가 가지는 출처표시기능, 품질보증기능, 광고적 기능 등에 대한 법적 승인이라고 볼 수 있다. 즉 소비자 보호 내지는 질서유지를 위한 상표사용자 이외의 자의 영업의 자유의 제한이라고 할 것이며, 사용자는 반사적 이익을 본다. 이 점은 원래 상표법이 부정경쟁방지 차원에서 발전된 것을 보면 알 수 있다. 그러나 이러한 부정경쟁방지적 법리만으로는 여러 가지 불편이 따르므로 이를 독점권을 구성하여 상표권자를 보호한다.

## 9. 민법과 지적재산권의 관계

민법은 사법의 일반법으로서 특별법인 지적재산권법의 기초이다. 지적재산권법에 없는 부분에 대해서는 민법이 보충적으로 적용된다. 특허권 등이 배타적 절대권으로 구성되어 있고, 권리침해에 대한 금지청구권, 예방청구권, 손해배상청구권 등이 인정되는 것은 민법의 물권법체계나 불법행위법체계를 따른 것이다. 다만 지적재산권에는 점유라는 것이 없으므로 점유에 기초한 법리는 지적재산권에는 적용되지 아니한다.

부정경쟁방지 및 영업비밀보호에 관한 법률도 민법 불법행위규정의 특별법의 성질을 가진다. 따라서 부정경쟁방지 및 영업비밀보호에 관한 법률의 규정이 제한열거적인 경우, 즉 부정경쟁방지법 및 영업비밀보호에 관한 법률에 일반규정이 없는 경우에는 민법은 매우 중요한 보충규범이다. 또, 민법 중에는 지적재산권법에서 문제된 경우를 해결하기 위하여 원용할 수 있는 이론이 의외로 많으며, 지적재산권법 등에서 발전된 법리가 민법의 일반이론으로 도입되기도 한다.

## 10. 민사소송법과 지적재산권의 관계

저작권의 발생에는 특별한 절차가 없으므로 저작권에 관한 소송의 대부분은 침해소송이며, 이에는 전적으로 민사소송법이 적용된다. 반면에 산업재산권은 특허청의 처분을 통하여 발생하며, 이와 관련된 분쟁은 심판과 이에 대한 소송을 통해 해결된다. 이 경우 그 당사자를 기준으로 해서 특허청장을 피청구인으로 하는 결정계심판인 경우는 물론 특허권자 등 권리자와 제3자가 양당사자가 되는 당사자계심판이라 하더라도 특허권 등의 존부는 제3자에게 미치는 영향이 크므로 민사소송법의 대원칙인 변론주의로 일관할 수 없다. 그러므로 특허분쟁이 생겼을 때에 대비한 특별규정을 두고 있다. 특허법 제159조(직권심리)의 규정 등이 그것이다. 그러나 이러한 특성을 제외하면 민사소송법은 절차법으로서 특허법 등에도 얼마든지 준용될 수 있다. 그러므로 특허법에는 민사소송법을 준용한다는 규정이 많이 있다.

## 11. 노동법과 지적재산권의 관계

지적재산권과 노동법이 접하는 부분은 근로자가 직무상 창작행위를 한 경우에 권리의 귀속여부와 권리의 배분에 관한 문제이다. 이것은 현실적으로 창작활동을 한 종업원을 보호할 필요가 있는 반면에 신기술 등의 개발을 위하여 투자한 기업의 이익도 아울러 고려되어야 하기 때문이다. 우리 법은 직무발명에 대해서는 발명진흥법 제2장 직무발명의 활성화, 직무저작에 대해서는 저작권법 제9조(업무상저작물의 저작자), 컴퓨터프로그램보호법 제5조(업무상 창작한 프로그램의 저작자), 그리고 직무상 창작한 반도체 배치설계에 대해서는 반도체집적회로의 배치설계에 관한 법률 제5조(업무상 창작한 배치설계의 창작자)에 규정되어 있다.

이런 최근의 입법경향을 보면 기업체에서 근로자가 업무상 창작한 저작물이나 프로그램에 대해서는 그 저작자 내지는 권리자를 곧바로 당해 기업체로 인정하는 경향이 있다.

### (5) 거래의 수단으로서의 상표를 보호하는 권리

상표권은 경제거래의 수단으로서 산업의 발전을 도모하기 위하여 인정된 권리이므로 특허권 등 발명, 고안을 산업적으로 이용시키기 위하여 인정되는 다른 공업소유권과 마찬가지로 재산권적인 색채가 강하며, 이런 점에서 인격권적인 색채가 강한 저작권이나 성명권 등과는 그 성격을 달리한다.

## BRAND MANAGEMENT 4절 기업활동에서의 상표권

상표권은 기업 또는 개인의 산업재산권으로서 그 가치의 보존과 증대를 위한 관리가 필요하다. 그러나 상표권의 현실화와 함께 전문지식의 결여로 많은 문제 상황이 발생하는데, 관련 사례를 살펴본다.

**사례 1**

상표법상 상표권은 지정 상품분류에 따라서 권리가 각각 다른 상표권자에게 주어지는 것이 가능한 선등록 우선주의로서 먼저 등록한 등록자의 권리를 철저히 보장해 주고 있다. 따라서 하나의 분류로만 상표권을 등록시킨다면, 다른 사람이 같은 브랜드명으로 다른 분류의 상표권을 취득하는 것을 막을 방법이 없는 것이다. 이것을 미리미리 방지하는 것은 상표등록시 관련분류도 함께 등록하고, 지속적인 모니터링이 필요하나, 전문적인 지식과 막대한 비용의 증대로 쉽지 않은 현실이다.

**사례 2**

최근 닷컴 기업의 쇠락과 함께 기업 도메인의 가치가 동반 하락한데다 법정소송에서 원상표권자가 승소하는 경우가 늘어나면서 이제는 도메인이 아닌 기업 브랜드 자체를 선점하려는 브랜드 전문 사냥꾼(brand squatter)들의 활동이 눈에 띄게 늘어나고 있다. 따라서 아차 하다가는 상표권 인수를 위한 부대비용은 물론 기업 이미지 실추도 불가피한 상황이 된 것이다.

현재 동일 업종으로 다른 사람이 상표 등록하는 경우는 불가능하지만 가방이나 화장품, 의류 등 유사하지 않은 다른 업종으로는 같은 이름의 상표 등록이 가능하기 때문에 다른 사람이 애써서 만들어 둔 브랜드 이미지로 다른 사업을 하는 것을 막을 도리가 없다.

이러한 예로 다음, 심마니, 야후, 라이코스 등 유명 검색사이트의 경우에도 200건이 넘는 등록권 중 50~70여건은 제3자의 출원이다. 문제는 정작 이들 업체들도 자신의 상표권이 다른 사람들에 의해 등록 된 사실을 모르고 있다는 점이다. 특히 대기업의 경우, 적게는 수백 개에서 많게는 수천 개에 달하는 상표를 가지고 있음에도 이를 관리하는 상표관리자는 1~2명에 불과하며, 더욱이 상표에 대한 전문적인 지식을 가지고 있는 사람들도 적다는 것이다. 이에 따라 기업의 상표이미지 및 상표가치 등을 파악하여 기업의 이윤을 극대화시키면서 비용절감과 이미지 상승효과를 얻을 수 있게 하는 방법이 강구되고 있다.

**사례 3**

회사를 처음 시작할 때 상표를 관련 분야로 선정하여 출원하는 것은 기본이다. 또한 관련 상표에 대해 사업 계획상 필요한 모든 상품 분류에 대한 상표출원은 물론 해외출원에도 신경을 써야 한다. 그리고 특허청에 자사 상표와 관련 또는 유사 상표가 등록됐는지 여부에 대해서도 꾸준히 관심을 가지고 지속적인 모니터링을 해야 한다.

그러나 이러한 산업재산권관리는 전문적인 지식을 가진 전문가가 법률적인 검토 등을 통해서 관리를 해야 하므로 일반인들은 변리사 등을 통해서 출원 및 등록을 하면서 막대한 비용을 지불하고 있다.

**사례 4**

회사와 개인 등이 상표권을 출원·등록하여 소유하고 있으나 시중에서 해당 상표권의 침해행위가 많이 발생하여 회사운영상의 곤란과 재산권의 막대한 손실을 초래하고, 상표권의 일반화로 인한 권리상실이 장래 우려되고 있다. 이러한 상표권 침해행위의 민·형사적인 구제와 산업재산권관리 및 활용의 극대화가 필요한 것은 인지하고 있으나 비용문제, 인적자원, 전문지식 등의 결여로 곤란을 겪고 있다.

## 1. 지식재산권으로서의 상표(권)

오늘날 기업이 이익을 얻을 수 있게 하는 기업자원은 유형의 설비나 원재료 등에 의해서만이 아닌 기술과 노하우(know-how), 상표 등 지식을 기반으로 하는 무형 자원이 오히려 큰 비중을 차지하고 있다.

이중 상표(브랜드)는 단어 자체가 뜻하는 단순한 이름의 차원을 넘어서서, 우리의 '인격'에 해당하는 무형의 가치를 포함하는 개념이며, "잘 키운 브랜드 하나 열 기업 부럽지 않다"라는 말이 나올 만큼 상표(브랜드) 관리에 기업들이 심혈을 기울이고 있으며, 대표적인 기업이 바로 삼성전자이다.

삼성전자는 지식재산권을 최고의 기업자산으로 간주하면서 2006년도 미국 특허상표청(USPTO)에 등록한 특허건수가 2천4백53건으로 미국특허권 획득 2위를 기록하고 있다.

상표권은 한국 내에서의 독점배타적인 사용권을 가지는 산업재산권이다. 따라서, 물품을 제조하는 제조업이든 서비스를 제공하는 서비스업이든 간에 자신의 상표를 등록하여 관리할 필요가 있으며 이를 게을리하면 자신의 상표가 타인(경쟁업체, Brand Squatter 등)에 의하여 등록되어 오히려 피소당할 우려가 있다.

전국적인 독점성을 갖고 있는 것은 상표권이므로 상표권이 없는 상호는 한정적일 수밖에 없기에 이에 따른 발빠른 움직임이 필요하다. 특히 브랜드관리사업의 활성화로 상표권의 권리행사가 확대되고 있는 시점에서 사업경영자는 시간을 다투어 상표권에 대한 대책을 강구해야 할 것이다.

## 2. 상표권의 활용

상표권은 돈이다. 즉 산업재산권이므로 부동산과 똑같이 재산권으로서 매매, 사용수익, 상속 등이 가능하며 유체재산권과 무체재산권이란 차이점이 있을 뿐이다. 따라서 상표권을 활용함으로써 얻는 이익은 부동산에 비할 바가 아닌 것이다. 특히 우리나라는 선진국과 달리 용어에 대한 상표권이 남아 있으므로 상표권투자사업도 권장할 만하다.

상표권이 제도화된 선진국에서는 제조공장을 갖지 아니하고 상표권만 가지고 사용수익을 얻는 행위가 일반화되어 있으며, 그러한 예는 우리나라에 도입된 외국의 유명의류상표나 제화 중에서도 흔히 볼 수 있다. 근래 우리나라에서도 제조업이나 프랜차이즈업 등과 같은 서비스업에서 상표권을 가지고 사용수익을 얻는 경우가 증대하고 있다. 좋은 상표권을 하나 가지고 있으면 이에 대한 관리행위만으로도 높은 수익의 증대를 꾀할 수 있는 것이다.

따라서 기존의 성명철학에 기반한 네임제작은 쇠퇴하고 상표권에 기반한 네임제작산업이 활황세를 띠고 있다. 개인의 이름 등을 작명하는 경우는 성명철학에 기반하나, 상호·서비스명·제품명을 상표권에 기반하지 않는 경우 독점적인 권리가 보장되지 않으며, 기존의 상표권 침해가 있을 경우 민·형사적인 제재로 많은 곤란을 겪을 수 있다.

따라서 상표권을 확보하여 수익을 얻고자 하는 상표권투자 및 컨설팅산업, 브랜드(상표권 및 저작권 등)의 거래 및 자산평가에 필요한 브랜드(상표)가치분석 및 평가업, 브랜드거래업, 브랜드(상표권)관리업, 브랜드개발업 등이 새로운 미래산업으로 대두되고 있으며, 브랜드(상표권 및 저작권 등)에 대한 사회경제적 중요성이 급격하게 제고되고 있다.

## 3. 기업활동과의 연계성

(1) 상표등록 없이 상표를 사용하고 있는 경우, 제3자가 등록시에는 해당 상표를 사용할 수 없다. 이는 상표는 창작물이 아닌 사용의 선택이기에 선등록자에게 권리가 주어지기 때문이다(선원주의).

(2) 타인의 등록상표를 무단사용하는 상표권침해의 경우 민사(손해배상, 사용중지 등), 형사(7년 이하의 징역 또는 1억원 이하의 벌금)적인 제재를 받는다. 타인의 등록상표를 무단침해하는 것은 그 상표가 표방하는 제품, 서비스의 품질을 믿고 구매, 사용하게 되는 제3자인 소비자를 기만하는 행위이기 때문이다.

(3) 식당체인, 학원체인, 의류판매체인, 유통체인점 등의 프랜차이즈업의 경우 상표등록을 하지 않으면 상표의 독점권이 없으므로 경제성과 시장성이 없다.

(4) 상표권은 누구나 그 침해사실을 고발할 수 있는 비친고죄이므로 침해시에 피소당할 우려가 높다.

(5) 상표권은 산업재산권, 지식재산권으로서 부동산(유체재산권과 무체재산권의 차이)과 같은 권리행사가 보장되며, 재산적인 가치가 높다.

## 5절 상표법과 타법과의 관계

### 1. 특허법 · 실용신안법과의 관계

「특허법」이나 「실용신안법」은 자연법칙을 이용한 기술적 사상의 창작을 보호대상으로 하는 데 반하여 상표법은 상표사용자의 업무상의 신용유지를 도모하여 산업발전에 이바지함과 아울러 수요자의 이익보호를 목적으로 한다.

또한 특허나 실용신안은 신규성, 진보성, 산업상 이용가능성을 갖추어야 하지만 상표는 자타상표를 식별할 수 있는 식별력을 갖추고 일부 부등록사유에만 해당되지 않으면 된다. 아울러 정보(information)라는 측면에서 볼 때, 특허법과 실용신안법은 새로운 기술정보(technical information)를 보호하는 법이고 상표를 상징정보(symbolic information)인 상표를 보호하는 법이다.

### 2. 디자인보호법과의 관계

디자인은 물품의 형상 · 모양 · 색채 등으로 창작된 물품외관, 또는 글자체의 미감을 보호대상으로 하고 공지되지 아니한 '신규성'을 절대적 구성요건으로 하고 있지만 상표는 신규성을 요건으로 하고 있지 않다.

### 3. 저작권법과의 관계

상표법과 저작권법은 모두 지식재산권법의 일종이라는 점에서는 유사하지만 저작권법은 인간의 지적창작물인 문예·예술·미술 또는 음악의 범위에 속하는 저작물의 보호에 관한 법률인 반면 상표법은 상표사용자의 단순한 선택에 의한 식별표지를 보호하는 법이라는 점에서 본질적인 차이를 가지고 있다. 아울러 정보라는 측면에서 볼 때, 저작권법은 표현정보(expressive information)인 저작물을 보호하는 법이고 상표법은 상징정보(symbolic information)인 상표를 보호하는 법이다.

## 4. 부정경쟁방지 및 영업비밀보호에 관한 법률과의 관계

「부정경쟁방지 및 영업비밀보호에 관한 법률」(이하 '부정경쟁방지법'이라 함)은 국내에 널리 알려진 타인의 상표·상호 등을 부정하게 사용하는 등의 부정경쟁행위와 타인의 영업비밀을 침해하는 행위를 방지하여 건전한 거래질서를 유지함을 목적으로 하는 법률이다(부경법1조). 양 법은 모두 민법상의 불법행위법에서 발전된 것으로 부정경쟁을 방지하고 경업질서를 사적 자치의 원칙에 의하여 유지·형성하려는 경쟁법의 일환이라는 점에서 공통되지만, 상표법은 상표의 등록이라고 하는 절차적 수단을 사용하여 일차적으로는 등록된 상표권자의 사익보호를 도모하는 점에서 부정경쟁방지법에 의한 표지의 보호와 그 방법을 달리한다. 즉, 상표법은 등록이라고 하는 수단에 의하여 재산권적 보호를 하는 것으로서 산업재산권법에 속하며 등록주의제도라고 하는 법적 안정을 목적으로 하는 제도적 수단 하에 등록에 의해 독점배타권으로서의 상표권을 설정하고 상표권침해를 배제한다고 하는 구성에 의해 정적인 면에서 부정경쟁방지를 도모하는 데 비해, 부정경쟁방지법의 경우 유통시장에서 주지된 상표·상호·성명 등과 혼동이 생길 염려가 있는 행위나 비록 혼동이 생기게 하지 않더라도 타인의 표지의 식별력이나 명성을 손상시키는 행위를 개별적·구체적으로 파악해서 금지하고 이로써 공정한 경업질서를 유지한다고 하는 구성에 의해 동적인 면으로부터의 부정경쟁방지를 도모한다는 점에서 차이가 있다.

부정경쟁방지법과 상표법은 중복적용이 인정되지만, 부정경쟁방지법에서는 동법상의 규정이 상표법의 규정에 저촉되는 경우에는 상표법에 의한다고 규정하고 있다(부경법15조). 따라서 부정경쟁방지법과 상표법은 영업상 표지보호에 관한 일반법과 특별법의 관계에 있다고 볼 수 있다. 다만 판례는 상표권의 행사가 권리남용에 해당하는 경우 부정경쟁방지법의 적용은 상표법에 저촉되지 않는다고 하였다(이 경우 부경법 15조의 적용 없음).

## 5. 독점규제 및 공정거래에 관한 법률과의 관계

「독점규제 및 공정거래에 관한 법률」은 사업자의 시장지배적인 지위의 남용과 과도한 경제력의 집중을 방지하고, 부당한 공동행위 및 불공정거래행위를 규제하여 공정하고 자유로운 경쟁을 촉진함으로써 창의적인 기업활동을 조장하고 소비자를 보호함과 아울러 국민경제의 균형 있는 발전을 도모함을 목적으로 하는 법률이다(독점규제법1조). 양 법은 산업발전을 도모한다는 목적면에서는 공통되지만, 이 법의 경우 경쟁제한과 불공정거래를 방지함으로써 산업발전을 도모하자는 것인 반면, 상표법은 독점권을 부여하여 경쟁제한을 허용하는 것이어서 양 법은 이념상 충돌관계에 있다고 볼 수 있다. 다만, 독점규제 및 공정거래에 관한 법률 제59조에서는 상표법에 의한 권리의 행사라고 인정되는 행위에 대해서는 이를 적용하지 않는다는 적용배제규정을 둠으로써 상표를 소극적인 측면에서 보호하고 있다.

## 6. 대외무역법과의 관계

「대외무역법」은 대외무역을 진흥하고 공정한 거래질서를 확립하여 국제수지의 균형과 통상의 확대를 도모함으로써 국민경제의 발전에 이바지함을 목적으로 하는 법률이다(대외무역법1조). 동법에서는 상표법과 관련하여 누구든지 국내의 법령 또는 대한민국이 당사자인 조약에 의하여 보호되는 상표권을 침해하는 물품을 수입하거나 수입된 지식재산권침해물품 등을 국내에서 판매하는 행위 또는 상표권을 침해하는 물품을 수출하거나 수출을 목적으로 국내에서 제조하는 행위를 금지하는 규정을 주 내용으로 포함하고 있다(대외무역법39조1항1호).

## 7. 관세법과의 관계

「관세법」은 관세의 부과 · 징수 및 수출입물품의 통관을 적정하게 하고 관세수입을 확보함으로써 국민경제의 발전에 이바지함을 목적으로 하는 법률이다(관세법1조). 동법에서는 상표법과 관련하여 상표권을 사용하는 대가로 지급하는 것에 대한 수입물품의 과세가격결정(관세법30조1항4호), 상표법에 의하여 등록된 상표권을 침해하는 물품에 대한 유치규정(관세법231조7항), 상표권을 보호하기 위한 세관신고절차 및 상표법에 따라 등록된 상표권을 침해하는 물품에 대한 국경조치 등에 관한 규정을 두고 있으며(관세법235조), 「지식재산권보호를 위한 수출입통관사무처리규정」에서는 진정상품의 병행수입처리에 관하여도 규정하고 있다.

## 6절 상표법상 상표의 개념

상표법상의 상표는 사회통념상의 상표(사회적 사실로서의 상표)와 동일한 개념은 아니다.

상표법은 상표의 개념을 제2조에서 "상표라 함은 상품을 생산·가공·증명 또는 판매하는 것을 업으로 영위하는 자가 자기의 업무에 관련된 상품을 타인의 상품과 식별되도록 하기 위하여 사용하는 기호·문자·도형·입체적 형상·색채·홀로그램·동작 또는 이들을 결합한 것과 그 밖에 시각적으로 인식할 수 있는 것(이하 "표장"이라 한다)을 말한다"라고 규정하고 있다.

따라서, 기호상표, 문자상표, 도형상표와 이들의 결합상표, 색채상표나 입체상표와 같이 시각적으로 인식될 수 있는 것은 상표로서 인정되지만 소리상표, 냄새상표, 맛상표 등과 같이 청각·미각·후각으로 지각할 수 있는 표장은 국내 상표법상 상표로서 등록받을 수 없다.

또한 자기의 상품과 타인의 상품을 식별하기 위하여 사용되지 않는 표장은 상표가 아니므로, 상품에 사용된 것이라 하여도 그것이 단순히 상품의 심미감을 불러일으키게 하기 위하여 사용된 디자인이거나 자타상품식별의사와 무관한 가격표시 등은 상표법상 상표가 아니다.

그리고 광의의 상표개념으로서는 상표 외에 서비스표, 단체표장, 업무표장, 지리적 표시 단체표장을 포함한다.

### 1. 문자상표

문자상표라 함은 한글·한자·로마자·외국어·숫자 등 문자로 구성된 상표를 말한다. 산이나 강, 바다, 동식물, 광물, 건조물 등의 명칭이 상표로 채용되기도 하고, 지명, 인명, 상호, 상품의 특정 성분의 명칭, 특정의 형용사, 표어적 어구 등이 상표로 사용된다.

그런데 문자 상표의 경우에는 구체적인 의미를 포함할 수 있으므로 경우에 따라서는 상품의 품질, 성분, 재료, 용도, 효능 등을 묘사함에 그치는 경우가 있는바 이러한 상표는 상표로서의 식별력이 부족할 뿐 아니라 어떤 특정인에게 독점하도록 하는 것이 부당하므로 등록이 허용되지 않는다. 또한 어떤 유형의 상품에 대하여 일반적으로 부르는 명칭인 이른바 관용명칭을(예컨대 "호도과자"등) 상표로 사용하는 것도 허용되지 않는다. 그러므로 문자상표는 주로 상품의 품질, 성능을 암시하는 것과 같은 암시적 상표, 의미를 알 수 없는 신조어 등이 많이 이용된다.

## 2. 입체상표

입체상표에는 회사의 마크를 입체적으로 표시하여 상품에 부착하여 사용하는 것, 음료수나 양주의 포장 용기를 특별하게 디자인하여 상품의 식별표지로 사용하거나 상품자체의 모양을 일반적인 상품의 모양과는 다르게 독특하게 디자인하여 광고 등에 이용하는 것, 특별한 식당의 서비스를 표시하기 위하여 식당건물의 외장이나 실내장식을 독특하게 꾸며 다른 식당과의 식별표지로 이용하는 경우 등을 말한다.

본래 상품이나 건물의 모양이나 구조, 포장, 색상 등은 그것이 상품을 식별하기 위한 것이라기보다는 심미적인 것이거나, 기능적인 것으로서 상표법상의 보호대상으로 취급되지는 아니하였다. 그러나 상품 · 서비스 시장이 다양화, 국제화되면서 국내적으로 상품의 입체적인 형상을 포함한 이른바 상장(Trade dress)을 상표에 준하여 보호하기 시작한 미국 등 선진국의 입장을 받아들여 우리나라도 1997년 상표법 개정시에 처음으로 일정한 조건을 만족하는 입체 상표의 경우에 이를 상표로 받아들이게 되었다.

그러나 상품의 모양이나 물리적 구조, 포장이 특별하다고 하여 언제나 상표로서 보호될 수 있는 것은 아니며 독특한 모양의 주된 목적이 상품의 식별 · 특정에 있는 경우에만 상표로서 등록될 수 있고, 주된 목적이 기능적인 것이거나 장식적인 것인 경우에는 상표로서 등록될 수 없다(법7조1항13호).

## 3. 결합상표

기호 · 문자 · 도형 · 입체적 형상 등이 결합한 형태의 상표를 의미한다. 구체적으로는 서로 다른 관념의 문자와 문자, 도형과 도형이 결합된 것은 물론 문자, 도형, 기호와 같은 서로 다른 요소를 결합하여 만들어진 상표도 있으며 입체적 형상의 표면에 문자, 도형, 기호 등을 평면적으로 표시한 상표도 있을 수 있다.

상품의 표지가 아닌 기업의 표지에 상품의 특수한 문자나 도형을 결합하여 하나의 상품에 대한 상표로 이용하는 경우도 흔히 볼 수 있다.

## 4. 색채상표

색채상표란 '기호 · 문자 · 도형 · 입체적 형상 · 홀로그램 · 동작 또는 이들의 결합에 색채가 결합된 상표'[3] 또는 '색채 또는 색채의 조합만으로 된 상표'를 의미한다. 색채 또는 색채의 조합만으로 된 상표는 전통적인 상표(Traditional marks)라기 보다는 비전형적 상표의 하나로서 2007년 7월 1일 시행된 상표법 이전에는 상표법의 보호대상으로 불인정되었다. 2007년 개정 상표법은 거래현실과 국제적 조류를 반영하여 상표의 선택범위를 확대함으로써 상표사용자 및 수요자의 이익보호라는 상표법의 목적에 부합하고자 색채만으로 된 상표를 상표법상의 보호대상으로 규정하였다.[4]

원이나 삼각형과 같이 그 자체만으로는 흔히 있는 도형으로써 식별력이 없는 경우라도 여기에 특정한 색을 입힘으로써 식별력을 취득하여(식별력 상승) 상표로서 등록이 가능한 경우도 있고, 적십자 기장과 같이 상표로 등록될 수 없는 표장의 경우에 색채를 달리하여 상표로 등록될 수도 있다. 상표에 색채를 넣어 출원하는 경우 색채도 상표의 구성요소가 되는 것이므로 색채의 변경은 허용되지 않으나, 색채만이 다른 상표는 서로 유사한 상표로 보는 것이 특허청의 실무이다. 등록 후에는 상표법 제91조의 2에 의하여 색채만이 다른 상표는 동일한 상표로 인정되므로 색채만이 다른 상표에도 상표권의 적극적·소극적 효력이 인정된다.

색채만의 상표의 경우 2007년 7월 1일부터는 상표법상 상표의 정의에 부합하여 상표등록을 받을 수 있으나, 특허청 실무는 색채만으로는 특정인의 출처라고 인식되기는 어려우므로 사용에 의해 색채만의 상표가 특정인의 출처표지로 수요자간에 인식된 경우에 한하여 예외적으로 식별력이 인정(법6조2항)되어서 상표등록이 가능하다고 본다.[5]

## 5. 홀로그램 및 동작상표

홀로그램 상표란 두 개의 레이저광의 간섭효과를 이용해 3차원적 이미지를 기록한 상표로서 다양한 입체적 효과나 보는 각도에 따라 다양한 문자·도양의 표현이 가능한 상표이며, 동작상표는 시간의 흐름에 따라 변화하는 일련의 그림 또는 동작, 이미지 등을 기록한 상표이다. 색채만의 상표와 함께 2007년 개정 상표법에서 거래현실과 국제적 조류를 반영하여 상표의 선택범위를 확대함으로써 상표사용자 및 수요자의 이

3) 일반적인 상표에 색채가 더해진 상표로서 '착색상표'를 의미하는 것이다.
4) 미국의 경우 1985년 미연방항소법원에서 색채고갈의 원칙이나 기능성의 원칙을 거부하며 Owen-Corning사가 제조한 유리섬유 단열재의 분홍색 색상이 2차적 의미를 취득하였다면 등록이 가능하다고 하였고, 유럽 주요국가 및 유럽공동체상표(CTM)는 색채만의 상표등록을 허용하고 있다. WTO/TRIPs 및 상표법조약 등에서도 색채만의 상표등록을 허용하고 있다.
5) 상표법은 색채만의 상표가 등록가능하게 됨으로써 색채가 기능적인 경우에는 등록을 배제할 수 있도록 하였으며(법7조1항13호), 통상의 색채 상표(착색상표)와 달리 색채만의 상표에 관한 상표권의 전용권은 색채를 달리하는 상표에 미치지 않도록 하였다(법91조의2).

익보호라는 상표법의 목적에 부합하고자 보호대상에 추가하여 규정하였다.

이들 표장은 표장의 특정을 어떻게 할 것인지가 문제되는데, 특허청 실무는 i) 상표가 특정되지 못해서 불명확한 경우 설명서를 요구할 수 있고, ii) 보는 각도나 시간의 흐름에 따라 전혀 다른 표장으로 변화하는 경우는 1상표 1출원 위반으로 거절결정토록 하고 있다. 또한, 이들은 기본적인 상표의 구성요소에 동적, 시간적 효과 등을 부가한 것이어서 식별력의 판단에 있어서는 홀로그램상표는 모든 이미지를, 동작상표의 경우에는 모든 동작을(표장전체를) 통해서 판단하는 것이 특허청 실무이다.

등록 후 효력에서는 동적효과 또는 시간흐름에 따른 표장의 변화가 본질로 하여 표장 전체를 하나의 권리로 등록받은 것이므로 특정일면, 특정정지화상만을 사용한 경우에는 동일범위의 상표 사용으로 인정되기 어려울 것이다. 다만 소극적 효력은 유사범위까지 미치므로 그 사용이 유사성이 인정되어 수요자간에 오인, 혼동을 초래한다면 상표권의 침해를 구성할 것이다.

## 7절 서비스표 · 단체표장 · 업무표장

### 1. 서비스표

서비스업(광고업, 통신업, 은행업, 운송업, 요식업 등 용역의 제공업무)을 영위하는 자가 자기의 서비스업을 타인의 서비스업과 식별되도록 하기 위하여 사용하는 표장(법2조1항2호)을 말한다.

즉 상표는 '상품'의 식별표지임에 반하여 서비스표는 '서비스업(용역)'의 식별표지라고 할 수 있다.

특히 현대 경제사회에서는 은행, 보험, 광고, 통신, 토목건축 등 서비스업무가 중요한 기능을 발휘하고 있고 이들 서비스는 일종의 상품이므로 서비스표도 본질적으로는 상품표지인 상표에 속한다고 할 수 있다. 다만 서비스는 상품과 같이 그 주체를 떠나 유통되는 것이 아니라 수요자에게 직접 제공되는 무형의 존재이므로 영업과 일체 불가분의 관계로 결합되어 있어 영업을 떠나 유통하는 상표와는 그 이용방법이나 기능이 다르고 오히려 상호나 社標(house mark) 등 영업표지와 경제적 기능이 동일하다.

### 2. 단체표장

『단체표장』이란 상품을 공동으로 생산 · 판매 등을 하는 업자 등이 설립한 법인이 직접 사용하거나 그 감독 하에 있는 단체원의 영업에 관한 상품 또는 서비스업에 사용하게 하기 위한 표장(법2조1항3호)을 말한다.

단체표장은 법인 자신이 사용하기 위한 것뿐만 아니라 그의 감독 하에 있는 단체원이 그들의 영업에 관한 상품 또는 서비스업에 사용하게 하기 위한 표장이라는 점에서 스스로의 사용을 목적으로 하는 상표·서비스표와 구별되고 영업을 목적으로 하지 않는 업무표장과도 다르다.

또한 단체표장은 다수의 단체원이 다같이 공동으로 사용하기 때문에 상품이나 서비스업의 출처혼동이나 품질의 오인을 방지하기 위하여 단체표장을 사용할 자의 범위와 조건을 요구하는 등 많은 제한을 두고 있다.

### 3. 업무표장

'업무표장'이란 YMCA, 보이스카웃 등과 같이 영리를 목적으로 하지 아니하는 업무를 영위하는 자가 그 업무를 표상하기 위하여 사용하는 표장(법2조1항4호)을 말한다(예 : 대한적십자사, 청년회의소, 로타리클럽, 한국소비자보호원 등). 점점 증가하는 비영리 업무를 식별시킬 필요와 함께 비영리업무 영위자들의 사회적 신용을 구축, 유지시켜 주기 위한 표장이다.

비영리 목적 외에는 이들이 사용하는 표장의 기능이 상표와 거의 동일하므로 상표와 마찬가지로 보호하되, 업무표장의 공익성으로 인하여 그 업무표장권의 양도 등에 있어서 일정한 제한이 뒤따른다.

## 8절 상표와 상호

상표는 자타상품을 식별하기 위하여 상품에 부착하는 표장으로서 출처의 동일성을 표시하는 기능을 가지는 것이나, 상호는 상인(법인·개인)이 영업상 자기를 표시하는 명칭으로서 영업의 동일성을 표시하는 기능이 있다.

즉, 상호는 상인이 영업에 관하여 자기를 표시하는 명칭으로서 인적 표지의 일종이며, 문자로 표현되고 호칭되며 회사기업의 경우 상호의 사용은 강제적이지만, 상표는 자타상품을 식별하는 기호로서 문자뿐만이 아니라 기호, 문자, 도형, 색채, 홀로그램, 동작 또는 이들을 결합한 것과 그 외 시각적으로 인식할 수 있는 것 등과 이들의 결합 또는 이들과 색채의 결합으로 구성될 수 있으며, 상표의 사용에 있어서는 강제성이 없다는 점이 상이하다.

다만 기업이미지 통일화 전략(Corporate Identification Program)에 따라 상호와 상표를 일치시키고 있는 것이 국제적 추세인 점(상표의 상호화 또는 상호의 상표화 현상)과 상호가 상품표지로 사용되고 상표로서 등록요건을 갖추어 등록된 경우에는 법률상 상표로서 보호되는 상호상표가 점차 늘고 있어 상호간의 기능이 중첩되는 경우가 많다.

## 1. 상 표 권

상표권은 등록상표(상표법에 의하여 특허청에 등록된 상표)를 지정상품에 독점적으로 사용할 수 있는 권리를 말하며, 상표권은 설정등록에 의하여 발생하고(법41조), 그 존속기간은 설정등록일로부터 10년(법42조1항)이며, 갱신등록의 출원에 의하여 10년마다 갱신할 수 있다(법42조2항). 따라서 상표권은 발명·실용신안·디자인 등 다른 산업재산권과는 달리 시효가 문제되지 않으므로 일단 상표권을 취득한 경우 해당국에서의 독점권이 계속하여 인정되며 매매 또는 사용권설정의 방법을 통하여만 제3자가 상표사용을 할 수 있다.

상표권의 가장 중요한 내용은 지정상품에 대하여 그 등록상표를 사용하는 것인데, 그 외에도 재산권의 일종으로서 특허권 등과 같이 담보에 제공될 수 있으며, 이전할 수도 있다.

상표권의 침해에 관해서는 권리침해의 금지 및 예방청구권, 손해배상청구권, 신용회복조치청구권 등 민사상의 권리가 인정됨은 물론(법65조·민법750조·법69조), 침해행위를 한 자에게는 형사상의 책임도 인정된다(법93조).

위와 같이 상표권은 독점성과 침해에 대한 민·형사적인 제재 등으로 재산권으로서의 이익과 홍보효과 등 그 활용도와 경제성이 막대하다.

## 2. 상　　표

상표법상의 상표는 사회통념상의 상표와 동일한 개념이 아니다. 상표법상의 상표(Trade Mark)라 함은 상품을 생산·가공·증명 또는 판매하는 것을 업으로 영위하는 자가 자기의 업무에 관련된 상품을 타인의 상품과 식별되도록 하기 위하여 사용하는 기호·문자·도형·입체적 형상·색채·홀로그램·동작 또는 이들을 결합한 것과 그 밖에 시각적으로 인식할 수 있는 것을 말하며, 이외에도 식당 등 서비스업에 종사하는 자가 받을 수 있는 서비스표(Service Mark)와 특정법인 등이 사용하는 단체표장(Collective Mark), 비영리단체에서 사용하는 업무표장(Business Mark) 등이 있다. 「서비스표」란 서비스업(광고업·은행업·요식업 등 용역의 제공업무)을 영위하는 자가 자기의 서비스업을 타인의 서비스업과 식별되도록 하기 위하여 사용하는 표장을 말한다.

「단체표장」이란, 예를 들어 '김' 등 지방특산물을 공동으로 생산·판매를 하는 업자 등이 설립한 법인이 그 감독하에 있는 단체원의 영업에 관한 상품 또는 서비스업에 사용하게 하기 위한 표장을 말한다.

「업무표장」이란 '대한적십자사' 등과 같이 영리를 목적으로 하지 않는 업무에 사용하는 표장을 말한다.

## 3. 상표와 상호의 관계

상표는 자기상품을 식별하기 위하여 상품에 부착하는 물적 표시로서 특허청의 심사와 등록을 거쳐 독점적인 상표권으로 상표법상의 보호를 받으며, 상호는 상인(법인, 개인)이 영업상 자기를 표시하는 명칭이며 영업의 동일성을 나타내는 표시로서 등기 여부에 관계없이 상법상의 보호를 받는다. 그런데 자기의 상호를 상표 또는 서비스표로 사용하고자 하는 경우 그것이 등록요건을 구비하는 한 상표등록을 받을 수가 있으나, 사회에 널리 알려진 타인의 상호를 자기의 상표로 출원하여 등록 받을 수는 없다(법7조1항6호).

상호란 개인사업자나 법인기업이 자신의 영업활동에 사용하는 명칭으로서, 개념적으로는 상호와 상표가 명확히 구별되나 실제로는 양자를 혼동하여 사용하는 경우가 많이 있다.

상호는 반드시 문자로만 표시되는 반면에, 상표는 문자만으로 된 것도 있지만 도형만으로 된 것과 이들을 결합하여 구성된 것도 있다. 또한 상호는 한 기업이 하나만 가질 수 있으나 상표는 한 기업이 여러 개를 등록받아 사용해도 무방하다.

상호 및 상표는 각각 상법 및 상표법에 의하여 보호받고 있다. 또한 동일한 명칭이 각각 다른 사람에 의하여 상호 및 상표로 등기/등록될 수 있으며, 등기/등록관청도 각각 법원의 상업등기소와 특허청으로 서로 다르다. 상호는 등기되어 있더라도 원칙적으로 개인이나 법인 소재지의 행정구역(시, 군, 구)에서만 그 효력을 가지는 반면, 특허청에 등록된 상표권의 효력은 전국적으로 미친다. 또한 상호는 완전히 동일한 것만 아니면 상업등기소에 등기가 가능하며, 개인이나 기업 소재지의 행정구역이 서로 다른 경우에는 같은 상호라도 서로 다른 개인이나 기업 이름으로 동시에 등기가 가능하다.

**표 1-3 상표와 상호**

| | | 상 표 | 상 호 |
|---|---|---|---|
| 의 의 | | ▪ 상표법 제2조 | ▪ 상인이 영업에 관하여 자기를 표시하는 명칭으로서 인적표지의 일종 |
| 구 성 | | ▪ 기호 · 문자 · 도형 · 입체적 형상 · 색채 · 홀로그램 · 동작 또는 이들을 결합한 것과 그 밖에 시각적으로 인식할 수 있는 것 | ▪ 문자만으로 표시되고 호칭될 것(성명 또는 기타의 명칭) |
| 권리의 성 질 | | ▪ 상표에 화체된 신용과 고객흡인력을 독점배타적으로 보호하는 무체재산권 | ▪ 상호는 인적표지이므로 재산적 가치 + 인격권적 성질 |
| 권리의 발 생 | | ▪ 선출원상표로서 소정의 등록요건을 구비했는가를 심사한 후 설정등록함으로써 권리가 발생(등록주의) | ▪ 상인이 어떤 명칭을 선정 · 사용함으로써 발생 → 등기의 유무는 권리의 성립과 관련 없음(사용주의) |
| 효력 | 독점적 효력 | ▪ 지정상품에 대한 독점 배타권 발생<br>▪ 전국적 범위<br>▪ 존속기간이 10년이며 갱신등록이 가능함. | ▪ 타인의 방해를 받지 않고 사용할 수 있는 권리<br>▪ 일정 지역에서만 권리 인정<br>▪ 상호를 사용하는 한 영구적 |
| | 배타적 효력 | ▪ 타인의 동일 · 유사한 상표의 등록배제<br>▪ 상표와 상품의 동일 · 유사범위까지 효력이 미침<br>▪ 저명상표는 이종상품에도 등록배제적인 효력이 미치는 경우 있음. | ▪ 등기하면 동일한 특별시 · 광역시 · 시 · 군에서 타인이 동종영업의 상호를 등기하지 못하게 하는 효력 |
| | 보호 방법 | ▪ 침해예방금지청구권, 손해배상청구권<br>▪ 형사상 비친고죄<br>▪ 부정경쟁목적 등 주관적 요건 不要<br>▪ 등록상표임을 표시한 경우 故意 추정 | ▪ 등기여부에 관계없이 타인의 사용폐지 청구, 등기말소청구, 손해배상청구 가능<br>▪ 등기한 상호를 사용한 자는 부정한 목적으로 사용하는 것이 추정<br>▪ 미등기 상호는 부정사용목적 입증을 요함 |
| 권리의 이 전 | | ▪ 지정상품마다 분할하여 이전 가능<br>▪ 영업과의 분리이전도 가능 | ▪ 영업과 함께 이전하는 경우에만 인정 |
| 권리의 소 멸 | | ▪ 포기, 존속기간만료, 무효심결의 확정에 의해 소멸<br>▪ 3년 이상 정당한 이유 없이 불사용하면 취소 가능 | ▪ 정당한 이유없이 2년 이상 불사용시 폐지된 것으로 간주(상법 26조) → 법원에 상호말소등기 要 |

## 9절 상표와 지리적 표시

"지리적 표시"란 협의로는 출처표시와 원산지명칭을 포함하는 개념으로, 원산지명칭은 어떤 상품의 특징적인 품질이 자연적이거나 인위적인 요소를 포함한 지리적 환경에 기초한 경우에 그 상품이 그 지역에서 생산되었음을 나타내는 것을 말하며, 출처표시란 본래는 원산지명칭을 포함하는 것이지만 일반적으로는 원산지명칭으로 간주되지 않는 출처표시만을 지칭하는 것으로 사용되기도 한다. 또한 광의의 지리적 표시란 국가명을 포함하는 일반적 명칭을 말한다.

상표와 지리적 표시는 양자 모두 출처표시 기능 및 품질표시적 기능, 영업상의 이익과 관련되며 지식재산권의 범주 내에서 보호되는 표장이라는 점에서는 상표와 유사한 점이 있다.

이러한 유사점 때문에 지리적 표시를 상표제도 내로 포괄하여 상표 및 지리적 표시 보호법으로 규정하는 나라가 있는가 하면 지리적 표시를 상표법상 단체표장 내지 증명표장으로 보호하는 나라도 있다.

그러나 상표는 상품 또는 서비스업을 제공하는 '특정 사업주체'를 식별시켜 주는 표장인데 반하여 지리적 표시는 당해 표시가 사용되고 있는 제품을 생산하는 사업주체들이 위치하고 있는 '특정지역'을 확인시켜 주는 표장이므로 지리적 표시는 상표와 같이 하나의 업자가 다른 경쟁자들을 사용으로부터 배제시킨다는 의미에서의 '독점적 소유자'는 없는 점에서 차이가 있다고 볼 수 있다.

일반인에게 "보르도" 같은 지리적 표시화한 명칭은 프랑스의 보르도 지방에서 생산되는 독특한 품질의 양질(良質)의 포도주를 연상(連想)하게 한다. 포도주에 관한 한 연료인 포도가 생산되는 지역의 기후와 토양이 포도주의 품질에 의해 많이 영향을 받는다는 인식이 일반화되어 있는데 이런 인식화에서 "보르도"는 그러한 특정한 환경의 지방에서 연원(淵原)하는 특정한 품질을 가지는 포도주임을 표시해주는 포도주에 관한 지리적 표시가 되는 것이다. 이런 인식 하에서 지리적 명칭(名稱)은 그 제품의 명성으로 인해 높은 품질의 상품임을 확인하게 되는 것이 보통이었다.

이와 같이 지리적 표시는 한 지역의 농업 및 기타 산업의 역사성(歷史性)에서 비롯하지만 반드시 저명성을 요구하는 것이 아니다. 국내법의 단계에서 지리적 표시가 되기 위해서는 "보르도"와 포도주의 관계처럼 한 지역의 지리적 명칭과 상품사이의 연관관계가 존재하여야 지리적 표시라고 할 수 있다. 이러한 관계는 그 지역에서 생산되는 모든 상품에 대해 형성되는 것이 아닌 특정한 상품에 대해서만 형성되는 것이어서 단순한 출처표시(出處表示)와는 구별되는 개념이다.

상표가 타인의 상품과 상표사용자의 상품을 식별하게 하는 것이 그 일차적 기능이며 목적임에 반해 지리적 표시는 상품의 지리적 출처를 식별하게 하는 것이 첫째 기능이다.

## 1. 상표와의 차이

우리나라 상표법은 상표란 “상품을 생산, 가공, 증명 또는 판매하는 것을 업으로 영위하는 자가 자기의 영업에 관련된 상품을 타인의 상품과 식별(識別)하도록 하기 위하여 사용하는 기호, 문자, 도형, 입체적 형상, 색채, 홀로그램, 동작 또는 이들을 결합한 것과 그 밖에 시각적으로 인식할 수 있는 것”이라고 정의하고 있다.

이와 같이 상표는 타인의 상품과 자기의 상품을 식별하는 것이 일차적인 기능이다. 상표는 반드시 구체적인 출처를 소비자에게 인식시킬 필요가 없으나 상품이 하나의 출처(a single anonymous source of product)로부터 비롯되었음을 나타낸다. 반면 지리적 표시는 상품의 지리적 출처를 식별하는 것이 그 목적이며 때때로 소비자는 지리적 표시를 부착한 상품이 표시된 지역의 산업으로부터 비롯되었다고 이해하기도 한다. 상표에 상품의 품질에 대한 goodwill이 화체(化體)되듯이 지리적 표시에도 상품의 품질과 관련된 goodwill이 형성된다. 그러나 상품의 품질을 유지하는 것은 어디까지나 상표 사용자의 의지에 의해서 일 뿐, 법에 의해 그것이 강요되지는 않는다. 그러나 지리적 표시의 한 종류인 원산지 표시는 상품이 그 지리적 출처를 표시할 뿐만 아니라 상품이 특정한 품질의 것이여야 원산지 표시를 부착할 수 있다.

또한 표장의 사용자면에서 상표는 상표권의 소유자 및 사용을 허락받은 소수의 사용권자만이 상표를 사용할 수 있으나 지리적 표시는 그 지역에서 해당상품을 취급하는 일정한 범위의 모든 사람이 모두 사용할 수 있다. 사용자면에서 일정한 자격을 갖춘 사람만이 쓸 수 있다는 면에서 단체표장 및 증명표장과 유사한 면이 있다.

## 2. 상표법상의 지리적 표시의 정의(2005.7.1. 개정법)

상표법 제2조 제1항 제3호의2는 상품의 특정품질, 명성 또는 기타 특성이 본질적으로 특정지역에서 비롯된 경우 그 지역에서 생산, 제조, 가공된 상품임을 나타내는 표시를 지리적 표시라고 정의하고 있다.

특허청은 상품은 농수산품, 공산품 등 모든 산업제품을 포함하나 서비스업은 포함하지 않는 것으로 본다. 이는 WTO/TRIPs도 같은 입장이다. 그리고 생산, 제조, 가공 중 하나의 행위만 있어도 인정이 되며 지리적 명칭, 상징, 엠블렘, 간접명칭 등도 인정하고 있다. 또한 자연적 요소뿐만 아니라 전통적인 생산기술 등의 인적요소로 특성을 획득한 경우도 포함하고 있다. 다만 자연적 · 인적 요소를 포함한 당해 지역의 지리적 환경과 상품의 품질, 명성, 특성 등 간에 본질적인 연관성이 있을 것을 필요로 하고 있다.

상표법 제2조 제1항 제3호의3에서는 지리적 명칭은 동일하나 실제로 다른 지역인 경우를 동음이의어 지리적 표시라 하고 상호간에 등록배제효와 사용금지효의 예외를 두고 있다.

## 3. 지리적 표시의 보호(지리적표시 단체표장, 2005.7.1. 개정법)

지리적 표시를 사용할 수 있는 상품을 생산·제조 또는 가공하는 것을 업으로 영위하는 자만으로 구성된 법인이 직접 사용하거나 그 감독 하에 있는 소속단체원으로 하여금 자기 영업에 관한 상품에 사용하게 하기 위한 단체표장을 지리적 표시 단체표장이라 한다(법2조1항3호의4). 지리적 표시를 단체표장으로 보호하는 이유는 지리적 표시는 당해 지역민들의 공동의 재산이어서 독점적응성이 없으므로 1인에게 독점시키는 것이 부적당하기 때문이다.

지리적 표시 단체표장의 출원적격자에 대해서는 단체에 2이상의 법인·개인·조합 등을 소속단체원으로 포함하는 것은 가능하나 출원인은 단일할 것을 요구한다. 따라서 출원인들의 공동출원의 형태로 출원은 허용되지 않는다.

정의규정의 합치여부를 심사하기 위해서 상표법 제9조 제3항에서는 대통령령이 정하는 증명서류의 제출을 요구하는데, 지방자치단체장과의 협의서면은 필수제출서류이고 단체의 대표성입증서면은 정의규정 충족여부 심사에 참작할 수 있는 서류이다.

심사단계에서 지리적 표시 단체표장 출원은 상표법 제6조 제1항 제3호(산지표시) 및 제4호(현저한 지리적 명칭)의 적용을 배제하고 있고 선등록·출원상표, 소멸상표와의 저촉 여부 판단 시에는 동일상품에 한하여 적용토록 하고 있다. 다만 상표법 제7조 제1항 제12호의2에서는 동일상품에 한정하고 있지 않은데, 지리적 표시의 경우 상품이 동일하지 않으면 원칙으로 부정한 목적도 인정되기 힘들 것이기 때문이다.

등록 후 효력범위에서도 동일상품에 동일, 유사한 지리적 표시를 사용하는 경우에 한하여 소극적 효력이 미치게 하고 있다(법66조2항1호). 또한 산지표시와 현저한 지리적 명칭에 대해서 효력제한을 배제하고, 단체에 소속되지는 않았으나 지리적 표시를 사용할 자격이 있는 자의 사용에는 효력이 제한되도록 하여 제도의 취지를 살리고 있다(법51조2항).

## 4. 종류표시와의 차이

지리적 표시와 관련하여 종류표시(種類表示) 혹은 일반 명칭(generic name)이란 원래는 품질관련 출처표시였던 것이 그 의미가 전환되어 더 이상 어떤 상품의 지리적 출처를 나타내는 표시로 쓰여지지 않고 거래계에서 특정 상품의 종류, 품질, 속성 등을 나타내는 표시로만 쓰이는 표시를 말하며 우리나라법의 유사한 용어를 굳이 찾자면 보통명칭(普通名稱) 혹은 관용표장(寬用標章)에 해당한다고 할 수 있겠다. 어떠한 지리적 명칭이 종류표시화(種流表示化)하였는지는 최종적으로는 각국의 법원이 소비자가 해당 지리적 표시를 종류표시로 인식하는지 여부를 판단하여 결정하게 되어 있다.

종류표시는 소비자 및 거래계에 출처를 나타내는 표시로서의 의미를 잃었기 때문에 더 이상 지리적 표시로서의 기능을 하지 않으며 흔히 "○○타입", "○○식"의 표현으로 쓰이는데 어떠한 방해도 받지 않는다. 흔히 저명한 지리적 표시가 이런 식으로 사용되는 것을 방치하면 종류표시로 전환되기 쉽다.

기능면에서 지리적 표시는 상표의 본질적인 기능인 출처표시의 기능을 하며 다른 지역에서 생산된 상품과 식별을 가능하게 하는 기능이 있다. 이를 바탕으로 품질보증의 기능, 광고선전적 기능을 가질 수 있다. 그러나 지리적 명칭을 포함하는 상표가 모두 지리적 표시로서 기능하는 것은 아니다. 지리적 명칭으로 구성된 상표를 보고도 소비자가 이를 상품의 출처표시로 여기지 않는다면 이는 지리적 표시가 아니기 때문이며 이런 경우에 상표를 종류 표시 혹은 임의적 상표라 한다.

## 10절 상표와 도메인 네임

상표는 자타상품을 식별하기 위하여 상품에 부착하는 표장이며, 도메인 네임의 경우 인터넷상 호스트컴퓨터의 주소에 해당하는 숫자로 된 주소(IP Address)에 해당하는 알파벳 및 숫자의 일련의 결합을 의미한다.

따라서 상표의 경우 상품출처 표시의 기능, 도메인 네임의 경우 인터넷상 호스트컴퓨터의 장소표시의 기능이라는 별개의 기능에서 출발되었지만, 전자상거래의 활성화로 도메인 네임 그 자체가 상품이나 서비스업의 출처표시로서의 기능도 하게 되었으며, 타인의 상표를 부정한 목적으로 등록하여 정당한 상표권자에게 비싼 값에 되팔려는 사이버스쿼팅(Cybersquatting) 행위가 증가함에 따라 상표와 도메인 네임간의 분쟁이 증가하고 있는 추세에 있다.

원칙적으로 국내에 상표를 등록하였다고 하여 당해 상표에 상당하는 도메인 네임을 등록할 권리가 부여되지 않으며, 도메인 네임을 등록하였다고 하여 당해 상표를 등록할 권리를 부여하지는 않고 있다.

다만, 국내에 널리 알려진 주지・저명상표인 경우 부정경쟁방지법상의 상품주체혼동행위 또는 영업주체혼동행위에 해당한다면 부정경쟁방지법에 의해 당해 도메인 네임의 사용이 금지될 수 있으며(예 : chanel.co.kr 사례, himart.co.kr 사례, mastercard.co.kr 사례, viagra 사례), 등록된 상표와 동일하거나 유사한 도메인 네임으로 등록된 상표의 지정상품과 동일하거나 이와 유사한 지정상품과 관련되는 영업행위를 할 경우 상표권 침해에 해당될 수 있다.

## 1. 주지 · 저명상표

파리조약에서는 제6조의2에서 유명상표(well-known mark)라 함은 사용된 결과 타인의 의무와 관계된 상품을 표시하는 것으로서 수요자 사이에 널리 인식되어 있는 상표를 의미한다. 우리 상표법에서 주지상표라 함은 타인의 상품을 표시하는 것이라고 거래자 및 일반 수요자에 현저하게 인식되어 있는 상표(법7조1항9호)이고 저명상표라 함은 동일, 유사한 상품뿐만 아니라, 이종상품에 이르기까지 특정인의 상표로 일반 수요자에게 현저하게 인식되어 있는 상표를 의미한다(법7조1항10호).

시기적 기준은 출원시가 주지성 판단의 기준이 된다.

주지상표인지의 여부에 관한 판단은 법률문제가 아닌 사실문제이며 그 상표의 사용, 공급, 영업활동의 기간, 방법, 태양 및 거래범위 등을 고려하여 상품거래의 실정 및 사회통념상 객관적으로 널리 알려졌느냐의 여부가 일응의 기준이 된다고 할 것이다. 사용기간은 거래량의 사용빈도와 그 밖의 사정과의 관계에서 결정하여야 하며, 주지성을 인정하는데 반드시 상당한 시간동안 사용될 필요는 없다 할 것이다. 판례도 이와 같은 입장을 취하고 있다.

저명상표 판단의 인적기준으로서는 당해 상품뿐만 아니라 이종상품 · 이종영업에 관한 수요자 및 거래자의 인식을 기준으로 판단하고 지역적 기준으로서는 전국적으로 널리 알려질 것을 요하지 않는다 하더라도 오늘날 전국이 일일생활권화되고 있는 점에 비추어 다소 넓은 지역에서 알려짐을 요한다고 할 것이다. 예외적으로 당해 상표품의 판매지역이 지방적으로 국한되어 있는 경우에는 그 지방에서 주지인 것도 포함한다. 다만 인식의 정도가 주지상표보다 높다는 점에서 보다 넓은 지역에 걸쳐 인식됨을 요구하는 것이 일반적일 것이다. 시기적 기준으로는 불측의 사정변경으로 출원이 거절되는 것을 방지하기 위하여 출원시를 기준으로 한다(법7조2항).

저명상표인지의 여부에 관한 판단은 법률문제가 아니라 사실문제이며 주지성의 판단은 상표의 사용기간, 방법, 태양, 사용량, 거래범위, 거래실정 및 사회통념에 따라 객관적으로 판단한다. 또한 저명상표의 판단기준은 이종상품 · 이종영업에까지 미치므로 그 혼동가능성의 판단도 요한다. 상표의 저명도, 표장의 창작성의 정도, 영업성의 형태, 기업규모의 정도 등을 종합적으로 고려하여야 한다. 판례도 동일한 입장이다.

## 2. 상표권과 도메인 네임의 충돌

도메인 네임은 전화번호나 우편번호와 같은 식별번호이지만 WWW의 등장과 전자상거래의 보급으로 인터넷이 상품거래의 장, 상품광고의 장으로 변하자 종래의 도메인 네임의 기능도 변화하게 되었다. 즉 이제 도메인 네임은 도메인 네임의 보유자가 제공하는 상품이나 서비스의 출처표시로 기능하는 측면을 가지게 되었다는 것이다. 전화번호도 외우기 쉬운 번호를 선호하고, 사업자에 있어서는 자기 사업을 연상시키는 번호를 선호한다. 그러므로 도메인 네임을 사용하려고 하는 자는 기억하기 쉬운 도메인 네임을 확보하려하거나 자기가 제공하는 상품이나 서비스와 관련 있는 도메인을 등록하려고 하고 있다. 예컨대 포도주를 판매하려 하는 자는 "wine.com"이란 도메인 네임을, 자동차를 판매하려 하는 자는 "car.com"이란 도메인을 획득하려 할 것이다. 마찬가지로 저명한 상표, 예를 들어 "samsung", "cocacola"의 상표권자는 자신의 저명한 상표를 도메인 네임으로 등록하고자 할 것이다.

원래 도메인 네임은 엄밀한 의미에서는 명칭이라고 하기보다는 전화번호나 우편번호와 같은 식별번호, 즉 네트워크상 연결되어 있는 컴퓨터의 주소로서의 기능을 가지고 있지만 도메인 네임은 정보기술(IT)산업의 발전과 인터넷사용의 폭발적 증가로 인하여, 특히 WWW서비스의 등장과 전자상거래의 폭발적인 확대에 의하여 그 기능이 변화하게 되었다. 현재 도메인 네임은 도메인 네임의 보유자가 제공하는 상품 또는 서비스의 식별기능, 다시 말하면 상품 또는 서비스의 출처표시의 기능을 갖게 되기에 이르렀다. 이것은 전통적인 상표나 서비스표 혹은 일반적인 표지의 영역 내에 도메인 네임이 새로이 등장한 것을 의미한다. 또한 기업에서 전자상거래가 차지하는 부분이 증대됨에 따라 도메인 네임은 인터넷 환경 하에서 매우 강력한 마케팅의 도구로 자리잡았으며 그 상업적 가치 또한 증대되고 있는 실정이다.

그러나 실제세계에서의 상표와 가상공간에서의 도메인 네임이 일정한 관계를 가짐에도 불구하고 상표와 도메인 네임이 각각 다른 방식에 의해 등록이 행해진다는 데에 도메인 네임에 관한 분쟁의 근본적인 이유가 있다.

## 3. 도메인 네임의 등록과 상표등록의 차이점

첫째, 등록기관의 점에서 도메인 네임은 한국인터넷정보센터(KRNIC), 상표는 특허청에서 각각 등록한다.

둘째, 상품과의 관계성의 점에서 도메인 네임은 반드시 상품과의 관계성이 필요한 것이 아니지만, 상표는 그 지정상품의 존재가 전제되어야 한다.

셋째, 인터넷상 동일한 도메인 네임은 전 세계적으로 단 하나밖에 존재하지 않고 따라서 단 하나의 주체에 의해서 사용되지만, 상표는 속지주의의 원칙상 국내적으로 보호될 뿐, 타국에서의 등록을 배척 할 수는 없다.

넷째, 도메인 네임은 등록관청에 의한 형식적 심사를 거쳐서 등록되는 반면, 상표는 엄격하고 실질적인 심사를 거쳐서 등록된다.

다섯째, 도메인 네임은 서로 유사하더라도 동일하지 않으면 등록가능 하지만, 상표의 경우에는 동일, 유사상품을 지정상품으로 하는 경우 동일, 유사상표의 등록을 배제하고 있다.

## 4. 상표권침해와 구제방법

등록상표에 침해가 되기 위해서는 첫째 등록상표가 존재하고, 둘째 상표권자의 허락없이 등록상표와 동일 또는 유사한 상표를 사용하고, 셋째 등록된 지정상품과 동일·유사한 상품에 사용하여야 하는 바, 도메인 이름을 등록한 자가 상표권자의 허락없이 도메인 이름과 동일·유사한 상표가 등록된 지정상품과 동일 또는 유사한 상품과 관련하여 도메인 이름을 상표로 사용하는 경우에는 상표권의 침해에 해당될 수 있다(인터넷상에 타인의 상표와 같거나 비슷한 도메인명을 등록한 것 자체가 상표권 침해가 되지는 않지만 그 도메인명을 이용해 상표권자가 파는 상품과 비슷한 상품을 파는 것은 상표법 위반). 하지만 비아그라 사례에서는 상품을 식별할 수 있는 별도의 식별표지가 상품에 부착되어 있는 경우 특단의 사정이 없는 한 상표권의 침해가 아니라고 하였다. 즉 별도의 식별표지가 없는 경우에만 도메인 네임이 식별표지로서 인식될 수 있는 것으로 본다고 할 수 있다.

도메인의 상표권침해 시 구제방법은 크게 두 가지로 나눌 수 있는데 법원에 소송을 제기하는 방법과 법원이 아닌 별도의 분쟁처리기관에 신청하는 방법이 있다. 우선 법원에 소송을 제기하는 경우는 상표법상 상표권침해, 부정경쟁방지법상 부정경쟁행위의 구성 등을 이유로 도메인 이름 사용금지(사용중지 가처분), 손해배상, 신용회복, 형사처벌 등을 청구할 수 있는데 이는 가장 확실한 분쟁해결 방법이라 할 수 있다. 다만 법원의 소송절차는 비용과 시간이 많이 소요되며, 절차가 까다롭다는 등의 단점이 있으므로 법원이 아닌 별도의 기관에 의하여 분쟁해결을 신청하는 행정적 절차를 진행할 수도 있다. 이는 소위 "통일된 도메인 이름 분쟁처리규정(UDRP)"이라 하는데 이는 악의적인 도메인 이름의 등록을 규제하기 위해 지난 '99년 국제인터넷주소관리기구인 ICANN이 채택하여 시행해오고 있는 것으로 .com, .net, .org와 같은 일반 최상위 도메인에 한하여 미리 지정된 분쟁처리기관에 그 도메인 이름의 등록취소 또는 이전을 청구할 수 있다.

## BRAND MANAGEMENT 11절 상표제도의 목적

상표제도의 목적은 상표와 상품과의 관계를 유지케 함으로써 상표의 오인 내지 상품의 혼동으로 인하여 발생될 부정 경쟁을 방지하고 그 혼동으로 피해를 입은 상표권자의 영업상의 신용을 보전함과 아울러 그 상품의 거래자와 수요자를 보호하려는 데 있는 것이다.

### 1. 상표의 보호

상표의 보호는 상표법의 목적달성을 위한 1차적 수단이자 출발점이라 할 수 있다. 상표법은 상품의 출처를 나타내기 위해 사용되는 모든 표지를 보호대상으로 하는 것이 아니라, 상표법 제2조에서 정의하는 표장의 요건을 충족한 것만을 보호하고 있다. 다만 목적조항에서 의미하는 상표는 광의의 개념으로서 협의의 상표는 물론 서비스표, 단체표장, 업무표장 등을 포함하는 개념이다.

#### (1) '보호'의 방법

#### 1) 등록상표의 보호

상표법은 원칙적으로 등록주의(법41조1항)에 입각하여 '등록상표'를 보호함을 원칙으로 한다. 따라서 상표권자는 적극적으로 등록상표를 그 지정상품에 대하여 사용할 수 있는 권리를 독점하고 소극적으로는 그 등록상표와 저촉되는 타인의 상표등록을 배제하고 그 사용을 금지시킬 수 있다.

#### 2) 미등록상표의 보호

'미등록상표'의 경우에도 당해 상표가 주지 · 저명한 경우에 한하여 타인의 상표등록을 배제할 수 있는 소극적인 보호(법7조1항9호 내지 12호)가 주어지며 부정경쟁방지법에 의한 보호(사용금지, 손해배상청구 등)도 가능하다.

### (3) 상표의 보호범위

등록상표 및 지정상품에 대해서는 적극적 효력이 미치도록 하고 있고, 등록상표와 지정상품에 유사의 개념을 도입하여 소극적 권리범위를 넓게 인정하여 상품출처의 오인·혼동의 방지를 도모하고 있다.

**관련규정**

상표법에서는 상표의 보호범위를 명확히 하기 위해 상표의 정의규정(법2조1항1호)을 두고 있으며, 그 사용에 대하여도 구체적인 정의규정을 두고 있다(법2조1항6호). 또한 등록상표의 보호범위(법52조), 침해로 보는 행위(법66조) 등의 규정을 두어 권리의 내용을 규정함과 아울러 침해에 대한 구제조치(법65조, 법67조, 법68, 법69, 법70)도 마련해 놓고 있다.

## 2. 상표 사용자의 업무상 신용유지

### (1) 상표사용자

등록상표권자는 물론 미등록 주지, 저명상표 사용자, 사용권자를 포함한다. '상표사용자'란 사회통념상의 상표로서 존재하는 상표를 법정의 요건과 절차에 따라 등록하여 사용하는 등록상표권자 및 사용권자를 말한다. 다만, 미등록주지·저명상표의 사용자도 타인의 등록배제를 통하여 보호된다는 점에서 상표사용자의 개념 안에 포함된다.

### (2) 업무상 신용 유지

제3자의 부당 사용을 금지할 뿐 아니라 상표 사용자로 하여금 상품의 품질을 유지, 향상시켜 상표 사용자의 업무상 신용유지를 도모하는 것이다.

등록상표나 미등록 주지·저명상표에 대한 법률에 따른 보호를 통해 제3자의 그 상표의 침해나 모방·도용행위에 의한 오인·혼동을 야기하는 상표의 등록 및 사용을 금지시킴으로써 상표사용자로 하여금 그 상표를 사용하는 동안 상품의 품질을 유지·향상시키도록 함으로써 상표사용자의 신용유지를 도모한다. 이 경우 '업무상의 신용'(goodwill of a business)이란 고객이 선호하고 고객의 필요를 충족시켜 주는 상품 및 서비스를 제공하는 업자와 계속 거래하고자 하는 인간의 기본적인 성향을 반영하는 영업상의 가치로 볼 수 있다.

관련규정

상표법에서는 상표권의 존속기간갱신등록제도(법43조), 침해에 대한 구제수단의 마련(법65조, 법66조, 법67조, 법69조, 법70조), 혼동우려가 있는 후출원에 대한 거절규정(법7조1항7호, 법8조)을 통하여 업무상의 신용유지를 도모하고 있다. 또한 미등록인 주지·저명상표에 대해서도 등록배제효(법7조1항9호 내지 12호)를 인정하고 있다.

### (3) 산업발전에 이바지

상표를 보호함으로써 상표사용자의 업무상 신용이 유지되고 부정경쟁이 방지되면 건전한 상거래질서가 확립되고 기업의 정당한 이윤의 확보 및 시장성의 확대에 따라 기업의 투자가 확대됨으로써 산업발전을 도모할 수 있다.

### (4) 수요자의 이익보호

상품의 출처혼동 및 품질오인을 방지함으로써 수요자의 불측의 손해를 예방하고, 상표 사용자로 하여금 상품의 품질을 유지, 향상토록 하여 수요자의 신뢰이익을 보호한다는 목적 때문에 상표법은 타법에 비해 공익적 요소가 강한 특색을 갖게 된다. 즉, 상표침해행위나 기타 부정한 수단에 의한 상표의 사용행위는 수요자에게 상품의 출처 및 품질에 관하여 오인·혼동을 일으키게 하여 수요자의 신뢰이익을 해치고 경제적 손실을 초래하므로 이를 방지하여 수요자의 이익을 보호하는 공익적인 목적을 띠고 있다.

관련규정

상표법에서는 이러한 수요자의 이익을 보호하기 위하여 상표의 유사여부, 주지·저명성 여부, 보통명칭화 여부 등을 수요자를 기준으로 판단하며, 상표의 등록요건 및 부등록사유를 규정하여 식별력이 없는 상표나 공공의 이익에 반하는 상표 등을 거절하도록 규정하고 있다(법6조, 법7조). 또한 상표등록무효심판 등을 청구함에 있어 심사관이 공익의 대표자로 심판청구를 할 수 있음은 물론 상표법 제7조 제1항 제10호 내지 제12호를 이유로 한 무효심판청구에 제척기간의 적용을 받지 않도록 규정하고 있으며(법76조1항), 상표권 침해죄를 비친고죄로 규정(법93조)하고 있다. 아울러 등록상표의 사용으로 수요자로 하여금 상품의 품질오인 또는 출처혼동을 일으키게 할 염려가 있는 경우 그 상표등록을 취소할 수 있는 규정(법73조1항2호 내지6호, 8호, 9호)을 두고 있다.

### (5) 부정경쟁방지

부정경쟁이란 부정한 수단으로 상품, 영업 등에 관한 오인, 혼동을 야기하는 일체의 행위를 말하며 상표의 부정사용으로 인한 출처혼동, 품질오인, 수요자 기만행위 등의 부정경쟁행위를 방지하자는 것이며, 이 점에서 넓은 의미의 경업질서법에 포함된다.

**관련규정**

부정경쟁방지 및 영업비밀보호에 관한 법률과 상표법은 부정경쟁을 방지하고 건전한 상거래질서 확립을 목적으로 하는 경업질서법이라는 점에서 공통이다. 그러나 상표법이 등록주의 하에서 등록에 의해 독점배타권을 부여하고 등록상표와 동일·유사한 상표의 사용을 전면 금지함으로써 부정경쟁을 방지함에 반하여 부정경쟁방지법은 유통시장에서 주지, 저명해진 표지와 혼동이 발생하는 행위를 구체적, 개별적으로 파악하여 금지한다는 점에 차이가 있다.

## 12절 상표의 기능

상표는 문자·도형 등의 상징적 표현양식에 의하여 영업자가 취급하는 상품의 동일성을 표시하고 나아가 타인의 상품과 구별하게 해줄 뿐만 아니라 상품자체의 품질, 성능·영업의 우수성, 성실성 기타 명성 등의 신용(good will)을 상징하는 한편 소비자에 대해서는 일정한 상표는 일정한 품질을 갖는다고 하는 믿음을 갖게 하는 힘까지 갖는다. 뿐만 아니라 상품을 극히 단순하게 형상화함으로써 쉽사리 대중의 의식에 침투하는 능력을 가져 그 자체가 광고적, 선전적 기능을 지니고 있다고 할 수 있다. 상표법은 상표가 갖는 이러한 기능들의 사회적·경제적 가치를 인정하고 법률상 권리로서 보호하는 것이다.

### 1. 자타상품의 식별기능

상표의 식별기능은 개성화된 동종의 상품 중에서 상표 소유자의 상품을 타인의 상품과 구별시켜 주는 기능으로서 상표의 가장 기본적이고 본질적인 기능이며 출처표시기능이나 품질보증기능이 가능하게 하는 상표의 본원적 기능이라고 할 수 있다. 따라서 객관적인 식별력이 없어 법으로 보호할 가치가 없는 보통명칭, 관용표장, 흔히 있는 성, 명칭 등을 등록대상에서 제외시키고 있다. 다만, 사용에 의해 식별력을 취득하면 등록이 허용된다.

관련규정

사회적·역사적 존재로서의 상표에는 식별기능을 가진 것과 식별기능을 가지지 않은 것이 존재하여 왔으나 상표법에서는 현실의 사용사실을 요구하지 않는 등록주의를 채택하고 있기 때문에 법기술상 상표를 정의하는 규정을 두는 한편(법2조), 본질적 등록요건으로서 자타상품의 식별력을 요구하고 있다(법6조). 이러한 식별력은 상품이나 서비스업과의 관계에서 취득하고 상실되는 상대적인 개념이기 때문에 현실의 사용에서 식별력을 획득한 것은 예외적으로 보호의 대상으로 규정함으로써 자타상품의 식별기능을 보호하고 있다(법6조2항).

## 2. 출처표시 기능

상표는 본래 자신의 상품과 타인의 상품을 구별 짓기 위하여 사용된 것으로서 그 결과 동일한 상표의 상품은 동일한 출처에서 나와 동일한 판로를 거쳐 소비자의 손에 들어간 것이라는 이른바 상품의 출처(origin)를 나타내는 기능을 발휘하게 되며, 상표의 이와 같은 기능을 출처표시기능이라고 한다.

하지만 오늘날에 있어서 OEM방식에 의한 상품의 출처표시는 소비자의 입장에서 본다면 특정 상표품은 특정 출처에서 나온 것이라는 전통적인 의미가 아니라 동일한 상표가 부착된 상품은 동일한 출처에서 나와 동일한 유통경로를 거쳐 소비자의 손에 도달된 것이라는 의미만을 갖는다.

이와 같이 상표의 출처표시기능은 특히 소비자의 입장에서는 상대적으로 그 중요성이 약해지고 있지만 상표를 사용하는 영업자의 입장에서는 상품을 생산하고 판매하는 과정에서 업무상의 신용을 축적하고 경쟁상대에 대하여 우월적인 지위를 확보하기 위해서 상표를 일정한 상품에 계속 사용하고 이를 통하여 그 상표를 사용하는 영업자의 상품은 품질이 우수하다는 인식을 거래의 상대방에게 심어줄 수 있도록 함으로써 경쟁과정에서의 신용을 형성, 유지, 확보함을 보장하여 주는 기능을 여전히 가지고 있다고 할 것이다.

구상표법체제하에서는 상표의 출처표시기능의 약화를 방지하기 위하여 상표사용권설정을 제한하고 상표의 영업과의 분리이전을 금지하여 상표의 재산적 기능을 상당부분 제한하였다. 그러나 출처의 여하를 불문하고 상표의 동일성을 전제한다면 품질의 동등성을 기대할 수 있을 만큼 제조기술이 발전하였으며 수요자 역시 상표를 상품의 품질표시로 인식하는 경향이 있으므로 상표의 영업과의 분리이전 및 사용권설정에 대한 제한을 완화하여 상표의 재산적 기능을 보장하는 방향으로 발전하고 있다.

**관련규정**

상표법은 상품의 유통질서 유지를 통하여 산업의 발달을 도모하기 위하여 상표의 기본적인 출처표시기능을 보호하기 위하여 상품의 출처혼동을 막을 수 있는 각종 규정을 마련하고 있다. 이러한 출처혼동의 방지를 위한 조치로는 i)등록상표와 동일·유사한 상표의 상표등록배제(법7조1항7호), ii)상표권이 소멸한 날(상표등록을 무효로 한다는 심결이 있은 경우에는 심결확정일)부터 1년을 경과하지 아니한 타인의 등록상표와 동일 또는 유사한 상표로서 그 지정상품과 동일·유사한 상품에 사용하는 상표의 등록배제(법7조1항8호), iii) 타인의 상품을 표시하는 것이라고 수요자간에 현저하게 인식되어 있는 상표와 동일·유사한 상표로서 그 타인의 상품과 동일·유사한 상품에 사용하는 상표의 상표등록배제(법7조1항9호), iv)수요자간에 현저하게 인식되어 있는 타인의 상품이나 영업과 혼동을 일으키게 할 염려가 있는 상표의 등록배제(법7조1항10호), v) 특정인의 출처로 인식된 상표의 등록배제효(법7조1항11호후단, 12호) vi) 선원주의규정(법8조), vii)상표법 제7조 제1항 제7호 내지 제12호의 규정에 해당하는 것이 잘못 등록된 경우 무효심판의 대상이 되도록 하는 규정(법7조1항), viii)등록상표를 독점배타적으로 사용하는 권리를 인정하여(법50조) 제3자가 이러한 범위에서 사용하는 것을 배제하는 규정(법66조), ix) 허위표시금지 규정(법91조) 등이 있다.

## 3. 품질보증기능

품질보증기능이라 함은 동일한 상표가 표시된 상품은 통상 동일한 성능과 품질을 가지고 있다고 수요자로 하여금 기대케 하는 기능을 말한다. 품질보증기능은 품질이 우수하다거나 품질이 일정 수준에 미치지 못하면 교환·서비스의 제공, 손해배상 등을 보증한다고 하는 채무보증의 의미가 아니라 그 상표가 표시하는 상품은 통상 품질의 동일성과 일정성을 가지고 있다고 수요자로 하여금 기대케 하는 기능을 말한다.

따라서 상표법은 법조항들을 통해서 품질보증기능 보호를 꾀하고 있다. 과거에는 사용허락이 금지되었으나 품질동일성 보장이라는 전제하에 현재는 사용권 설정이 허용되고 있는데 그 규제는 사후 규제방식으로, 사용권자가 오인, 혼동의 염려가 있도록 상표를 사용하면 상표권은 취소심판 청구대상이 된다.

최근 WTO 체제출범 이후 국가간 상품거래의 활성화로 인한 진정상품의 병행수입

문제와 관련하여 상품의 품질보증이 된다면 굳이 출처표시기능에 대한 개념을 '출처의 동일성'으로 좁게 해석할 것이 아니라 '출처원의 동등성'으로까지 확대해석하여 진정상품의 병행수입을 점차 허용하는 방향으로 상표정책을 수정하고 있다.

**관련규정**

상표는 품질보증기능에 의해서 상표권자가 사용하지 않더라도 사용권설정계약에 의해 타인에게 사용하도록 할 수 있으며(법55조, 57조), 상표권자에게 정당사용의무 및 감독의무를 부여하고 있고, 상표권의 이전에도 일정한 제한을 두고 위반시 제재조치로 취소사유로 규정하고 있다(법54조, 73조1항4호). 또한 품질오인의 염려가 있는 상표의 경우 그 등록을 배제하는 규정을 두고 있다(법7조1항11호전단).

## 4. 광고선전기능

상표의 상품식별기능이나, 출처표시기능, 품질보증기능이 상표의 기능을 정적인 면에서 파악한 것이라면 광고선전기능은 상표의 상품에 대한 심리적인 연상작용을 동적인 측면에서 파악한 것으로 상품거래사회에서 판매촉진수단으로서의 상표의 기능을 말한다.

상표는 상품의 얼굴로서 시각을 통하여 식별할 수 있는 표지이므로 상표사용자는 상표를 통하여 상품의 개성과 우수성, 상표사용자의 신용을 소비자의 마음속에 기억하게 하고 또한 상표광고로 소비자에게 심리적인 연상작용을 일으켜 상품의 구매동기를 유발하게 하여, 이들 기업의 효과적인 판매촉진 수단으로 활용하고 있다. 오늘날 이러한 광고선전적 기능이 점차 중요시되고 있는데 이러한 측면에서 상표는 '말없는 판매원(silent salesman)'이라고 일컬어지기도 한다.

최근에는 매스컴의 발달과 제품의 균질화 경향으로 상품판매경쟁은 품질보다도 오히려 광고 선전에 치중하는 경향이 뚜렷하여져 상품의 매상고 역시 상표의 광고선전적 기능에 좌우되는 실정이다. 그 결과 상표 소유자는 상표 자체의 광고를 통하여 상품을 선전하고 그 수요를 창조, 촉진할 수 있으므로 이를 위하여 막대한 자금을 투입하게 되므로, 상표의 광고적 가치를 침해하는 것은 상표소유자에게 중대한 영업상의 손실을 끼치는 것이 된다.

최근 유명상표와 동일·유사한 상표를 당해 지정상품과 전혀 다른 상품에 사용함으로써 유명상표의 명성이나 강한 식별력 등을 희석(blurring)시키거나, 손상(tarnishment)시켜, 유명상표가 갖는 심리적인 긍정적 연상작용을 오염·침식하는 등 상표의 이미지나 고객흡인력을 희석화(dilution)하는 경우에도 상표의 광고적 기능이

훼손될 수 있으므로 이에 대한 유명상표의 보호에 대한 논의가 활발히 전개되고 있다.

관련규정

상표법 제2조 제1항 제6호 다목에서는 광고적 사용행위를 상표의 사용으로 정의하고 있으며, 2001년에 개정된 부정경쟁방지법 제2조 제1호 다목에서는 국내의 주지・저명상표의 강한 식별력이나 명성에 의한 고객흡인력 또는 시장구매력을 부당편승하거나 손상시키는 행위를 방지하기 위해 부정경쟁행위의 유형에 국내에 주지・저명한 상표의 식별력이나 명성을 손상시키는 행위를 신설하고 있다. 또한, 법원은 상표법 7조1항12호의 요건인 부정한 목적에 희석화 행위를 포함하는 것으로 보고 있다.

## 5. 재산적 기능

상표가 광고선전으로 실제 사회에서 사용됨으로써 그 기능이 장기간 발휘하고 촉진되면 상표의 무형적 재산가치는 누적적으로 증대된다. 이러한 상표의 재산적 기능은 상표권의 자유양도 및 사용권 설정 등을 통해 구현된다.

상표의 '재산적 기능'이란 상표사용자가 자기의 상표를 오랜 기간 계속 반복적으로 사용함으로써 그 상표에 대한 신용이 화체되어 주지・저명한 상표가 되면 그 상표는 상표 그 자체만으로도 엄청난 '무형재산'(invisible asset)으로서의 가치인 영업상의 고객흡인력을 창출하게 된다.

또한 상표는 그것이 사용되는 영업과 분리하여 독립된 재산적인 가치를 가지므로 상표를 영업과 분리하여 상표만을 타인에게 이전(법54조)하거나 사용권을 설정(법55조, 57조)할 수 있는 재산적인 기능을 갖는다. 다만, 상표의 재산적 기능은 상표권의 본질 내지는 법적 성질에 대한 설명이며 상표의 기능으로 볼 수 없다는 견해도 있다.

## 6. 보호적 기능

상표의 '보호적 기능'이란 등록상표의 경우 상표법에 의하여 보호되고, 미등록상표라도 상표법에 의하여 주지・저명상표는 타인의 상표등록이 배제되며, 부정경쟁방지법에 의하여 타인의 사용을 배제시키는 보호를 받게 되는 것을 말한다. 다만, 이는 상표법 등의 규정에 의하여 주어지는 것으로서 상표 자체에 대한 기능으로 보기 어렵다고 생각한다.

## 7. 경쟁적 기능

상표의 '경쟁적 기능'이란 등록상표의 경우 독점배타적인 권리가 인정되어 극히 유리한 경쟁도구로서 시장경제를 지배할 수 있고, 미등록상표라 하더라도 상표의 계속적·독점적 사용에 의해 주지·저명성을 획득한 경우 고객흡인력을 획득하고 Goodwill을 축적하게 되면 당해 상표가 상품판매경쟁에 있어 유용한 수단으로 작용하게 되는 기능을 말한다. 이러한 경쟁적 기능을 계속적으로 유지하기 위해서는 제3자의 유명상표의 고객흡인력에 부당편승하는 행위를 제재하여야 하는 바, 상표법과 부정경쟁방지법 등에서 유명상표의 식별력이나 명성의 손상 또는 희석행위에 대한 방지수단의 마련 문제는 이러한 경쟁적 기능을 계속 유지시키기 위한 논의의 일환으로 볼 수 있다.

## 연습 문제
## 객관식 문제

**01** BRAND **지적재산권의 설명과 관련 없는 것은?**

① 형태가 없는 재산권이라는 의미에서 무체재산권이라고 부른다.
② 최근에는 지적재산권 대신 지식재산권이라고 부른다.
③ 산업경제의 발달과 밀접한 관계를 갖는다.
④ 인간의 사회문화적 생활의 소산이므로 지적재산권이라 지칭한다.

BRAND MANAGEMENT ④

**02** BRAND **지식재산권의 영역에 포함되지 않는 것은?**

① 문학, 예술 및 과학저작물
② 상표, 서비스표, 상호 및 기타의 명칭
③ 인간의 노력에 의한 모든 분야에서의 발견
④ 부정경쟁으로부터의 보호 등에 관련된 권리

BRAND MANAGEMENT ③

**03** BRAND **WTO/TRIPs 협정에서 정의한 지식재산의 개념에 포함되지 않는 것은?**

① 지리적 표시 ② 상품의 성질
③ 반도체집적회로의 배치설계 ④ 영업비밀

BRAND MANAGEMENT ②

**04** BRAND **지적재산권의 구분에 있어 다른 3개와 틀린 것은?**

① 첨단산업재산권 ② 상표권

③ 산업저작권　　④ 정보재산권

BRAND MANAGEMENT | ②

05 BRAND 산업재산권에 포함되는 것은?

① 저작권　　② 정보재산권
③ 실용신안권　　④ 산업저작권

BRAND MANAGEMENT | ③

06 BRAND 새로운 기술적 발명에 대하여 그 발명자가 일정한 기간 그 발명의 독점적 실시권을 가지는 배타적 권리는?

① 특허권　　② 상표권
③ 첨단산업재산권　　④ 산업저작권

BRAND MANAGEMENT | ①

07 BRAND 특허권의 세부구분에 포함되지 않는 것은?

① 발명특허　　② 용도특허
③ 제법특허　　④ 물질특허

BRAND MANAGEMENT | ①

08 BRAND 산업재산권 중 역사가 가장 오래된 것은?

① 디자인권　　② 상표권

③ 실용신안권　　　　　　　　　　　④ 특허권

BRAND MANAGEMENT ②

## 09 BRAND 상표권에 대한 설명 중 틀린 것은?

① 일정한 상징을 특정한 상품에 사용할 것을 등록함으로써 그 상징의 배타적 사용권을 취득한다.

② 상표권자의 상품을 타 상품과 식별시켜서 상표권자의 상품의 품질·성능 등 우수성을 보장하는 작용을 한다.

③ 산업상 이용가능하고 신규이며 진보적인 것을 그 대상으로 한다.

④ 일정한 사업자가 자기의 상품을 타사업자의 상품과 구별하기 위하여 문자·도형·색채 등을 결합하여 만든 상징을 독점적으로 사용하는 권리이다.

BRAND MANAGEMENT ③

## 10 BRAND 디자인권에 대한 설명으로 맞는 것은?

① 문자·도형·색채 등을 결합하여 만든 상징을 독점적으로 사용하는 권리이다.

② 시각적으로 미감을 일으키는 물품의 형상 등에 대한 창작을 등록받은 자가 독점적으로 사용하는 권리이다.

③ 새로운 기술적 고안에 대하여 일정한 기간 배타적·독립적으로 실시하는 권리이다.

④ 새로운 기술적 발명에 대하여 그 발명의 독점적 실시권을 가지는 배타적 지배권이다.

BRAND MANAGEMENT ②

**11** BRAND

**다음 설명 중 옳지 않은 것은?**

① 디자인권은 상품의 형상이나 모양·색채 또는 이들의 결합으로 시각적으로 미감을 일으키는 창작을 등록받은 자가 그 디자인을 독점·배타적으로 사용할 수 있는 권리이다.
② 특허권은 새로운 기술적 발명에 대하여 그 발명자가 일정한 기간 그 발명의 독점적 실시권을 가지는 배타적 지배권이다.
③ 상표권은 일정한 사업자가 자기의 상품을 타사업자의 상품과 구별하기 위하여 문자·도형·색채 등을 결합하여 만든 상징을 독점적으로 사용하는 권리이다.
④ 실용신안권은 새로운 기술적 고안에 대하여 그 고안자가 일정한 기간 배타적·독립적으로 실시하는 권리이며, 발명의 고도성을 요구한다.

BRAND MANAGEMENT | ④

**12** BRAND

**상표권에 대한 설명 중 옳은 것은?**

① 신규성을 절대적 구성요건으로 하고 있다.
② 새로운 기술정보를 보호한다.
③ 경쟁법의 일부를 구성한다.
④ 산업상 이용가능하고 신규이며 진보적인 것을 대상으로 한다.

BRAND MANAGEMENT | ③

**13** BRAND

**상표의 설명 중 틀린 것은?**

① 상표는 자타상표를 식별할 수 있는 식별력을 갖추고 일부 부등록사유에만 해당되지 않으면 된다.

② 상표의 선택이나 구성에 있어서 신규성이나 독창성은 불필요하다.
③ 상표는 진보성, 산업상 이용가능성을 갖추어야 한다.
④ 상표는 산업재산권중에서 역사가 가장 오래된 것이다.

BRAND MANAGEMENT | ③

**14** BRAND **부정경쟁방지법과 상표법의 관계에 대한 설명은?**

① 부정경쟁방지법과 상표법은 일반법과 특별법의 관계에 있다.
② 양 법은 모두 형법상의 불법행위법에서 발전된 것이다.
③ 부정경쟁방지법과 상표법은 별도적용으로 중복적용은 할 수 없다.
④ 부정경쟁방지법에서는 동법상의 규정이 상표법의 규정에 저촉되는 경우에는 부정경쟁방지법에 의한다고 규정하고 있다.

BRAND MANAGEMENT | ①

**15** BRAND **독점규제 및 공정거래에 관한 법률과 상표법의 관계에 대한 설명은?**

① 상표법에 의한 권리의 행사라도 독점규제법에 위배되면 적용한다.
② 양 법은 산업발전을 도모한다는 목적에서 공통되므로 방법도 공통적으로 적용한다.
③ 독점규제법은 경쟁제한을 허용하며, 상표법은 경쟁제한을 방지한다.
④ 독점규제법에 적용배제규정을 두어 상표를 소극적인 측면에서 보호하고 있다.

BRAND MANAGEMENT | ④

16 BRAND **상표법과 밀접한 관계가 없는 법률은?**

① 관세법 ② 노동법
③ 대외무역법 ④ 부정경쟁방지법

BRAND MANAGEMENT | ②

17 BRAND **국내 상표법상 상표로서 등록받을 수 없는 것은?**

① 소리상표 ② 기호상표
③ 색채상표 ④ 입체상표

BRAND MANAGEMENT | ①

18 BRAND **문자상표에 대한 설명은?**

① 음료수나 양주의 포장 용기를 특별하게 디자인하는 것
② 지명, 인명, 상호, 형용사, 표어적 어구 등을 사용하는 것
③ 문자, 도형, 기호 등을 결합하여 만드는 것
④ 문자, 기호, 도형 등에 특정한 색을 입혀 사용하는 것

BRAND MANAGEMENT | ②

19 BRAND **상표법상 상표의 개념에 포함되지 않는 것은?**

① 문자상표 ② 입체상표
③ 색채상표 ④ 표장상표

BRAND MANAGEMENT | ④

## 20 BRAND 서비스표의 개념에 대한 설명은?

① 상품의 식별표지이다.
② 서비스표와 상표는 본질적으로 반대되는 입장이다.
③ 자기의 서비스업을 타인의 서비스업과 식별되도록 하기 위하여 사용하는 표장이다.
④ 상표와 이용방법이나 기능이 같다.

BRAND MANAGEMENT | ③

## 21 BRAND 단체표장에 대한 설명은?

① 스스로의 사용을 목적으로 하는 상표·서비스표와는 구별된다.
② 단체표장은 법인 감독 하에 있는 단체원만이 사용하기 위한 것이다.
③ 단체표장은 개개인이 사용하기 때문에 자유롭게 사용할 수 있다.
④ 업무표장과 성격이 같다.

BRAND MANAGEMENT | ①

## 22 BRAND 업무표장에 대한 올바른 설명은?

① 비영리를 목적으로 하는 단체에서 사용하는 표장이다.
② 서비스업의 식별표지라고 할 수 있으므로 양도가 자유롭다.
③ 업무표장과 상표는 기능이 서로 다르다.
④ 소속되어 있는 단체원들이 사용하기 위한 표장이다.

BRAND MANAGEMENT | ①

**23** BRAND **상표와 상호에 대한 설명 중 맞지 않는 것은?**

① 상표는 기호·도형·문자·입체적 형상·색채의 결합을 말하며 상호는 문자만으로 표시되고 호칭되는 것을 말한다.

② 상표는 영업과 함께 이전하는 경우에만 인정되지만 상호는 지정상품마다 분할하여 이전 가능하고, 영업과의 분리이전도 가능하다.

③ 상표의 권리소멸은 포기, 존속기간만료, 무효심결의 확정에 의해 소멸하며 3년 이상 정당한 이유없이 불사용하면 취소 가능하지만, 상호는 정당한 이유없이 2년 이상 불사용시 폐지된 것으로 간주한다.

④ 상표는 선출원상표로서 소정의 등록요건을 구비했는가를 심사한 후 설정등록함으로써 권리가 발생되는 등록주의를 취하며 상호는 어떤 명칭을 선정·사용함으로써 발생하는 등기의 유무는 권리의 성립과 관련없는 사용주의를 취한다.

BRAND MANAGEMENT | ②

**24** BRAND **다음 설명 중 틀리는 것은?**

① 색채상표는 일반적인 상표에 "색채가 더해진 상표" 또는 "착색상표" 뿐만 아니라 색채만의 상표도 포함한다.

② 결합상표는 서로 다른 관념의 문자와 문자, 도형과 도형이 결합된 것은 물론 문자, 도형, 기호 서로 다른 요소를 결합하여 만들어진 상표도 있으며 입체적 형상의 표면에 문자, 도형, 기호 등을 평면적으로 표시한 상표도 있을 수 있다.

③ 문자상표는 한글·한자·로마자·외국어·숫자 등 문자로 구성된 상표를 말한다.

④ 입체상표는 주로 상품의 품질, 성능을 암시하는 것과 같은 암시적 상표, 의미를 알 수 없는 신조어 등이 많이 이용된다.

BRAND MANAGEMENT | ④

**25** BRAND **다음은 무엇에 대한 설명인가?**

※ 영리를 목적으로 하지 아니하는 업무를 영위하는 자가 그 업무를 나타내기 위하여 사용하는 표장
※ 공익성으로 인하여 그 업무표장권의 양도가 제한되는 등 일정한 제한이 뒤따름
※ 예 : 대한적십자사, 청년회의소, 로타리클럽, 한국소비자보호원 등

① 업무표장　② 서비스표
③ 단체표장　④ 입체표장

BRAND MANAGEMENT | ①

**26** BRAND **상표의 기능에 대한 설명으로 잘못된 것은?**

① 개성화된 동종의 상품 중에서 상표 소유자의 상품을 타인의 상품과 식별시켜 주는 기능으로서 상표의 가장 기본적이고 본질적인 기능을 한다.
② 동일한 상표가 표시된 상품은 통상 동일한 성능과 품질을 가지고 있다고 수요자로 하여금 기대케 하는 기능을 한다.
③ 상표의 상품에 대한 심리적인 연상작용을 동적인 측면에서 파악한 것으로 상품거래사회에서 판매촉진수단으로서의 상표의 기능을 한다.
④ 제3자의 부당 사용을 금지할 뿐 아니라 상표 사용자로 하여금 상품의 품질을 유지, 향상시켜 상표 사용자의 업무상 신용유지를 도모하는 기능을 한다.

BRAND MANAGEMENT | ④

**27** BRAND 상표와 상호의 관계에 대해서 올바른 것은?

① 상호는 상인이 영업상 자기를 표시하는 명칭이며 영업의 동일성을 나타내는 표시로서 등기를 함으로써 상법상의 보호를 받는다.
② 자기의 상호가 사회에 널리 알려진 경우 자기의 상표로 출원하여 등록받아야 한다.
③ 상호는 반드시 문자로만 표시되는 반면에, 상표는 문자만으로 된 것도 있지만 도형만으로 된 것과 이들을 결합하여 구성된 것도 있다.
④ 상호 및 상표는 등기/등록관청이 서로 다르나, 전국적으로 미치는 효력은 같다.

BRAND MANAGEMENT | ③

**28** BRAND 상표에 대한 설명 중 틀린 것은?

① 선출원상표로서 소정의 등록요건을 심사한 후 설정등록함으로써 권리가 발생
② 지정상품마다 분할하여 권리이전 가능
③ 2년 이상 정당한 이유 없이 불사용하면 취소 가능
④ 형사상 비친고죄에 해당

BRAND MANAGEMENT | ③

**29** BRAND 상호에 대한 설명 중 틀린 것은?

① 소정의 등록요건을 구비 후 상업등기소에 등기하여 권리가 발생
② 상호는 재산적 가치와 인격권적 성질을 가지고 있다.

③ 등기하면 동일 행정지역 내에서 타인이 동종영업의 상호를 등기하지 못하게 하는 효력
④ 영업과 함께 이전하는 경우에만 권리의 이전을 인정

BRAND MANAGEMENT | ①

**30** BRAND **"지리적 표시"에 대한 설명 중 틀린 것은?**

① 협의의 의미로는 출처표시와 원산지명칭을 포함한다.
② 다른 지역에서는 사용할 수 없도록 배제한다.
③ 지식재산권의 범주 내에서 보호되는 표장이다.
④ 광의의 의미로는 국가명을 포함하는 일반적 명칭을 말한다.

BRAND MANAGEMENT | ②

**31** BRAND **"지리적 표시"와 "상표"와의 차이에 대한 설명 중 틀린 것은?**

① 상표는 반드시 구체적인 출처를 소비자에게 인식시킬 필요가 없다.
② 지리적 표시의 한 종류인 원산지 표시는 상품이 특정한 품질의 것이어야 한다.
③ 지리적 표시는 그 지역에서 허락받은 소수의 사용권자만이 사용할 수 있다.
④ 지리적 표시에도 상품과 관련된 GoodWill이 형성된다.

BRAND MANAGEMENT | ③

**32** BRAND **도메인 네임에 대한 설명 중 틀린 것은?**

① 인터넷상 호스트컴퓨터의 장소표시의 기능에서 출발
② 도메인 네임을 등록하면 당해 상표를 등록할 권리를 부여
③ 알파벳 및 숫자의 일련의 결합을 의미
④ 전자상거래의 활성화로 상품이나 서비스업의 출처표시 기능

BRAND MANAGEMENT | ②

**33** BRAND **도메인 네임에 대한 설명으로 틀린 것은?**

① 처음에는 식별번호였지만 이제는 인터넷과 전자상거래의 보급으로 출처표시의 기능을 가지게 되었다.
② 마케팅의 도구로 자리잡아 그 상업적 가치 또한 증대되고 있다.
③ 도메인 네임과 상표는 같은 방식의 등록이 행해지고 있다.
④ 도메인 네임은 상품과의 연계가 있으면 좋으나 없어도 상관이 없다.

BRAND MANAGEMENT | ③

**34** BRAND **도메인 네임과 상표등록의 차이점으로 맞는 것은?**

① 상품과의 관계에 있어서 도메인 네임과 상표는 반드시 상품과의 관계성이 필요하다.
② 도메인 네임은 서로 유사하더라도 동일하지 않으면 등록되지만, 상표는 동일, 유사상표의 등록을 배제하고 있다.
③ 도메인 네임과 상표는 등록관청에 의한 엄격하고 실질적인 심사를 거쳐서 등록된다.

④ 도메인 네임과 상표는 속지주의의 원칙상 국내적으로 보호될 뿐, 타국에서의 등록을 배척 할 수는 없다.

BRAND MANAGEMENT | ②

**35** BRAND **상표의 보호에 대한 설명 중 틀린 것은?**

① "미등록상표"의 경우에도 주지 · 저명한 경우에 한하여 타인의 상표등록을 배제하는 소극적인 보호가 가능하다.
② 상표법은 원칙적으로 등록주의에 입각하여 "등록상표"를 보호함을 원칙으로 한다.
③ 상표법은 상품의 출처를 나타내기 위해 사용되는 모든 표지를 보호대상으로 한다.
④ 등록상표와 지정상품에 유사의 개념을 도입하여 소극적 권리범위를 넓게 인정한다.

BRAND MANAGEMENT | ③

**36** BRAND **상표제도의 목적이 아닌 것은?**

① 상품의 기능보호 ② 상표의 보호
③ 수요자의 이익보호 ④ 부정경쟁방지

BRAND MANAGEMENT | ①

**37** BRAND **업무상 신용유지에 대한 내용이 아닌 것은?**

① 상표권의 존속기간갱신등록제도
② 침해에 대한 구제수단의 마련

③ 상표등록무효심판청구제도
④ 혼동우려가 있는 후출원에 대한 거절

BRAND MANAGEMENT | ③

**38** BRAND **수요자의 이익보호를 위한 상표법상의 내용으로 맞는 것은?**

① 상표권침해죄를 친고죄로 규정하고 있다.
② 특허청 심사관이 공익의 대표자로 심판청구를 할 수 있다.
③ 상표의 유사여부, 주지·저명성 여부 등은 공급자를 기준으로 판단한다.
④ 상표등록무효심판청구는 정해진 기간에 하도록 규정되어 있다.

BRAND MANAGEMENT | ②

**39** BRAND **부정경쟁방지의 관련 규정에 대한 내용이 아닌 것은?**

① 부정경쟁방지법과 상표법은 건전한 상거래질서 확립을 목적으로 하는 점에서 공통이다.
② 상표법은 등록에 의해 독점배타권을 부여하고 있다.
③ 부정경쟁방지법은 유통시장에서 주지, 저명해진 표지와 혼동이 발생하는 행위를 전면금지하고 있다.
④ 넓은 의미의 경업질서법에 포함된다.

BRAND MANAGEMENT | ③

**40** BRAND **상표의 기능이 아닌 것은?**

① 출처표시 기능　　② 문자표시 기능

③ 재산적 기능　　　　　　　　　④ 광고선전 기능

BRAND MANAGEMENT ②

**41** BRAND **상표의 식별기능에 대한 설명 중 틀린 것은?**

① 현실에서 사용사실을 요구하는 등록주의를 채택하고 있다.
② 본질적 등록요건으로 자타상품의 식별력을 요구하고 있다.
③ 현실의 사용에서 식별력을 획득한 것은 보호의 대상으로 규정하고 있다.
④ 사회적 · 역사적 존재로서의 상표에는 식별기능을 가진 것과 식별기능을 가지지 않은 것이 존재하고 있다.

BRAND MANAGEMENT ①

**42** BRAND **상표의 출처표시관련규정에 대한 설명 중 틀린 것은?**

① 등록상표와 동일 · 유사한 상표의 상표등록배제
② 상표권이 소멸한 날부터 1년이 경과하지 않은 경우 그 지정상품과 동일 · 유사한 상품에 사용하는 상표의 등록배제
③ 상표등록을 무효로 한다는 심결일로부터 1년이 경과하지 않은 경우 그 지정상품과 동일 · 유사한 상품에 사용하는 상표의 등록배제
④ 수요자간에 현저하게 인식되어 있는 타인의 상품이나 영업과 혼동을 일으키게 할 염려가 있는 상표의 등록배제

BRAND MANAGEMENT ③

## 43 BRAND 상표의 품질보증기능에 대한 설명 중 틀린 것은?

① 상표는 상표권자가 사용하지 않아도 사용권설정계약에 의해 타인이 사용할 수 있다.

② 품질보증기능이란 동일한 상표가 표시된 상품은 통상 동일한 성능과 품질을 가지고 있다고 수요자로 하여금 기대케 하는 기능을 말한다.

③ 품질이 일정 수준에 미치지 못하면 교환 · 서비스의 제공, 손해배상 등을 보증하는 채무보증의 의미이다.

④ 상표권 사용권자가 오인, 혼동의 염려가 있도록 상표를 사용하면 상표권은 취소심판청구대상이 된다.

BRAND MANAGEMENT | ③

## 44 BRAND 상표의 광고선전기능에 대한 설명 중 틀린 것은?

① 상품에 대한 심리적인 연상작용을 정적인 측면에서 파악한 것이다.

② 기업의 효과적인 판매촉진 수단으로 활용된다.

③ 매스컴의 발달과 제품의 균질화 경향으로 상표 소유자는 상표만을 위한 광고를 하고 있다.

④ 상표법에서는 광고적 사용행위를 상표의 사용으로 정의하고 있다.

BRAND MANAGEMENT | ①

## 45 BRAND 상표의 재산적 기능에 대한 설명으로 타당하지 않는 것은?

① 상표가 실제 사회에서 장기간 사용되면, 무형적 재산가치는 누진적으로 증대된다.

② 상표의 재산적 기능은 상표권의 자유양도 및 사용권 설정 등을 통해 구현된다.

③ 상표가 오랜 기간 사용되어 주지·저명상표가 되면 무형재산으로서의 가치인 영업상의 고객흡인력을 창출하게 된다.

④ 상표는 사용되는 영업과 통합하여 재산적인 가치를 가지므로 상표만을 타인에게 이전하거나 사용권을 설정할 수 있다.

BRAND MANAGEMENT | ④

**46** BRAND **상표법이 규정하는 용어의 정의 중 옳지 않은 것은?**

① '서비스표'라 함은 서비스업을 영위하는 자가 자기의 서비스업을 타인의 서비스업과 식별되도록 하기 위하여 사용하는 표장을 말한다.

② '단체표장'이라 함은 그 감독 하에 있는 단체원의 영업에 관한 상품 또는 서비스업에 사용하게 하기 위한 표장을 말한다.

③ '업무표장'이라 함은 영리를 목적으로 하는 업무를 영위하는 자가 그 업무를 표상하기 위하여 사용하는 표장을 말한다.

④ '상표의 사용'에는 상품 또는 상품의 포장에 상표를 표시하는 행위를 포함한다.

BRAND MANAGEMENT | ③

**47** BRAND **상표법상 서비스표에 관한 설명으로 옳지 않은 것은?**

① 서비스표등록출원과 상표등록출원 간에는 출원변경이 인정되지 아니한다.

② 동일한 표장을 상표등록출원과 서비스표등록출원으로 출원하는 것이 가능하다.

③ 서비스표의 지정서비스업은 그 용역의 제공이 독립하여 상거래의 대상이 되는 것이어야 한다.

④ 서비스표에 관하여 특별히 규정한 것을 제외하고는 상표에 관한 규정이 적용된다.

BRAND MANAGEMENT | ①

**48** BRAND **상표법상 상표등록을 받을 수 있는 것은?**

① 상품의 보통명칭을 보통으로 사용하는 방법으로 표시한 표장만으로 된 상표

② 상품의 관용표장만으로 된 상표

③ 현저한 지리적 명칭만으로 된 상표

④ 간단하지만 흔하지 않은 표장만으로 된 상표

BRAND MANAGEMENT | ④

**49** BRAND **상표법상 상표에 관한 설명으로 옳지 않은 것은?**

① 오토바이 엔진소리는 독특한 것이라고 하더라도 상표로 등록 될 수 없다.

② 색채는 그 자체만으로도 상표로 등록될 수 있다.

③ 상표등록출원을 서비스표등록출원으로 변경할 수 있다.

④ 상표법은 수요자 이익의 보호를 목적으로 할 뿐 산업발전을 목적으로 하지는 아니한다.

BRAND MANAGEMENT | ④

**50** BRAND 상표법상 업무표장으로 보기 어려운 것은?

① YMCA의 표장 ② 적십자사의 표장
③ 보이스카웃의 표장 ④ 축산물가공협동조합의 표장

BRAND MANAGEMENT | ④

**51** BRAND 상표법에서만 인정하고 있는 것은?

① 출원공고 ② 등록공고
③ 이의신청 ④ 무효심판

BRAND MANAGEMENT | ①

**52** BRAND 현행 상표법상 인정되지 않는 상표는?

① 입체상표 ② 색채상표
③ 도형상표 ④ 음향상표

BRAND MANAGEMENT | ④

연습 문제
주관식 문제

**53** BRAND ( )에 의하면 '지식재산권'이라 함은 ⅰ) 문학, 예술 및 과학저작물, ⅱ) 실연자의 실연, 음반 및 방송, ⅲ) 인간의 노력에 의한 모든 분야에서의 발명, ⅳ) 과학적 발견, ⅴ) 디자인, ⅵ) 상표, 서비스표, 상호 및 기타의 명칭, ⅶ) 부정경쟁으로부터의 보호 등에 관련된 권리, ⅷ) 그 밖에 산업, 과학, 문학 또는 예술분야의 지적활동에서 발생하는 모든 권리를 포함한다고 규정하고 있다.

BRAND MANAGEMENT | 세계지식재산권기구(WIPO)설립조약

**54** BRAND ( )은 지식재산권에 대한 개념을 명시적으로 규정하고 있지는 않지만 제17장 지식재산권 관련 규정에서 저작권, 음반에 관한 저작인접권, 위성신호, 상표, 특허, 반도체집적회로의 배치설계, 영업비밀, 지리적 표시, 디자인 등을 보호대상으로 규정하고 있어 지식재산권의 개념을 광의로 해석하고 있다.

BRAND MANAGEMENT | 북미자유무역협정

**55** BRAND ( )은 특허권(patent), 실용신안권(utility model), 디자인권(industrial design), 상표권(trademark)을 말하며, 산업경제와 관계가 깊은 지적재산권을 의미한다.

BRAND MANAGEMENT | 산업재산권

**56** BRAND ( )은 일정한 사업자가 자기의 상품을 타사업자의 상품과 구별하기 위하여 문자 · 도형 · 색채 등을 결합하여 만든 상징을 독점적으로 사용하는 권리이다.

BRAND MANAGEMENT | 상표권

**57** BRAND 1949년 11월 상표제도가 도입된 이래 50만번째 등록상표는 2001년 8월 29일 (주)크라운베이커리가 출원한 '빵 및 케이크류' 상표 ( )이다.

BRAND MANAGEMENT | 추카도리

**58** BRAND

우리나라의 상표등록 제1호는 천일산업의 (　　　) 상표다.

BRAND MANAGEMENT | 天

**59** BRAND

상표등록 형태면에서 50년대에는 기초생필품 관련 상표가 주종을 이루었으며, 60년대는 비누 등 생활용품과 상표가 본격적으로 등장하기 시작했다. 70년대는 경제발전이 급속히 이루어지며 자동차 등 중공업제품 상표가 많이 등록됐다. 80년대는 서비스 산업 발전에 따른 스포츠 · 레저 상표와 서울올림픽을 전후한 캐릭터 상표가 잇따라 나타났다. 90년대는 (　　　　)와 함께 서비스 상표 및 첨단제품 상표가 폭발적으로 증가했다. 최근의 급격한 상표등록 증가세로 100만호 상표등록을 앞에 두고 달리고 있으며, 주5일 근무의 시행으로 스포츠 · 레저산업이 활성화 돼 관련 상표가 대폭 늘고 첨단정보통신과 생명공학 분야의 상표가 증가하고 있다.

BRAND MANAGEMENT | 건강과 환경관련 상표

**60** BRAND

상표권은 법에 의하여 독점 · 배타성이 부여되어 있으므로 물권에 유사한 절대권이며 이른바 대세적 권리이다.

BRAND MANAGEMENT | 산업재산권성

**61** BRAND

한글 · 한자 · 로마자 · 외국어 · 숫자 등 문자로 구성된 상표를 말한다. 산이나 강, 바다, 동식물, 광물, 건조물 등의 명칭이 상표로 채용되기도 하고, 지명, 인명, 상호, 상품의 특정 성분의 명칭, 특정의 형용사, 표어적 어구 등이 상표로 사용된다.

BRAND MANAGEMENT | 문자상표

62 BRAND 회사의 마크를 입체적으로 표시하여 상품에 부착하여 사용하는 것, 음료수나 양주의 포장 용기를 특별하게 디자인하여 상품의 식별표지로 사용하거나 상품 자체의 모양을 일반적인 상품의 모양과는 다르게 독특하게 디자인하여 광고 등에 이용하는 것, 특별한 식당의 서비스를 표시하기 위하여 식당건물의 외장이나 실내장식을 독특하게 꾸며 다른 식당과의 식별표지로 이용하는 경우 등을 말한다.

BRAND MANAGEMENT | 입체상표

63 BRAND 기호 · 문자 · 도형 · 입체적 형상 등이 결합한 형태의 상표를 의미한다. 구체적으로는 서로 다른 관념의 문자와 문자, 도형과 도형이 결합된 것은 물론 문자, 도형, 기호 서로 다른 요소를 결합하여 만들어진 상표도 있으며 입체적 형상의 표면에 문자, 도형, 기호 등을 평면적으로 표시한 상표도 있을 수 있다. 상품의 표지가 아닌 기업의 표지에 상품의 특수한 문자나 도형을 결합하여 하나의 상품에 대한 상표로 이용하는 경우도 흔히 볼 수 있다.

BRAND MANAGEMENT | 결합상표

64 BRAND 서비스업을 영위하는 자가 자기의 서비스업을 타인의 서비스업과 식별되도록 하기 위하여 사용하는 표장을 말한다.

BRAND MANAGEMENT | 서비스표

65 BRAND 상품을 공동으로 생산 · 판매 등을 하는 업자 등이 설립한 법인이 그 감독 하에 있는 단체원의 영업에 관한 상품 또는 서비스업에 사용하게 하기 위한 표장을 말한다.

BRAND MANAGEMENT | 단체표장

66 BRAND

YMCA, 보이스카웃 등과 같이 영리를 목적으로 하지 아니하는 업무를 영위하는 자가 그 업무를 나타내기 위하여 사용하는 표장을 말한다.

BRAND MANAGEMENT | 업무표장

67 BRAND

상인(법인 · 개인)이 영업상 자기를 표시하는 명칭으로서 영업의 동일성을 표시하는 기능이 있다.

BRAND MANAGEMENT | 상호

68 BRAND

협의로는 출처표시와 원산지명칭을 포함하는 개념으로, 원산지명칭은 어떤 상품의 특징적인 품질이 자연적이거나 인위적인 요소를 포함한 지리적 환경에 기초한 경우에 그 상품이 그 지역에서 생산되었음을 나타내는 것을 말하며, 출처표시란 본래는 원산지명칭을 포함하는 것이지만 일반적으로는 원산지명칭으로 간주되지 않는 출처표시만을 지칭하는 것으로 사용되기도 한다. 또한 광의로는 국가명을 포함하는 일반적 명칭을 말한다.

BRAND MANAGEMENT | 지리적 표시

69 BRAND

인터넷상 호스트컴퓨터의 주소에 해당하는 숫자로 된 주소(IP Address)에 해당하는 알파벳 및 숫자의 일련의 결합을 의미한다.

BRAND MANAGEMENT | 도메인 네임

70 BRAND

타인의 상표를 부정한 목적으로 등록하여 정당한 상표권자에게 비싼 값에 되팔려는 행위가 증가함에 따라 상표와 도메인 네임간의 분쟁이 증가하고 있는 추세에 있다.

BRAND MANAGEMENT | 사이버스쿼팅(Cybersquatting)

**71** BRAND

파리조약 제6조의 2 “사용된 결과 타인의 의무와 관계된 상품을 표시하는 것”으로서 수요자 사이에 널리 인식되어 있는 상표를 의미한다.

BRAND MANAGEMENT | 유명상표(well-known mark)

**72** BRAND

타인의 상품을 표시하는 것이라고 거래자 및 일반 수요자간에 현저하게 인식되어 있는 상표(법7조1항9호).

BRAND MANAGEMENT | 주지상표

**73** BRAND

동일, 유사한 상품뿐만 아니라, 이종상품에 이르기까지 특정인의 상표로 일반 수요자에게 현저하게 인식되어 있는 상표를 의미한다(법7조1항10호).

BRAND MANAGEMENT | 저명상표

**74** BRAND

(          )은 상표와 상품과의 관계를 유지케 함으로써 상표의 오인내지 상품의 혼동으로 인하여 발생될 부정 경쟁을 방지하고 그 혼동으로 피해를 입은 상표권자의 영업상의 신용을 보전함과 아울러 그 상품의 거래자와 수요자를 보호하려는 데 있다.

BRAND MANAGEMENT | 상표제도의 목적

**75** BRAND

개성화된 동종의 상품 중에서 상표 소유자의 상품을 타인의 상품과 구별시켜 주는 기능으로서 상표의 가장 기본적이고 본질적인 기능이며 출처표시기능이나 품질보증기능이 가능하게 하는 상표의 본원적 기능이라고 할 수 있다.

BRAND MANAGEMENT | 자타상품의 식별기능

**76** BRAND

상표는 본래 자신의 상품과 타인의 상품을 구별 짓기 위하여 사용된 것으로서 그 결과 동일한 상표의 상품은 동일한 출처에서 나와 동일한 판로를 거쳐 소비자의 손에 들어간 것이라는 이른바 상품의 출처(origin)를 나타내는 기능을 발휘하게 된다.

BRAND MANAGEMENT | 출처표시 기능

**77** BRAND

동일한 상표가 표시된 상품은 통상 동일한 성능과 품질을 가지고 있다고 수요자로 하여금 기대케 하는 기능을 말한다. 품질이 우수하다거나 품질이 일정 수준에 미치지 못하면 교환 · 서비스의 제공, 손해배상 등을 보증한다고 하는 채무보증의 의미가 아니라 그 상표가 표시하는 상품은 통상 품질의 동일성과 일정성을 가지고 있다고 수요자로 하여금 기대케 하는 기능을 말한다.

BRAND MANAGEMENT | 품질보증 기능

**78** BRAND

상표는 '말없는 판매원(silent salesman)'이라고 일컬어지기도 하며, 상표의 상품에 대한 심리적인 연상작용을 동적인 측면에서 파악한 것으로 상품거래사회에서 판매촉진수단으로서의 상표의 기능을 말한다.

BRAND MANAGEMENT | 광고선전 기능

**79** BRAND

상표가 광고선전으로 실제 사회에서 사용됨으로써 그 기능이 장기간 발휘하고 촉진되면 상표의 무형적 재산가치는 누적적으로 증대된다. 이는 상표권의 자유양도 및 사용권 설정 등을 통해 구현된다.

BRAND MANAGEMENT | 재산적 기능

**80** BRAND 등록상표의 경우 상표법에 의하여 보호되며, 미등록상표라도 상표법에 의하여 주지 · 저명상표는 타인의 상표등록이 배제되며, 부정경쟁방지법에 의하여 타인의 사용을 배제시키는 보호를 받게 되는 것을 말한다.

BRAND MANAGEMENT | 보호적 기능

**81** BRAND 등록상표의 경우 독점배타적인 권리가 인정되어 극히 유리한 경쟁도구로서 시장경제를 지배할 수 있고, 미등록상표라 하더라도 상표의 계속적 · 독점적 사용에 의해 주지 · 저명성을 획득한 경우 고객흡인력을 획득하고 Goodwill을 축적하게 되면 당해 상표가 상품판매경쟁에 있어 유용한 수단으로 작용하게 되는 기능을 말한다.

BRAND MANAGEMENT | 경쟁적 기능

**82** BRAND 상표등록을 받은 상표

BRAND MANAGEMENT | 등록상표

**83** BRAND (　　　)의 경우도 독점권으로 구성하여 타인의 (　　　)사용을 금지하나 이는 (　　　)가 가지는 출처표시기능, 품질보증기능, 광고적 기능 등에 대한 법적 승인이라고 볼 수 있다. 즉 소비자 보호 내지는 질서유지를 위한 상표사용자 이외의 자의 영업의 자유의 제한이라고 할 것이며, 사용자는 반사적 이익을 본다. (　　　) 안에 공통으로 들어갈 말은?

BRAND MANAGEMENT | 상표

**84** BRAND 일정한 사업자가 자신의 상품을 다른 사업자의 상품과 구별하기 위해 문자, 도형, 기호, 색채 등을 결합하여 만든 상징을 독점적으로 사용할 수 있는 권리로, 일정한 상징을 특정한 상품에 사용할 것을 등록함으로써 그 상징의 배타적 사용을 할 수 있는 권리는 무엇인가?

BRAND MANAGEMENT | 상표권

**85** BRAND 상표법상 "(        )라 함은 상품을 생산 · 가공 · 증명 또는 판매하는 것을 업으로 영위하는 자가 자기의 업무에 관련된 상품을 타인의 상품과 식별되도록 하기 위하여 사용하는 기호 · 문자 · 도형 · 입체적 형상 또는 색채의 결합과 그 밖에도 시각적으로 인식될 수 있는 것(이하 "표장"이라 한다)을 말한다"라고 규정하고 있다. (        ) 안에 들어갈 말로 알맞은 것은?

BRAND MANAGEMENT | 상표

**86** BRAND 서비스업(광고업, 통신업, 은행업, 운송업, 요식업 등 용역의 제공업무)을 영위하는 자가 자기의 서비스업을 타인의 서비스업과 식별되도록 하기 위하여 사용하는 표장을 무엇이라 하는가?

BRAND MANAGEMENT | 서비스표

**87** BRAND 상품을 공동으로 생산 · 판매 등을 하는 업자 등이 설립한 법인이 직접 사용하거나 그 감독 하에 있는 단체원의 영업에 관한 상품 또는 서비스업에 사용하게 하기 위한 표장을 무엇이라 하는가?

BRAND MANAGEMENT | 단체표장

88 BRAND YMCA, 보이스카웃 등과 같이 영리를 목적으로 하지 아니하는 업무를 영위하는 자가 그 업무를 나타내기 위하여 사용하는 표장을 무엇이라 하는가?

BRAND MANAGEMENT | 업무표장

89 BRAND ( ① )는 자타상품을 식별하기 위하여 상품에 부착하는 표장으로서 상품의 동일성을 표시하는 기능을 가지는 것이나, ( ② )는 상인(법인 · 개인)이 영업상 자기를 표시하는 명칭으로서 영업의 동일성을 표시하는 기능이 있다. 즉, ( ③ )는 상인이 영업에 관하여 자기를 표시하는 명칭으로서 인적 표지의 일종이며, 문자로 표현되고 호칭되며 회사기업의 경우 상호의 사용은 강제적이지만, ( ④ )는 자타상품을 식별하는 기호로서 문자뿐만이 아니라 기호, 문자, 도형 또는 색채의 결합과 그 밖에도 시각적으로 인식될 수 있는 것으로 구성될 수 있으며, 상표의 사용에 있어서는 강제성이 없다는 점이 상이하다. ( ) 안의 ①, ②, ③, ④에 알맞은 말은?

BRAND MANAGEMENT | ① 상표 ② 상호 ③ 상호 ④ 상표

90 BRAND ( )는 자타상품을 식별하기 위하여 상품에 부착하는 표장이며, ( )의 경우 인터넷상 호스트컴퓨터의 주소에 해당하는 숫자로 된 주소(IP Address)에 해당하는 알파벳 및 숫자의 일련의 결합을 의미한다. 따라서 ( )의 경우 상품출처 표시의 기능, ( )의 경우 인터넷상 호스트컴퓨터의 장소표시의 기능이라는 별개의 기능에서 출발되었지만, 전자상거래의 활성화로 도메인 이름 그 자체가 상품이나 서비스업의 출처표시로서의 기능도 하게 되었으며, 타인의 상표를 부정한 목적으로 등록하여 정당한 상표권자에게 비싼 값에 되팔려는 사이버스쿼팅(Cybersquatting) 행위가 증가함에 따라 ( )와 ( )간의 분쟁이 증가하고 있는 추세에 있다. ( ) 안에 알맞은 말을 차례대로 쓰시오.

BRAND MANAGEMENT | 상표, 도메인이름, 상표, 도메인이름, 상표, 도메인 이름

91
BRAND

상표제도의 목적은 상표를 보호함으로써 상표사용자의 업무상의 (　　　)를 도모하여 (　　　)에 이바지함과 아울러 (　　　)을 보호함을 목적으로 한다. (　　　) 안에 들어갈 알맞은 말은?

BRAND MANAGEMENT | 신용유지, 산업발전, 수요자의 이익

92
BRAND

TRIPs 협정에 규정된 (　　　)란 상품의 특정 품질, 명성 또는 그 밖의 특성이 본질적으로 지리적 근원(geographical origin)에서 비롯되는 경우, 회원국의 영토 · 지역 또는 지방에서 생산된 상품임을 가리키는 표시를 말하며, '샴페인'(Champagne), '꼬냑'(Cognac), '하바나'(Havana), '데낄라'(Tequila) 등이 그 대표적인 예이다. (　　　) 안에 들어갈 알맞은 말은?

BRAND MANAGEMENT | 지리적 표시

제 2 장

# 상표등록요건

# 02 상표등록요건

## 1절 상표등록요건(인적요건)

상표법은 등록주의와 선원주의를 채택하여 상표에 대한 사용사실의 유무를 묻지 않고 먼저 출원한 자에게 등록이 주어지고, 상표권은 설정등록에 의해 효력이 발생한다. 상표로서 등록되어 상표법에 의한 독점배타적인 보호를 받기 위해서는 일정한 요건을 갖추어야 하는데, 이러한 상표법상 등록요건에는 상표법 제23조 제1항 각호의 거절이유를 포함하는 주체적 요건, 객체적 요건, 절차적 요건이 있는데, 이러한 등록요건을 모두 만족하는 출원만이 상표등록을 받을 수 있다.

### 1. 상표등록을 받을 수 있는 자

우리나라에서 상표권자가 될 수 있는 자격을 갖는 자(개인 또는 법인)로서, 국내에서 상표를 사용하는 자(법인 · 개인 · 공동사업자) 또는 사용하고자 하는 자는 상표법이 정하는 바에 의하여 자기의 상표를 등록받을 수 있다.

상표권자가 될 수 있는 자격은 우리나라 국민(법인포함)은 모두 해당되며, 외국인은 상호주의원칙과 조약에 의거하여 그 자격이 결정된다.

### 2. 출원인의 상표사용의사

상표등록을 받을 수 있는 자는 국내에서 상표를 사용하는 자 또는 사용하고자 하는 자 이어야 한다. 즉 상표사용의사가 있는 자이어야 한다(법3조).

우리나라 상표법이 선원주의를 채택하고 있는 이상 기업으로서는 하루라도 먼저 출원을 하지 않으면 안 될 것이고 또 실제로 상표등록출원시점에서 사용하고 있는 상표는 그리 많지 않을 것이므로 출원시에 상표의 사용을 하고 있을 것을 요하지도 않으며 결정시에 있어서 장래 사용할 의사가 있다고 인정되기만 하면 원칙적으로 등록을 거절하는 일은 없을 것이다. 그러나 그 사용의사의 사실유무를 정확히 판단한다는 것은 매우 어려운 일이다.[1] 따라서 상표등록출원인의 사용의사와 관련하여 등록을 거절한 사례는 이제까지 없었던 것 같다. 이와 같이 상표등록출원인의 상표사용의사는 상표등록에 사실상 영향을 미치지 못하고 설정등록 후에 불사용에 의한 취소심판에 의하여 상표권자의 상표사용의사가 확인되고 이에 의해서 상표권의 존속여부가 결정된다.

이에 대해서 특허법원의 판례 중 사용의사의 유무를 외형적으로 드러나는 사정에 의하여 객관적으로 결정하여야 하며 사용의사가 없는 경우 정의규정에 위반된다고 하는 입장과, 등록거절이유나 무효사유로 정하지 않고 불사용 취소심판을 규정하고 있는 점에 비추어 볼 때 사용의사가 없는 경우를 표장의 정의에 합치하지 아니하다고 보기 어렵다는 입장의 것이 있다.

상표의 자타상품 식별력은 상표의 본질적 기능이며, 업무상의 신용은 상품에 사용됨으로써 비로소 상표에 화체되는 것이므로 상표를 상품에 사용하는 것은 상표의 존립목적이기도 하다. 따라서 상표법에 의한 출원인의 상표사용의사표시가 상표등록과의 관계에서 대단히 중요한 법적, 제도적 의미를 지니고 있으므로 방식심사를 이 분야에까지 확대함은 물론 실체심사에서의 결정시 상표사용의 개연성을 판단하기 위한 일련의 조치가 필요하다. 그러나 현행법 체제하에서 어려움이 있고 운용상 많은 문제점이 예상된다면 아예 처음부터 소기의 성과를 기대하는 것보다 장기적인 안목에서 법과 운용의 조화를 통해서 상표제도의 취지에 접근해 나아가는 것이 바람직할 것이다.

## 2절 상표등록요건(실체적 요건)

상표의 등록요건은 출원의 형식 등 절차적 요건과 상표의 구성자체가 자타상품의 식별력을 가진 것인지 부등록사유에 해당되지 않는지에 관한 실체적 요건(적극적 요건, 소극적 요건)으로 나누는데 상표법상 중요한 것은 실체적인 요건이다.

상표등록을 받기 위해서는 그 상표가 아래와 같은 요건을 만족하여야 한다.

1. 자타상품 식별력을 가지고 있어야 한다(법6조).
2. 부등록사유에 해당하지 않아야 한다(법7조).

1) 이와 같이 자기의 업무에 관련된 상품에 대하여 상표를 사용할 의사가 있음을 판단하기 위하여 1999년 1월 1일 시행 상표법시행규칙 이전의 서식에 의하면 출원서에 "상표의 사용(예정)연도"를 기재하도록 되어 있었다. 그러나 실제 기입하지 않은 경우가 많았고 또 기입하지 않았다 하더라도 하등 불이익을 받지 않은 것이 관례화되어 있었다.

3. 1상표 1출원의 원칙에 위반되지 않아야 한다. 즉 상품류 분류 내에서 상표를 사용할 상품을 지정하여 상표마다 출원하여야 한다(법10조1항).
4. 최선의 상표등록출원이어야 한다. 즉 동일 또한 유사한 상품에 관하여 다른 날에 2 이상의 상표등록출원이 있는 때에는 먼저 출원한 자만이 그 상표에 관하여 상표등록을 받을 수 있다. 또 출원이 같은 날에 경합된 경우에는 협의에 의하여 정하여진 하나의 출원인만이 그 상표에 관하여 상표등록을 받을 수 있고 만약 협의가 성립되지 아니하거나 협의할 수 없는 때에는 특허청장이 행하는 추첨에 의하여 결정된 하나의 출원인이 상표등록을 받을 수 있도록 하는 추첨에 의한 결정방법을 택하고 있다(법8조).
5. 등록을 받기 위한 출원상표는 상표관련 국제조약에 위반되지 않아야 한다(법5조 준용 특허법26조).
6. 조약당사국에 상표에 관한 권리를 가지고 있는 자의 대리인이나 대표자 또는 상표등록출원일전 1년 이내에 대리인이나 대표자이었던 자가 상표에 관한 권리를 가진 자의 동의를 받지 않고 또 정당한 이유 없이 그 상표와 동일 또는 유사한 상표를 등록출원하여 출원공고된 경우 그 상표권자가 등록에 관한 이의신청을 한 때에 한하여 등록이 거절된다(법23조1항3호).

심사관은 위의 1. ~ 6.에 해당되는 줄 모르고 출원공고를 했을 때 등록이의신청이 있을 경우에는 등록이의 결정 후에 그 상표에 대해서 거절결정을 하게 된다.

등록이의신청이 없다 하더라도 심사관이 공고 후 1. ~ 6.에 해당되는 사실을 알게 되었을 때는 직권에 의하여 거절결정을 하여야 한다. 설령 설정등록이 되었다 하더라도 무효사유(법71조)에 해당할 때는 등록무효심판청구에 의하여 등록을 무효화 한다. 특히 이 경우에는 상표법 제10조 제1항은 등록무효사유에 해당되지 않음을 유의하여야 한다.

## BRAND MANAGEMENT 3절 상표등록의 적극적 요건

상표의 가장 중요한 기능은 자타상품식별기능이기 때문에 상표르 등록되기 위해서는 우선 식별력을 가져야 한다.

상표법상 식별력이라 함은 거래자나 일반 수요자로 하여금 상표를 표시한 상품이 누구의 상품인가를 알 수 있도록 인식시켜 주는 것을 말한다.

일반적으로 식별력 유무의 판단은 지정상품과 관련하여 판단하고 있으며 상표법 제6조 제1항 각호에서는 자타상품의 식별력이 없는 상표들로서 상표등록이 불허되는 아래와 같은 사유를 제한적으로 열거하고 있다.

1. 상품의 보통명칭
2. 관용상표
3. 성질표시적 상표
4. 현저한 지리적 명칭, 그 약어 또는 지도
5. 흔한 성 또는 명칭
6. 간단하고 흔히 있는 표장
7. 기타 식별력이 없는 표장

## BRAND MANAGEMENT 4절 상품의 보통명칭

### 1. 상표가 특정상품과 관련하여 그 상품의 명칭을 나타내는 상표를 말한다.

(예 : 스낵제품 – Corn Chip, 과자 – 호도과자, 자동차 – Car)

보통명칭이라 함은 일반적으로 그 상품을 취급하는 거래사회에서 그 명칭이 특정상품을 지칭하는 것으로 인식되고 사용되는 명칭을 말한다.

보통명칭은 이와 같이 당해 상품이 속하는 거래사회에서 그 상품을 지칭하는 것으로 인식되고 사용되는 명칭으로써 자타상품의 식별력이 없는 것이므로 상표법은 이러한 보통명칭만으로 된 상표에 대하여는 그 등록을 배제하고 있으며(법6조1항1호) 등록된 경우라 하더라도 보통명칭에 대해서는 그 효력이 제한될 뿐(법51조1항2호, 2항1호)만 아니라 심판에 의하여 등록무효(법71조1항)가 된다.

✍ 당초에는 상표였던 것이 그 상품이 너무나 유명하게 되었음에도 상표소유자가 상표의 관리를 허술하게 하여 보통명칭화한 것도 있다. 가장 전형적인 것이 "아스피린"이고, 최근에는 "초코파이"라는 과자의 상표도 관리 소홀로 보통명칭화 되었다.

## 5절 관용상표

### 1. 동종업자들 사이에서 특정 종류의 상품에 관용적으로 쓰이는 표장을 말한다.(예 : 과자류 – 깡, 청주 – 정종, 직물 – Tex)

관용표장이라 함은 동종업자들 사이에서 특정종류의 상품에 대하여 관용적으로 사용되는 표장을 말한다. 이러한 관용표장은 자타상품의 식별력을 상실한 것이기 때문에 상표등록이 배제될 뿐만 아니라 등록된 경우라 하더라도 그 효력이 제한(법51조1항3호, 2항1호)될 뿐만 아니라 심판에 의하여 등록무효(법71조1항)가 된다.

✍ 최근에 미국 사무용 기기 전문회사인 제록스(Xerox)회사는 자사의 상표인 "Xerox"가 너무 유명해진 나머지 미국내에서 "Xerox"가 "복사한다(copy)"뜻으로 흔히 쓰임에 따라 자사의 상표가 복사기나 복사하는 행동을 나타내는 관용표장이 될 가능성이 높아지자 상표권 보호를 위해 막대한 비용을 들여 일반소비자들이 Xerox라는 상표를 정확히 쓰도록 하는 광고 캠페인을 전개한 바 있다.

## 6절 성질표시적 상표

성질표시적인 표장, 소위 기술적 표장이라 함은 상품의 품질이나 효능을 표시하는 등 그 상품의 특성을 설명하거나 품질내용을 기술적으로 표시하는데 불과한 표장을 말하는데 이를 보통 사용하는 방법으로 표시한 것만으로 구성된 상표는 상표법 제6조 제1항 제3호에서 규정한 상표에 해당한다.

어떠한 상표가 기술적 표장에 해당하는가 여부는 그 상표를 사용하고자 하는 지정상품과 관련하여 구체적・개별적으로 판단하여야 하는데, 상표법은 기술적 표장만으로 된 상표에 대하여는 상표등록을 불허하고 있을 뿐만 아니라 등록된 경우라 하더라도 그 기술적표장에 대한 상표권의 효력은 제한될(법51조1항2호, 2항1호)뿐만 아니라 심판에 의하여 등록무효(법71조1항)가 된다.

판례는 보통 사용하는 방법으로 표시한 것의 의미는 수요자가 당해 표장을 보고 상품의 성질을 직감할 수 있어야 하며 사전을 찾거나 심사숙고하여 그 뜻을 알 수 있는 경우에는 본 규정의 표장이라 할 수 없다고 하였다. 다만 단어의 객관적 의미가 상품의 성질을 나타내는 표장이고 실제로 그 의미대로 상품의 성질이 나타나게 사용되는 경우에는 사전을 찾아서 비로소 알 수 있는 경우라 하여도 성질표시상표에 해당한다 하였다.

기술적 표장은 상품의 품질이나 효력 등을 나타내는 표장으로서 자타상품을 식별하는 기능이 결여되어 있을 뿐만 아니라 이러한 표장은 누구나 그 사용을 희망하므로 이와 같은 표장은 이를 사회일반에 개방하여야 하지 이러한 표장의 사용을 어느 특정인에게 독점시키는 것은 바람직하지 못하다.

따라서 상표법은 상표의 기능적인 면과 공익적 이유 등에서 기술적 표장을 예시적으로 규정하여 이러한 표장에 대하여는 상표등록을 배제하고 있을 뿐만 아니라 등록된 경우라 하더라도 그 효력을 제한하고 있다.

### 1. 산지표시 : 당해 상품의 생산지를 표시하는 것을 말한다.(예 : 사과 – 대구, 모시 – 한산, 굴비 – 영광)

상표법상 산지표시라 함은 상품의 주산지표시를 말하는 바, 당해 상품이 그 지방에서 과거에 생산되었거나 현실적으로 생산됨으로써 일반수요자 또는 거래자가 그곳에서 그와 같은 상품이 특히 많이 생산되고 품질도 좋아 유명한 것으로 인식하고 있는 경우에 해당된다.

지정상품이 "사과"에 있어서 "대구", "모시"에 있어서 "한산", "굴비"의 경우에 "영광"은 각각 사과, 모시와 굴비의 산지표시에 해당된다 할 것이다. 한편 상표가 산지표시에 해당되는지 여부는 지정상품과 관련하여 구체적 · 개별적으로 판단하며 상표의 구성 중 일부가 산지표시에 해당하는 경우에도 그 상표는 산지표시에 해당하는 것으로 취급된다.

### 2. 품질표시 : 당해 상품의 품질의 상태, 우수성 등을 표시하는 것을 말한다. (예 : 上, 中, 下, 특선, Super)

상표가 이러한 품질표시에 해당되는지 여부는 그 상표가 당해 지정상품의 품질을 직접적으로 표시하는 경우에만 그 상품의 품질을 표시하는 것으로 인정하며 당해 상품의 품질을 암시하거나 일반 수요자가 그와 같이 인식하지 않는 경우에는 품질표시에 해당되지 않는다.

또한 상품의 품질표시 여부는 지정상품과 관련하여 구체적 · 개별적으로 판단되어지므로 어떤 상표가 특정상품의 품질을 표시하는 것이라도 다른 상품의 품질을 표시하는 것으로 되지 않는다.

특급, 우수, SUPER, NEW 등은 상품의 품질을 일반적으로 표시하는 표장들이라 할 수 있으며, 신사 · 숙녀복에 있어서 POP MODE, 술 · 담배에 있어서 MILD, 사이다, 소오다수에 있어서 sparkle은 그 지정상품의 성질을 직접적으로 표시하는 것이라 할 수 있다.

### 3. 원재료표시 : 당해 상품의 원재료로 쓰이는 상품의 명칭을 표시하는 것을 말한다.(예 : 양복 – Wool, 넥타이 – Silk)

상표가 원재료표시에 해당하기 위하여는 원재료가 당해 상품에 현실적으로 사용되고 있거나 사용될 개연성이 있을 때 여기에 해당되는 것으로 본다. 따라서 그와 같은 원재료가 당해 상품에 원재료로서 사용될 수 없는 것인 경우에는 그 상표는 원재료를 표시하는 것으로 되지 아니한다.

### 4. 효능표시 : 당해 상품의 효과나 성능 등을 표시하는 상표를 말한다.(예 : TV – HITEK, 복사기 – Quick Copy)

상표가 당해 지정상품과의 관계에서 그 상품의 성능 또는 효과를 직접적으로 표시하는 경우에 여기에 해당하는 것으로 판단한다. 이러한 성능이나 효과가 현실적으로 있고 없고는 불문하며 수요자가 이와 같이 인식할 우려가 있으면 족하다. 약품의 경우에 "잘나"표시나 복사기의 경우"Quick Copy"등은 지정상품의 효능을 표시하는 것들이다.

### 5. 용도표시 : 당해 상품의 쓰임새를 나타내는 상표를 말한다.(예 : 가방 – 학생, 의류 – Lady)

상표가 지정상품의 용도표시에 해당되는 것으로 인정되기 위하여 당해 지정상품의 용도를 직접적으로 표시하는 것이어야 한다. 지정상품이 "가방"인 경우 "학생"이나 "여행" 등은 그 상품의 용도를 표시하는 것이라 할 수 있다.

### 6. 수량표시 : 2컬레, 100미터 등

수량표시라 함은 상품의 수량 · 가격 · 단위 · 규격 · 개수 등을 표시하는 것을 말하는데 상표가 지정상품의 수량표시에 해당되기 위하여는 그러한 표시가 거래사회에서 현실적으로 사용되고 있거나 앞으로 사용될 개연성이 있는 것이어야 한다. "個, 짝, g, 켤레" 등은 상품의 수량을 표시하는 것들이다.

7. **형상표시 : 당해 상품의 평상 · 모양 · 크기 · 무늬 · 색깔 등을 설명적으로 표시하는 것을 말한다.**(예 : 소형, 대형, 캡슐, SLIM)

상표가 이와 같은 형상표시에 해당되기 위하여는 그 지정상품의 형상을 적접적으로 표시하는 것이어야 한다. "크다, 작다, 둥근, 네모난"등은 지정상품의 형상을 표시하는 것이다.

8. **생산방법 · 가공방법 · 사용방법표시 : 당해 상품의 생산 · 가공 · 사용방법을 표시하는 상표를 말한다.**(예 : 농산물 – 자연농법, 구두 – 수제, 책상 – 조립)

지정상품이 책상인 경우에 "조립"이나 신발 · 구두인 경우 "수제"등은 생산방법에 해당되며 "push" 등은 사용방법의 표시에 해당된다 할 수 있다.

9. **시기표시 : 당해 상품의 사용시기 등을 표시하는 것을 말한다.**(예 : 타이어 – 전천후, 의류 – 봄 · 여름 · 가을 · 겨울)

상표가 시기표시에 해당되기 위해서는 그러한 시기를 직접적으로 표시하는 경우에 여기에 해당된다. 지정상품이 의류인 경우에 "春 · 夏 · 秋 · 冬"이나 "Four Season", 신문 · 잡지에 있어서 매일 · 주간 · 월간 등은 상품의 시기표시에 해당된다 할 수 있다.

## 7절 현저한 지리적 명칭, 그 약어 또는 지도

1. **수요자에게 현저하게 인식된 지리적인 명칭을 말한다.**(예 : 금강산, 백두산, 뉴욕 등)

"현저한 지리적 명칭 · 그 약어 또는 지도만으로 된 상표"는 상표등록을 받을 수 없다.

현저한 지리적 명칭이란 그 용어 자체가 일반수요자에게 즉각적인 지리적 감각을 전달할 수 있는 표장을 말하는 것이며, 지정학적 관념을 의미하는 것은 이에 해당되지 않는다(예: 동아, 중동).

지도라 함은 세계지도(그 일부를 포함) 또는 국내외 국가의 지도 등을 의미하며, 정확한 지도는 물론 사회통념상 지도임을 인식할 수 있는 정도면 족하다. 다만, 일반수요자가 지도로 인식하기 어려운 정도인 때에는 그러하지 아니하다.

현저한 지리적 명칭만으로 된 상표는 그 현저성과 주지성 때문에 특별현저성을 인정할 수 없어 누구에게나 자유로운 사용을 허용하고 어느 특정인에게 독점사용권을 부여하지 않으려는 것이다.

또한 등록되더라도 상표권의 효력은 제한(법51조1항3호)뿐만 아니라 심판에 의하여 등록무효(법71조1항)가 된다.

## BRAND MANAGEMENT 8절 흔한 성 또는 명칭

### 1. 흔히 있는 성씨 또는 명칭을 말한다.(예 : 이씨, 김씨, 사장, 총장 등)

흔히 있는 성 또는 명칭을 보통으로 사용하는 방법으로 표시한 표장만으로 된 상표는 상표등록을 받지 못한다.

흔히 있는 성 또는 명칭이라 함은 현실적으로 다수가 존재하는 경우는 물론이고 관념상으로 다수가 존재하는 것으로 인식되고 있는 자연인의 성(姓)또는 법인, 단체, 상호임을 표시하는 명칭 등을 말한다. 다만 판례는 국내에서 흔한 것일 것을 요구한다.

이와 같은 상표는 많은 사람들이 사용하고 있어 자타상품의 식별력이 없을 뿐만 아니라, 특정인에게 독점권을 부여하면 이러한 명칭을 자유롭게 사용하는 자에게 뜻밖의 손해를 줄 염려도 있기 때문이다.

## BRAND MANAGEMENT 9절 간단하고 흔히 있는 표장

### 1. 상표의 구성이 간단하고 또한 흔히 있는 표장을 말한다.(예 : 123, ONE, TWO, ß 등)

간단하고 흔히 있는 표장만으로 된 상표는 상표등록을 받지 못한다.

이는 간단하고 흔히 있는 표장만으로 된 상표일 때는 등록받을 수 없다는 것이지 간단하거나 흔히 있는 표장만으로 된 상표일 때도 등록을 받을 수 없다는 뜻은 아니다. 따라서 본호의 적용대상이 되는 표장은 간단하면서도 흔한 표장만을 말한다.

간단하고 흔히 있는 표장은 거래상 다수인이 사용하는 것이어서 자타상품의 식별표지로서의 기능을 발휘하기 어렵고, 또 식별력이 있다고 해도 이와 같은 표지는 누구나 사용하기를 원하는 것이므로 공익상 특정인에게 독점 사용을 허용하는 것은 부당하기 때문이다.

## 10절 기타 식별력이 없는 표장

### 1. 일반적으로 쓰이는 구호, 표어, 인사말 등(예 : Believe it or not, I can do, www 등)

상표법 제6조 제1호 내지 제6호 외에 수요자가 누구의 업무에 관련된 상품을 표시하는 것인가를 식별할 수 없는 상표는 상표등록을 받을 수 없다.

기타 식별력이 없는 표장이라 함은 제6조의 취지상·어휘상의 자타상품식별력(협의의 자타상품식별력)이 없는 경우뿐만 아니라, 설사 식별력이 인정된다 할지라도 공익상 특정인에게 독점시키는 것이 적합하지 않다고 인정되는 상표를 포함하는 것으로 넓게 해석된다.

상표의 본원적 기능인 자타상품식별기능을 수행하지 못하는 상표의 등록을 허용하는 것은 상표법의 목적에 반하기 때문이다.

본 호는 동조 동항 제1호 내지 제6호에는 해당되지 않으나 그 각호의 취지로 보아 거절하는 것이 적당한 것으로 인정되는 상표들에 대하여 등록을 받아주지 아니하도록 한 취지의 보충적 규정이다(통설·판례). 따라서 심사관은 제1호 내지 제6호에 해당하는가를 먼저 면밀히 검토한 후에 그에 해당되지 않는 경우에 한하여 본 호를 적용하여야 한다.

## 11절 사용에 의한 식별력 취득시 예외적 등록허용

### 1. 의의 및 요건

성질표시적 상표·현저한 지리적 명칭, 그 약어 또는 지도·흔한 성 또는 명칭·간단하고 흔히 있는 표장의 사유에 해당하더라도 출원전에 사용한 결과 그 상표가 수요자간에 누구의 업무에 관련된 상품을 표시하는 것인가 현저히 인식되어 있는 상표는 등록을 받을 수 있다.

즉, 상표법 제6조 제1항 제3호 내지 제6호에 해당하는 상표라도 상표등록출원전 출원인의 독점적 사용의 결과 수요자간에 출원인의 출처표지로 현저히 인식된 경우 사용한 상표를 사용한 상품을 지정상품으로 하여 등록받을 수 있다(법6조2항).

상표법 제6조 제1항의 상표가 식별력이 없고 독점적응성이 없는 상표를 상표로 등록받는 것을 방지하기 위한 것이라면 이왕에 식별력을 취득한 상표라면 상표에 축적된 신용과 수요자의 신뢰를 보호하기 위해서 상표등록을 예외적으로 허용하는 것이 타당할 것이다.

본 규정의 적용을 받기 위해서는 어느 시점까지 식별력을 취득해야하는 지에 대해서 견해의 대립이 있으나, 판례는 상표등록의 일반적인 판단시점인 상표등록여부결정시를 기준으로 하여 이 시점까지 식별력을 취득한 상표에 대해서는 본 규정의 적용이 가능하도록 하였다.

식별력 취득의 지역적 범위에 대해서는 특허청은 원칙적으로 전국적 범위에서 식별력을 취득했을 것을 요구하며, 판례도 상표등록이 되면 대세적 권리가 부여되므로 전국적 범위에서 식별력을 취득함을 요구하였다.

식별력 취득 여부에 대한 판단에 있어서는 판례는 출원인이 입증해야 하며 어느 정도 광고, 선전 등이 된 사정만으로 추정할 수 없고 증거를 통해서 명확하게 입증해야 한다 하였다. 이에 상표자체의 고유한 성격 내지 구성여하, 경업자의 자유사용 필요성, 상표의 사용기간, 사용방법, 광고 · 선전의 정도, 판매량 등을 종합 고려하여 식별력 취득여부를 판단한다.

상표 출원시에는 반드시 사용한 상표와 상품이 동일해야 하고, 이는 예외적으로 등록을 허용하는 것이어서 동일성의 범위를 엄격하게 인정하고 있음이 판례이다.

상표법 제6조 제1항 제7호의 경우에는 명문으로 본 규정의 적용이 없어서 사용에 의해서 식별력을 취득한 경우 취급이 문제될 수 있는데 판례의 입장은 사용에 의해서 식별력을 취득한 경우 이미 상표법 제6조 제1항 제7호의 상표에 해당하지 않는 것이 되어서 등록가능한 것이며 상표법 제6조 제2항에서 상표법 제6조 제1항 제7호를 포함하고 있지 않는다고 하여 달리 볼 것은 아니라고 하였다. 사용에 의해서 식별력을 취득하면 더 이상 기타 식별력 없는 표장이 아닌 것이 되어서 상표법 제6조 제1항의 상표에 해당하지 않게 된다는 것이다.

## 2. 사용에 의해 식별력을 취득한 상표의 취급

상표법 제6조 제1항의 상표는 원칙적으로 식별력이 없어서 유사판단의 요부가 될 수 없으나 사용에 의해 식별력을 취득한 경우는 상표간의 유사 판단시 요부가 될 수 있고 이는 특허청 뿐만 아니라 판례도 같은 입장이다. 상표법 제51조의 적용에 있어서도 대법원은 상표권자의 이익을 강조하여 본규정이 적용되지 않으며, 상표권의 효력이 제한되지 않는다는 태도이다.

**표 2-1 상표법 제6조 제1항 각호 표장에 대한 정리**

| | 상품과의 관계 고려 판단 여부 | 식별력 취득에 의한 등록 가능성(법6조2항 적용 여부) |
|---|---|---|
| 보통명칭(1호) | 고려 | 적용 없음 |
| 관용표장(2호) | 고려 | 적용 없음 |
| 기술적 표장(3호) | 고려 | 적용 |
| 현저한 지리적 명칭(4호) | 고려 안 함 | 적용 |
| 흔한 성 또는 명칭(5호) | 고려 안 함 | 적용 |
| 간단하고 흔한 표장(6호) | 고려 안 함 | 적용 |

## 12절 소극적 요건(부등록사유)

비록 상표가 적극적 요건으로서의 식별력을 가지고 있다 하더라도 그 상표를 등록하여 독점배타적 성질의 상표권을 부여하는 경우 공익상 또는 타인의 이익을 침해하는 경우 당해 상표의 등록을 배제하도록 하는 규정을 상표법 제7조에서 제한열거적으로 규정하고 있다.

① 대한민국의 국기·국장, 파리협약동맹국, 세계무역기구 회원국 또는 상표법조약 체약국의 훈장·포장, 적십자·올림픽 등의 공공마크와 동일 또는 유사한 상표(예 : IMF, WTO 등)(법7조1항1호)

② 국가·민족·공공단체·종교 등과의 관계를 허위로 표시하거나 이들을 비방 또는 모욕할 염려가 있는 상표(예 : 양키, Negro 등)(법7조1항2호)

③ 국가·공공단체 또는 비영리 공익법인의 표장으로서 저명한 것과 동일 또는 유사한 상표(예 : YMCA, KBS, 적십자 등)(법7조1항3호)

④ 상표 그 자체 또는 상표가 상품에 사용되는 경우 수요자에게 주는 의미와 내용 등이 일반인의 통상적인 도덕관념인 선량한 풍속에 어긋나거나 공공의 질서를 해칠 우려가 있는 상표(예 : 외설적인 도형이나 문자, 사기꾼, 소매치기 등의 문자)(법7조1항4호)

⑤ 정부 또는 외국정부가 개최하거나 정부 또는 외국정부의 승인을 얻어 개최하는 박람회의 상패·상장 또는 포장과 동일 또는 유사한 표장이 있는 상표(법7조1항5호)

⑥ 저명한 타인의 성명·명칭 또는 상호·초상 등을 포함하는 상표(예 : DJ, JP, 한전, 주공 등)(법7조1항6호)

⑦ 타인의 선등록상표와 동일 또는 유사한 상표(법7조1항7호)

⑧ 상표권이 소멸한 날로부터 1년을 경과하지 아니한 타인의 등록상표와 동일 또

는 유사한 상표(법7조1항8호)

⑨ 주지상표와 동일 또는 유사한 상표(법7조1항9호)

⑩ 수요자간에 현저하게 인식되어 있는 타인의 상품이나 영업과 혼동을 일으키게 할 염려가 있는 상표(법7조1항10호)

⑪ 상품의 품질을 오인하게 하거나 수요자를 기만할 염려가 있는 상표(법7조1항11호)

⑫ 특정인의 출처표시로 인식된 상표와 동일 또는 유사한 상표로서 부당한 이익을 얻으려 하는 등 부정한 목적을 가지고 사용하는 상표(법7조1항12호)

⑬ 상품 또는 그 상품 포장의 기능을 확보하는데 불가결한 입체적 형상만으로 되거나 색채 또는 색채의 조합만으로 된 상표(법7조1항13호)

⑭ 세계무역기구(WTO) 회원국내의 포도주 및 증류주의 산지에 관한 지리적표시로서 구성되거나 동표시를 포함하는 상표로서 포도주·증류주 또는 이와 유사한 상품에 사용하고자 하는 상표(법7조1항14호)

## 13절 대한민국의 국기·국장, 파리협약동맹국, 세계무역기구 회원국 또는 상표법조약 체약국의 훈장·포장, 적십자·올림픽 등의 공공마크와 동일 또는 유사한 상표(예 : IMF, WTO 등)

상표법은 대한민국의 국기·국장·군기·훈장·포장·기장, 외국의 국기·국장·산업재산권보호를 위한 파리협약동맹국, 세계무역기구의 회원국 또는 상표법조약의 체약국의 훈장·포장·기장, 적십자·올림픽 또는 저명한 국제기관 등의 명칭이나 표장과 동일 또는 유사한 상표, 대한민국·산업재산권보호를 위한 파리협약동맹국·세계무역기구 회원국 또는 상표법조약 체약국·그 국가의 공공기관이 사용하는 감독용이나 증명용 인장 또는 기호와 동일 또는 유사한 상표는 상표법 제6조의 규정에 의한 식별력을 갖추고 있다고 하더라도 상표등록을 받을 수 없도록 규정하고 있다.

국기·국장 등이 상징하는 국가, 훈공자 등의 존엄성을 유지하고 국제적인 신의를 보호하는 한편 상표의 사용자가 이들 기관과 특수한 관계에 있는 것처럼 오인·혼동할 우려도 있기 때문에 이를 방지하기 위함이며, 감독용 인장 등은 감독 또는 증명의 권위를 유지하기 위하여 품질보증적 기능이 강하므로 수요자 보호차원에서 상표등록을 허용하지 않는 것이다.

## 1. 대한민국의 국기, 국장, 군기, 훈장, 포장, 기장

국기는 '대한민국 국기에 관한 규정', 국장은 '나라문장규정', 훈장 및 포장은 '상훈법'이 규정하는 것을 말하며, 군기는 육 · 해 · 공군기는 물론 그 예하부대의 군기를 포함하고, 기장은 훈장, 포장 이외의 국가기관이 수여하는 표창을 의미한다.

## 2. 외국의 국기, 국장

외국이란 대한민국을 제외한 모든 국가를 말하고, 대한민국의 국가승인 여부를 불문하며, 교황청 등은 외국에 준하여 여기에 포함되는 것으로 본다.

## 3. 파리협약 동맹국 등의 훈장, 포장, 기장

파리협약 동맹국 · 세계무역기구회원국 또는 상표법조약 체약국의 훈장 · 포장 · 기장은 특허청장이 직권으로 인정하는 것 이외에는 파리협약의 규정에 따라 동맹국이 국제사무국을 통하여 우리나라에 통지한 것만을 보호한다.

## 4. 적십자 · 올림픽 또는 저명한 국제기관의 명칭이나 표장

저명한 국제기관이라 함은 국제연합(UN) 및 그 산하기구와 EU, NATO, OPEC와 같은 지역국제기구 등 국제사회에서 일반적으로 인식되고 있는 국가간의 단체 및 기타 특허청장이 인정하는 국제기관을 말하며, 정부간의 합의에 의하지 아니한 비정부단체나 국제적인 민간단체도 포함된다.

## 5. 감독용이나 증명용 인장 또는 기호

우리나라와 파리협약 동맹국 및 그 국가의 공공기관(심사기준은 하위기관, 공법상 기관은 제외하고 있음)이 상품 등의 규격품질 등을 관리, 통제, 증명하기 위하여 사용하는 제 표장(예: KS, JIS, UL등)을 말한다.

## BRAND MANAGEMENT 14절 국가 · 민족 · 공공단체 · 종교 등과의 관계를 허위로 표시하거나 이들을 비방 또는 모욕할 염려가 있는 상표(예 : 양키, Negro 등)

상표법은 국가 · 인종 · 민족 · 공공단체 · 종교 또는 저명한 고인과의 관계를 허위로 표시하거나 이들을 비방 또는 모욕하거나 이들에 대하여 나쁜 평판을 받게 할 염려가 있는 상표는 상표법 제6조의 규정에 의한 식별력을 갖추고 있다고 하더라도 상표등록을 받을 수 없도록 규정하고 있다(법7조1항2호).

국가, 인종 등에 대한 권위와 존엄을 인정하여 국제적인 신의를 보호하고 저명한 고인 등의 명예나 인격을 보호하기 위함이다.

### 1. 국가 · 인종 · 민족 · 공공단체 · 종교

'국가'는 대한민국은 물론 외국을 포함한다. 이 경우 '외국'은 대한민국의 국가승인 여부에 관계없이 실질적으로 영토, 국민, 통치권을 가지는 통치단체를 모두 포함하며, 교황청 등은 외국에 준하여 이에 포함된다. '공공단체'는 지방자치단체, 공공조합, 공법상 영조물법인과 그 대표기관 및 산하기관을 포함하며, 주정부 및 그 산하기관도 이에 해당하는 것으로 본다.

### 2. 저명한 고인

'저명한 고인'은 일반수요자에게 대체로 인식되고 있는 고인은 물론 지정상품과 관련하여 거래사회에서 일반적으로 인식되고 있는 고인을 의미하며, 외국인을 포함한다. 또한 저명한 '고인'이므로 '현존'하는 자연인이나 법인에 대하여는 상표법 제7조 제1항 제6호가 적용된다.

### 3. 허위표시, 비방, 모욕, 나쁜 평판

허위표시, 비방, 모욕 또는 나쁜 평판 등은 출원인이 이러한 목적 또는 의사의 유무를 불문하며, 상표 자체는 물론 그 지정상품과 관계를 고려하여 해당 상표를 사용하는 것이 사회통념상 그와 같은 결과를 유발할 우려가 있다고 인정되는 때에는 이에 해당되는 것으로 본다. 따라서 단순히 저명한 고인의 이름을 표시한 것일 뿐인 때에는 본 규정의 적용이 없다함이 판례의 태도이다.

## 15절 국가 · 공공단체 또는 비영리 공익법인의 표장으로서 저명한 것과 동일 또는 유사한 상표(예 : YMCA, KBS, 적십자 등)

국가 · 공공단체 또는 이들의 기관과 공익법인의 영리를 목적으로 하지 아니하는 업무 또는 영리를 목적으로 하지 아니하는 공익사업을 표시하는 표장으로서 저명한 것과 동일 또는 유사한 표장은 상표법 제6조의 규정에 의한 식별력을 갖추고 있다고 하더라도 당해 국가 또는 단체가 자기의 관련 표장을 출원하는 경우를 제외하고는 상표등록을 받을 수 없다(법7조 1항3호).

본 규정의 취지는 저명한 업무표장을 가진 공익단체의 업무상의 신용과 권위를 보호함과 동시에 그것이 상품에 사용되면 일반 수요자나 거래에게 상품의 출처에 관한 혼동을 일으키게 할 염려가 있으므로 일반 공중을 보호하는 데에 있다.

### 1. 국가 · 공공단체 또는 이들의 기관과 공익법인

'국가'는 대한민국은 물론 외국을 포함한다. 이 경우 '외국'은 대한민국의 국가승인 여부에 관계없이 실질적으로 영토, 국민, 통치권을 가지는 통치단체를 모두 포함하고, 교황청 등은 외국에 준하여 이에 포함된다.

'공공단체'란 지방자치단체, 공공조합, 공법상 영조물법인과 그 대표기관 및 산하기관을 포함하며, 주정부 및 그 산하기관도 이에 해당하는 것으로 보며, 외국의 공공단체를 포함한다. 또한 '공익법인'이란 공법인은 제외되며, 민법 제32조의 규정에 의하여 설립된 법인 중에서 공익을 주목적으로 하는 법인을 말하며, 여기에는 외국의 공익법인을 포함한다.

### 2. 영리를 목적으로 하지 아니하는 업무 또는 공익사업

판례는 비록 요금 또는 수수료의 부과 등 부수적으로 영리업무를 하더라도 주목적이 영리를 목적으로 하지 아니하는 업무 또는 공익사업인 경우를 포함한다고 보았다.

### 3. 표장의 저명성

인용표장이 저명하지 않은 경우는 본규정을 적용할 수 없다.

### 4. 당해 단체가 자기의 표장을 출원한 경우는 제외함

단체가 자신의 표장을 직접 출원하는 경우에는 수요자의 오인, 혼동우려가 없고 단체의 신용을 상표법에서 보호할 필요가 있으므로 예외를 인정하고 있다. 비영리단체라 할지라도 부수적인 영리사업 등을 위해서는 따로 상표 내지 서비스표로 등록받아야 한다.

## 16절 상표 그 자체 또는 상표가 상품에 사용되는 경우 수요자에게 주는 의미와 내용 등이 일반인의 통상적인 도덕관념인 선량한 풍속에 어긋나거나 공공의 질서를 해칠 우려가 있는 상표(예 : 외설적인 도형이나 문자, 사기꾼, 소매치기 등의 문자)

상표법은 상표 그 자체 또는 상표가 상품에 사용되는 경우 수요자에게 주는 의미와 내용 등이 일반인의 통상적인 도덕관념인 선량한 풍속에 어긋나거나 공공의 질서를 해칠 우려가 있는 상표는 상표법 제6조의 규정에 의한 식별력을 갖추고 있다고 하더라도 상표등록을 받을 수 없도록 규정하고 있다(법7조1항4호).

자타상품의 식별력을 갖춘 상표라도 공익적인 견지에서 사회공공의 이익보호, 일반의 도덕관념의 유지, 국제적인 신의의 보호 등을 위하여 마련된 규정이다.

### 1. 2007년 개정 이유

개정 전에는 공서양속에 반할 염려가 있는 상표를 부등록 사유로 보아서 일반규정의 모습을 가지고 있어 모방상표출원방지, 유명저작물을 도용한 상표출원 등에 적용 여부가 문제가 되었다. 따라서 본 규정에 대한 시정명령을 받고 적용범위를 '상표 자체 또는 상표가 상품에 사용되는 경우'로 한정하게 되었다.[2)]

2) 한편 부칙에 의하면 공포 즉시 적용될 뿐만 아니라 공포이전에 출원된 경우에도 개정된 법률이 적용된다. 부등록 사유의 적용범위를 한정한 것이어서 출원인에게 불리하지 않은 것이기에 타당하다고 보인다.

## 2. 공공의 질서

'공공의 질서'란 실정법상의 공법질서, 국제적인 신뢰 또는 일반 사회질서는 물론 공정하고 신용 있는 거래질서와 인간의 존엄과 가치, 평등권의 보장 등 자유민주주의 기본질서를 포함하는 개념이다.

## 3. 선량한 풍속

'선량한 풍속'이란 전통적 가치 중 미풍양속 등 사회통념상 존중되고 있는 사회적 윤리 및 도덕질서는 물론 자유시민으로서 지켜야 할 공중도덕을 포함하는 개념이다. 상표심사 실무상 상표의 구성 자체가 과격한 슬로건으로 이루어진 상표, 문자나 도형을 읽는 방법 또는 보는 방법에 따라서 일반인에게 외설적인 인상을 주거나 성적 흥분 또는 수치심을 유발할 수 있는 상표는 선량한 풍속에 저촉된 상표로 본다.

## 4. 구체적인 예

(1) 다른 법률에 의하여 사용이 금지되거나 당해 상표의 사용이 다른 법률에 위반되는 상표

(2) 자유민주주의 기본질서를 부정하는 내용의 상표

(3) 국제간의 선린관계 또는 신뢰관계를 저해할 우려가 있는 상표

(4) 상표 구성 자체가 과격한 슬로건이나 외설적인 인상을 주는 상표

(5) 형사상 범죄에 해당하는 용어나 공중도덕감정을 저해하는 상표

(6) 미신을 조장하거나 국민간의 불신과 지역감정을 조장하는 상표

(7) 개인이 법인 또는 단체명의 상표를 출원하거나 수요자가 공익단체 또는 연구기관으로 오해를 유발할 우려가 있는 상표

(8) 타인의 저명한 저작권을 침해하거나 저명한 고인의 성명 등을 도용한 상표(다만, 고인과 관련 있는 기념사업회 등의 동의가 있거나 기념사업회 등이 존재할 수 없을 정도로 오래된 고인의 경우에는 그러하지 아니하다).

## BRAND MANAGEMENT 17절 정부 또는 외국정부가 개최하거나 정부 또는 외국정부의 승인을 얻어 개최하는 박람회의 상패 · 상장 또는 포장과 동일 또는 유사한 표장이 있는 상표

상표법은 정부가 개최하거나 정부의 승인을 얻어 개최하는 박람회 또는 외국정부가 개최하거나 외국정부의 승인을 얻어 개최하는 박람회의 상패 · 상장 또는 포장과 동일 또는 유사한 표장이 있는 상표는 상표법 제6조의 규정에 의한 식별력을 갖추고 있다고 하더라도 상표등록을 받을 수 없도록 규정하고 있다(법7조1항5호). 다만, 그 상패 · 상장 또는 포장을 받은 자가 당해 박람회에서 수상한 상품에 관하여 상표의 일부로서 그 표장을 사용한 때에는 예외적으로 상표의 등록이 허용된다(법7조1항5호단서).

이 규정은 박람회에서 시상한 상의 권위를 보호하는 한편 상품의 출처나 품질의 오인 · 혼동을 방지하여 일반 수요자의 이익을 보호하기 위한 것이다.

### 1. 정부 또는 외국정부가 개최하거나 그들의 승인을 얻어 개최

'정부 또는 외국정부의 승인'이라 함은 정부 또는 외국정부의 인가, 허가, 면허, 인정, 공인, 허락 등 그 용어를 불문하고 정부가 권위를 부여하거나 이를 허용하는 일체의 행위를 말한다.

### 2. 박 람 회

'박람회'란 전시회, 품평회, 경진대회 등 그 용어를 불문하고 넓게 해석한다. 구체적으로는 i) 정부가 개최하는 박람회, ii) 정부의 승인을 얻어 개최하는 박람회, iii) 외국정부가 개최하는 박람회, iv) 외국정부의 승인을 얻어 개최하는 박람회를 들 수 있다.

### 3. 상패, 상장, 포장

'상패, 상장, 포장'이라 함은 공로패, 표창장, 감사장 등 용어를 불문하고 주최자가 수여하는 일체의 증서 또는 기념패 등을 말한다.

### 4. 적용의 예외

박람회의 수상자(수상자의 영업을 승계한 자도 포함한다)가 당해 '박람회에서 수상한 상품'에 관하여 '상표의 일부로서 그 표장을 사용할 때'에는 예외적으로 상표등록이 허용된다(법7조1항5호단서). 따라서 '박람회에서 수상한 상품'에 한정되므로 박람회에서 수상한 상품과 유사한 상품에 대해서는 상표등록을 받을 수 없으며, '상표의 일부로서 그 표장을 사용한 때'라 함은 상표의 한 요부 또는 부기적으로 사용하는 경우를 말하며, 상표의 전부 또는 지배적인 표장으로 사용할 때에는 상표의 등록이 허용되지 아니한다.

## BRAND MANAGEMENT 18절 저명한 타인의 성명·명칭 또는 상호·초상 등을 포함하는 상표(예 : DJ, JP, 한전, 주공 등)

상표법은 저명한 타인의 성명·명칭 또는 상호·초상·서명·인장·아호·예명·필명 또는 이들의 약칭을 포함하는 상표는 상표법 제6조의 규정에 의한 식별력을 갖추고 있다고 하더라도 상표등록을 받을 수 없도록 규정하고 있다(법7조1항6호본문). 다만, 그 타인의 승낙을 얻은 경우에는 예외로서 상표의 등록이 허용된다(법7조1항6호단서).

저명한 타인의 성명 등의 모용에 따른 출처혼동을 방지하기 위한 것이라는 '출처혼동방지설'과 타인의 인격권을 보호하기 위한 것이라는 '인격권보호설'과 이들의 '절충설'이 있으나 타인의 승낙을 받은 경우에는 상표등록이 가능하며, 착오로 등록된 경우 무효심판청구를 하는 경우 5년의 제척기간이 적용되는 점과 성명권은 일반적으로 인격권적 요소가 가진다는 점에서 '인격권보호설'이 통설이다. 다만, 상표심사기준에서는 저명한 타인의 성명, 명칭 등을 상표로 사용한 때에 타인 자신의 불쾌감의 유무 또는 사회통념상 타인의 인격권을 침해했다고 판단되는지 여부를 불문하고 본 호의 규정을 적용하도록 하고 있어 '인격권보호설'보다는 '출처혼동방지설'의 입장을 취하고 있는 듯하다.

### 1. 저 명 성

저명성의 정도는 사회통념상 또는 지정상품과 관련한 거래사회에서 널리 인식될 수 있는 정도를 말한다. 판례에 따르면 주지상표의 주지성, 현저성보다는 훨씬 주지도가 높을 뿐만 아니라 나아가 오랜 전통과 명성을 지닌 경우일 것을 요구하고 있다.

그러나 상표법상의 규정에서는 타인의 성명, 초상 등에 대한 구별 없이 전부 저명할 것을 요구하고 있지만 그 구체적인 저명성의 정도는 일률적으로 결정할 것이 아니라 본 호의 제도적인 취지인 인격권보호의 측면에서 성명, 명칭 등의 약칭이나 아호, 예명, 필명 등은 성명이나 명칭 등보다 더 엄격한 저명성을 요구하고, 초상의 경우는 인격훼손의 우려가 크므로 저명성의 요건을 보다 완화하여 적용하여야 한다는 견해가 유력하게 주장되고 있다

## 2. 타　　인

'타인'이란 '현존'하는 자연인과 법인(법인격이 없는 단체를 포함한다)을 말하며, 자국인은 물론 외국인을 포함한다. 여기서 저명한 외국인이라 함은 국내 일반수요자 또는 관련 거래업계에서 일반적으로 널리 인식되고 있는 현존하는 외국의 자연인 또는 법인을 말한다. 다만 '타인'여부에 대한 판단시점은 출원시가 아니라고 하여서(법7조2항) 출원의 이전, 영업의 양수 등으로 본 규정의 적용에서 벗어날 수 있다.

## 3. 성명, 명칭, 상호 등 또는 이들의 약칭

저명한 타인의 성명, 명칭 또는 상호, 초상, 서명, 인장, 아호, 예명, 필명 또는 이들의 약칭이 상표의 부기적인 부분으로 포함되어 있는 경우에도 본 호에 해당되는 것으로 본다. 여기서 '약칭'이란 그 약칭에 관한 그 타인의 결정여부를 불문하고 국내 일반수요자 또는 관련 거래업계에서 그 타인으로 약칭되고 있으면 족하다.

## 4. 포함의 의미

성명, 명칭이 요부일 것을 요하지 않으므로 부기적인 부분이어도 무관하다. 다만 판례는 특정인이 인격권 보호를 위한 규정이므로 특정인의 동일성을 인식할 수 있을 정도의 성명, 명칭을 표시한 경우를 뜻한다고 보았다.

## 5. 적용의 예외

저명한 타인의 성명 등을 포함하는 상표라도 그 타인의 승낙을 얻은 경우에는 예외적으로 상표등록을 받을 수 있다(법7조1항6호단서). 다만, 자기의 성명 또는 명칭과 저명한 타인의 성명 또는 명칭이 동일할 때에는 그 타인의 승낙을 요한다. 여기서 승낙의 내용으로는 상표의 등록뿐만 아니라 등록상표의 사용도 포함하는 것이어야 할 것이다. 한편, 상표법 제7조 제1항 제3호의 공공단체 등의 저명한 업무표장은 승낙을 얻더라도 상표등록을 받을 수 없다. 또한 성명, 명칭 등이 특정인의 출처표지로 인식된

경우에는 타인의 승낙을 얻더라도 상표법 제7조 제1항 제9호 내지 제12호에 의해서 상표등록을 받을 수 없다.

## 19절 타인의 선등록상표와 동일 또는 유사한 상표

상표법은 선출원에 의한 타인의 등록상표와 동일 또는 유사한 상표로서 그 등록상표의 지정상품과 동일 또는 유사한 상품에 사용하는 상표는 상표법 제6조의 규정에 의한 식별력을 갖추고 있다고 하더라도 상표등록을 받을 수 없도록 규정하고 있다(법7조1항7호).

선등록상표권자의 독점·배타적인 상표권을 보호하기 위한 것이라는 '사익보호설'과 동일·유사상품에 대하여 서로 저촉되는 동일·유사상표가 중복등록될 경우에 일반 수요자로 하여금 그 상품의 출처에 관하여 오인·혼동을 일으키게 할 염려가 있으므로 이를 방지하기 위한 것이라는 '공익보호설'과 이들을 결합한 '절충설'이 있다.

미국과 유럽공동체상표청의 경우 일정한 조건하에서 중복등록을 허용하고 있어 본 호의 규정을 '사익보호설'적 측면을 취하고 있으나 우리나라와 일본의 경우 무효심판 청구시 5년의 제척기간을 적용하면서도 선행권리자의 동의가 있는 경우에도 중복등록을 불허하고 있으므로 '절충설'의 입장을 취하고 있다. 즉, 본 호는 선등록상표의 권리를 보호하기 위한 사익적인 규정임은 분명하지만 중복등록배제의 주된 목적인 상표의 오인·혼동으로부터 발생하는 상품출처혼동을 방지하는 공익의 보호측면도 고려하고 있는 것이다.

### 1. '선출원'에 의한 '타인'의 '등록상표'

#### (1) 선출원

본 호에서 인용될 수 있는 상표는 '선출원에 의한 등록상표'이므로 후출원에 의한 선등록상표는 선출원에 의한 등록상표가 아니므로 본 호의 적용대상이 되지 아니한다. 다만, 이 경우 후출원에 의한 선등록상표가 심판 또는 재판에 의하여 무효가 확정되지 않는 한 두 권리는 병존하는 것으로 본다.

#### (2) 타 인

'타인'이란 법률상 다른 주체를 의미하며, 법인과 대표이사간 또는 대표이사가 동일한 계열회사간에도 본 호의 규정을 적용한다. 또한 타인의 등록상표이므로 선등록상표가 본인의 것이라면 본 호가 적용되지 않는다. 이러한 경우 양 상표가 유사상표이면 등록이 가능하지만, 동일한 상표로서 그 지정상품이 동일한 경우에는 상표법의 근본이념 및 1상표 1출원의 규정을 위반한 것으로 거절된다(심사실무). 다만 '타인'여부에 대한 판단시점은 출원시가 아니라고 하여서(법7조3항) 출원의 이전, 영업의 양수 등으로 본 규정의 적용에서 벗어날 수 있다.

#### (3) 등록상표

본호의 규정은 인용상표가 '등록상표'인 경우에만 적용되므로 타인의 '선출원상표'가 당해 출원시에 출원중이면 상표법 제8조(선출원)의 규정이 적용된다. 상표등록출원시에 타인의 등록상표가 소멸되었다면 본 호를 적용하는 것이 아니라 상표법 제7조 제1항 제8호의 규정의 적용여부를 판단하여야 한다. 당해 상표의 출원시 이후에 선등록상표가 무효심결확정으로 소급적으로 소멸한 경우라도 상표법 제7조 제3항 괄호규정에 의해서 선등록상표의 지위를 유지하게 된다. 이는 심사의 신속한 처리를 위해서 입법화한 것이다. 따라서 선등록상표를 무효심판으로 소멸시키더라도 본 규정에 의한 거절이유를 극복할 수는 없다.

### 2. 상표의 동일 · 유사

#### (1) 상표의 유사성

상표의 유사여부의 관찰방법은 전체적 · 객관적 · 이격적 관찰을 원칙으로 하되 상표구성 중 인상적인 부분(요부)에 대하여 중점적으로 비교하는 것으로 하며, 상표의 유사판단은 원칙적으로 상표의 칭호, 외관, 관념 중 어느 하나가 유사하여 거래상 상품출처의 오인, 혼동의 우려가 있는 상표는 유사한 것으로 본다. 다만, 칭호, 외관, 관념 중 어느 하나가 유사하더라도 전체적으로 현저한 차이가 있어 거래상 상품의 출처 오인 · 혼동을 일으킬 염려가 없는 때에는 그러하지 아니하다.

#### (2) 상표와 서비스표의 유사성

상표와 서비스표 간에도 상품과 서비스업이 밀접한 관계가 있어 '동종성'이 인정되는 경우에는 일반수요자로 하여금 출처의 혼동염려가 있다면 양 표장간의 유사성이 인정된다.

## 3. 상품의 동일 · 유사

### (1) 상품의 유사성

심사의 신속, 정확한 처리를 위해서 특허청 심사실무상 지정상품의 유사여부의 판단기준은 원칙적으로 상표법시행규칙 제6조의 규정에 의한 상품류 구분에 의해 동일 상품류의 유사군코드가 동일한 상품은 유사상품으로 본다. 다만, 별도의 유사상품심사기준을 정하는 경우에는 그 상품의 생산부문, 판매부문, 원료 및 품질, 용도 또는 수요자의 범위 등의 일치여부와 완성품과 부품과의 관계 유무와 거래실정을 감안하여 종합적으로 고려하여야 한다.

그러나 판례에서는 상표법시행규칙상의 상품류별표는 상표등록사무의 편의를 위하여 구분한 것으로서 동종의 상품을 법정한 것이 아니므로 상품류별표와 같은 유별에 속하고 있다고 하여 동일 · 유사한 상품이라고 단정할 수 없는 것이고, 지정상품의 동일 · 유사여부는 상품의 속성인 품질, 형상, 용도, 거래의 실정 등을 고려하여 거래의 통념에 따라 판단하여야 한다는 입장을 취하고 있다.

### (2) 상품과 서비스업 간의 유사성(동종성)

상품과 서비스업 간에도 그 상품이 없으면 그 서비스업이 존재할 수 없을 정도로 밀접한 관계가 있으면 유사성이 인정된다.

참고로 일본의 일본상표심사기준에 의하면 상품과 서비스업(역무)의 유무를 판단할 때에는 다음의 기준을 종합적으로 고려한 다음 개별적 · 구체적으로 판단하도록 규정하고 있다.

우리의 판례도 상품과 서비스업간에 동종성이 인정되는 경우 등록배제효와 사용금지효가 미친다는 입장이다. 단, 동종성의 인정에 있어서 상표와 서비스표가 서로 기능하는 바가 다르므로 동종성을 널리 인정할 수 없고, 상품과 서비스업간에 밀접한 관련성이 있는 경우에 한하여 인정된다 하였다. 이러한 동종성의 인정기준에 대해서는 아래의 일본심사기준과 같은 요건을 들고 있다. 밀접한 관련성이 있는 예로는 서비스업의 취급대상 물품이 당해 상품인 경우를 들 수 있다.

a) 상품의 제조 · 판매와 서비스(역무)의 제공이 동일 사업자에 의해서 행해지고 있는 것이 일반적인가 아닌가

b) 상품과 서비스(역무)의 용도가 일치하는가 아닌가

c) 상품의 판매장소와 서비스의 제공장소와 일치하는가 아닌가

d) 수요자의 범위가 일치하는가 아닌가

# 20절 상표권이 소멸한 날로부터 1년을 경과하지 아니한 타인의 등록상표와 동일 또는 유사한 상표

상표권이 소멸한 날로부터 1년을 경과하지 아니한 타인의 등록상표와 상표가 동일 또는 유사하고 그 지정상품이 동일 또는 유사한 상표는 등록을 받을 수 없다.

「상표권이 소멸한 날」이라 함은 상표권의 포기, 상표권존속기간의 만료, 상표등록취소심결이나 상표등록무효심결의 확정에 의하여 상표권이 소멸된 경우를 말하며 이때 1년의 기간은 상표권의 포기나 존속기간만료 등으로 상표권이 소멸한 경우에는 그 포기나 존속기간 만료일부터, 상표등록취소심결이나 상표등록무효심결의 경우에는 취소·무효심결확정일으로부터 1년을 말한다.

그러나 i) 당해상표출원이전에 소멸상표가 1년 이상 불사용중인 때, ii) 상표권의 소멸이 상표법 제7조 제1항 제6호, 제9호, 제10호, 제11호, 제12호 및 제8조 위반을 사유로 무효심결이나 상표법 제73조 제1항 제7호 위반을 이유로 한 취소심결의 확정에 의한 경우, iii) 존속기간갱신등록출원 없이 존속기간만료 후 6월이 도과한 경우, iv) 상표법 제8조 제5항, 제6항의 적용받아 출원한 경우, v) 상표법 제8조 제5항 기간 후 심판청구인이 출원한 경우에는 그 정당한 출원인이 한 상표등록출원은 본 호에 해당되지 아니한다(법7조4항).

## 1. '타인'의 상표권이 '소멸'하였을 것

본 호는 등록상표의 상표권이 '소멸한 경우'에 한하여 적용된다. 따라서 상표등록이 유지되고 있는 경우에는 본 호가 아니라 제7호가 적용된다.

상표권의 소멸이란 존속기간의 만료, 상표권의 포기, 상속인의 등록불이행, 상표등록의 취소 또는 무효심결의 확정 등으로 인한 광의의 소멸을 의미한다.

'타인'의 상표권이 소멸한 경우에 한하여 적용된다. 따라서 자기의 상표권이 소멸한 때에는 다른 제한(법7조5항)이 있는 경우를 제외하고는 소멸 후 즉시라도 출원하여 다시 상표등록을 받을 수 있다.

### 2. 상표권이 소멸한 날부터 1년을 경과하지 아니 하였을 것

상표권이 소멸된 날을 기산점으로 하여 그로부터 1년 이내라는 의미이다. 이것은 시기와 종기를 함께 규정한 것이므로 상표권이 소멸되기 전에 출원된 것에 대하여는 상표법 제7조 제1항 제7호의 규정을 적용하여야 한다.

무효심결이 있은 경우에는 심결확정일을 기준으로 한다. 무효심결의 경우에는 소급효로 인하여 소멸일이 불분명할 뿐만 아니라, 소비자의 기억과 신용까지 소급하여 소멸하는 것은 아니기 때문이다.

1년의 기간은 상표권이 소멸되더라도 상표에 화체된 신용이 잔존함을 고려하여, 출처혼동의 방지를 위해 획일적으로 인정되는 최소한의 출원금지기간이다.

### 3. 상표의 동일 · 유사 및 상품의 동일 · 유사

상표법은 동일 · 유사한 상표를 동일 · 유사한 상품에 사용할 때 비로소 상품출처의 혼동이 발생하는 것으로 전제하고 있다. 그런데 본 호의 규정은 상품출처의 혼동을 방지하기 위한 것이므로, 출원상표가 상표권이 소멸한 타인의 등록상표와 동일 · 유사한 상표로서 그 지정상품과 동일 또는 유사한 상품일 것을 요건으로 한 것이다.

등록상표와 동일한 상표라 함은 사회통념상 거래사회에서 일치하는 것으로 인식되는 정도의 상표를 말하며, 유사한 상표라 함은 대비되는 상표가 동일한 것은 아니지만, 거래의 경험칙 또는 거래 실제에 비추어 동일 · 유사한 상품에 혼동을 일으킬 우려가 있는 경우를 말한다.

상품의 유사여부는 상품 자체의 속성인 품질, 형상, 용도와 생산부문, 판매부문, 수요자의 범위 등 거래의 실정 등을 종합적으로 고려하여 일반 거래사회의 통념에 따라 판단하여야 하지만, 심사단계에서는 주로 상품류 구분표에 의하여 동일 상품류의 유사군코드가 동일한 상품은 유사상품으로 본다.

## BRAND MANAGEMENT 21절 주지상표와 동일 또는 유사한 상표

타인의 상품을 표시하는 것이라고 수요자간에 현저하게 인식되어 있는 상표와 동일 또는 유사한 상표로서 그 타인의 상품과 동일 또는 유사한 상품에 사용하는 상표는 등록을 받을 수 없다. 본 호에 해당되기 위하여는 상표와 상품이 모두 동일 또는 유사하여야 한다.

본 호의 소위 주지상표와 유사한 상표의 등록을 금지하는 규정으로서 「주지상표」라 함은 그 상표가 사용되는 상품의 거래사회에서 수요자간에 그 상표가 누구의 상품을 표시하는 것이라고 현저하게 인식된 상표를 말한다.

## 1. 타인의 상품을 표시

본 호는 주지상표 사용자와 출원인이 타인간의 경우에 적용되며, 출원인이 주지상표 사용자의 승낙을 받아 출원한 때에도 본 호의 적용을 배제하지 못한다.

타인이라 함은 익명의 존재로서의 추상적인 출처를 말한다. 구체적으로 그 사용자가 누구인지를 인식할 필요는 없지만, 적어도 그 상표가 특정인으 상품에 사용되는 것으로 인식되어야 한다. 따라서 단순히 캐릭터나 영화제명으로 널리 알려져 있다고 하더라도 상품의 식별표지로 현저하게 인식되었다고 볼 수 없는 경우에는 본 호의 주지상표가 되지 못한다.

주지의 획득은 당해 업무의 승계자에게도 인정된다. 이는 초기의 상표의 출처표시 기능과 달리 현재는 익명의 존재로서의 추상적인 출처를 표상하는 것이 상표라고 보기 때문이다.

또한 '타인'인지 여부는 상표등록출원시를 기준으로 하지 않도록 상표법 제7조 제2항 괄호에서 규정하고 있으므로 출원시에 동일인이 아니었어도 출원의 이전, 영업의 양수 등을 통해서 주지상표의 사용자와 출원인이 동일해진다면 본 규정을 극복가능하다.

## 2. 수요자간에 현저하게 인식되었을 것

주지성의 정도는 당해 상품류에 관한 소비자 및 거래자 등 관계거래자의 압도적인 다수 부분에게 인식될 정도를 요한다. 이는 출원시를 기준으로 판단해야 한다(법7조2항). 본 호는 등록주의, 선원주의의 예외규정이며, 등록된 권리의 안정성을 고려해야 하기 때문이다.

이의 판단방법에 대해서 판례는 상표의 사용, 공급, 영업활동의 기간, 방법, 태양, 사용량 등 거래실정이나 사회통념을 고려하여 판단해야 한다고 하였다. 그리고 지역적 기준은 반드시 국내전지역에 알려져 있어야 하는 것을 요하지는 않으나 부정경쟁방지법상의 범위보다는 넓은 지역에서 주지해야 한다고 보고 있다. 상품의 특성상 판매지역이 특정지역에 국한되는 경우라면 그 특정지역에 한함이 타당할 것이다.

## 3. 상표가 동일 · 유사하고 상품이 동일 · 유사할 것

상표법은 사용사실상태를 실질적으로 보장하고 상품출처의 혼동을 방지하기 위하여 미등록 주지상표의 등록배제효력을 유사범위까지 인정하고 있다. 본 호는 상표법 제7조 제1항 제7호와 마찬가지로 일반적 출처혼동에 관한 것이므로 상표의 유사성을 판단하면 족하고, 개별적 · 구체적인 거래실정을 고려해야 하는 것은 아니다.

등록상표와 동일한 상표라 함은 사회통념상 거래사회에서 일치하는 것으로 인식되는 정도의 상표를 말하며, 유사한 상표라 함은 대비되는 상표가 동일한 것은 아니지만, 거래의 경험칙 또는 거래 실제에 비추어 동일 · 유사한 상품에 사용될 경우에 거래자 또는 일반 수요자들로 하여금 그 상품의 출처에 혼동을 일으킬 우려가 있는 경우를 말한다.

상품의 유사여부는 상품 자체의 속성인 품질, 형상, 용도와 생산부문, 판매부문, 수요자의 범위 등 거래의 실정 등을 종합적으로 고려하여 일반 거래사회의 통념에 따라 판단하여야 하지만, 심사단계에서는 주로 상품류 구분에 의하여 판단된다.

## BRAND MANAGEMENT 22절 수요자간에 현저하게 인식되어 있는 타인의 상품이나 영업과 혼동을 일으키게 할 염려가 있는 상표

수요자간에 현저하게 인식되어 있는 타인의 상품이나 영업과 혼동을 일으키게 할 염려가 있는 상표는 상표등록을 받을 수 없다. 즉, 상품의 동일 · 유사와 관계없이 상표만 동일 또는 유사하면 보호에 해당된다.

저명상표라 함은 당해 지정상품의 거래사회에서는 물론 그 이외의 상품이나 서비스업의 거래사회에서 그것이 누구의 상표인지 수요자에게 현저하게 인식된 상표를 말한다. 타인의 저명상표와 동일 또는 유사한 상표는 상품이 동일한 경우는 물론 상품이 다른 경우에도 상표등록을 받을 수 없다.

### 1. 수요자간에 현저하게 인식되었을 것(저명성)

저명성은 당해 상품에 관한 거래자 및 일반 수요자들뿐만 아니라 이종상품이나 이종영업에 걸친 일반수요자의 대부분에까지 알려질 것을 요한다. 즉, 인식주체의 범위나 인식의 정도가 주지상표보다 넓고 깊다고 할 수 있다.

이의 판단방법에 대해서 판례는 상표의 사용, 공급, 영업활동의 기간, 방법, 태양, 사용량 등 거래실정이나 사회통념을 고려하여 판단해야 한다고 하였다. 그리고 지역적 기준은 반드시 국내 전 지역에 알려져 있어야 하는 것을 요하지는 않으나 부정경쟁방지법상의 범위보다는 넓은 지역에서 주지해야 한다고 보고 있다. 상품의 특성상 판매

지역이 특정지역에 국한되는 경우라면 그 특정지역에 한함이 타당할 것이다.

상표심사실무는 저명한 상표에 대한 목록이 있어서 이에 해당하는 상표에 대해서만 본 규정의 저명상표로 보호받는다. 하지만 심판, 소송단계에서는 구체적인 증거자료에 따라 저명상표 여부를 판단하게 된다.

## 2. 타인의 상품이나 영업

타인이란 주지상표와 마찬가지로 특정출처로서의 인식을 말하지만, 저명상표주가 구체적으로 누구인지까지 밝혀질 필요는 없다는 점에서 익명의 존재로서의 추상적 출처를 의미한다.

타인의 범위는 상표 또는 서비스표의 주체는 물론 업무표장의 주체도 포함한다. 타인의 이러한 상품이나 서비스를 실제로 생산 또는 제공하느냐의 여부를 불문하지만, 사회통념상 생산·제공할 가능성이 희박하다고 판단되는 때에는 본 호를 적용하지 않는다.

또한 '타인'인지 여부는 상표등록출원시를 기준으로 하지 않도록 상표법 제7조 제2항 괄호에서 규정하고 있으므로 출원시에 동일인이 아니었어도 출원의 이전, 영업의 양수 등을 통해서 주지상표의 사용자와 출원인이 동일해진다면 본 규정을 극복가능하다.

## 3. 혼동을 일으키게 할 염려가 있을 것

혼동은 상품 또는 서비스 제공의 출처를 오인하는 것을 말한다. 타인의 상품이나 영업이라고 오인하는 경우만이 아니라(협의의 혼동개념), 그 타인과 경제적·조직적으로 관련이 있는 상품 또는 영업과 오인하는 경우(광의의 혼동개념)를 포함한다.

등록주의 하에서 부등록사유로서의 혼동은 출원상표와 저명상표의 상표품이 시장에서 함께 유통된다고 가정하여 거래계의 일반적인 경험칙에 비추어 판단하면 족하고(일반적·추상적 출처혼동), 구체적 출처혼동은 이의신청, 무효심판 등에 의해 그것이 명백히 드러난 경우에 한하여 적용하게 된다.

판례는 상표의 혼동여부 판단방법에 대해서는 구성의 모티브, 아이디어 등을 비교하여 타인의 저명상표가 연상되거나 관련성을 가진 것으로 인식되어 수요자간에 출처의 오인혼동을 일으킬 염려가 있는가에 따라 판단한다. 또한 상품의 혼동여부에 대해서는 타인의 신용에 편승하여 고객을 부당하게 유인할 정도의 경업관계 내지 양질감이 이전될 정도의 경제적 유연관계가 있는가에 따라 판단한다고 하고 있다.

따라서 혼동이 실재하여야 하는 것은 아니고, 혼동의 개연성이 있으면 족하다. 혼동을 미연에 방지하기 위함이다.

## 23절 상품의 품질을 오인하게 하거나 수요자를 기만할 염려가 있는 상표

「상품의 품질의 오인」이라 함은 상품 자체의 오인이나 품질 자체를 오인케 하는 경우를 포함하는데, 「상품 자체의 오인」이라 함은 상품 자체를 다른 상품으로 오인하는 것을 말한다. 「소주」나 「막걸리」에 「Beer」나 「동동주」라는 문자를 표시함으로써 일반 수요자가 그 상품을 맥주나 동동주로 오인할 우려가 있다면 그것은 상품 자체를 오인할 우려가 있는 상표에 해당된다. 「상품의 품질을 오인한다」함은 일반수요자가 그 상품의 품질을 오인하는 것을 말한다. 예컨대, 「A」상품에 「인삼」이라는 물질이 함유되어 있지 아니함에도 그 성분이나 재료가 함유된 것으로 오인할 우려가 있는 경우에는 상품의 품질을 오인하게 되는 것이다.

「수요자를 기만한다」함은 상표를 당해 상품에 사용하는 경우 수요자가 그 상품을 타인의 상품으로 오인하거나 타인과 특수관계에 있는 자의 상품으로 오인하여 상품출처의 혼동을 일으킴으로써 상품의 출처나 우열(優劣)의 부실관계를 믿게 함으로써 수요자를 기만 하는 것을 말한다. 이때 상품출처나 품질의 오인을 일으킬만한 타인의 상표가 존재하여야 하며 또 그 상표는 국내수요자에게 현저하게 인식되었음이 전제된다.

### 1. 상품의 품질을 오인하게 할 염려가 있는 상표

① 상품자체를 오인하게 하는 경우이다(예: 소금을 지정상품으로 하는 'SUGAR', 소시지를 지정상품으로 'SAMYANG Coffee Mate'). 상품의 오인이 있기 위한 요건으로 판례는 일정한 경제적 견련관계를 요구하는데 이는 재료, 용도, 외관, 제조방법, 판매계통 등이 공통되어 상품의 특성에 관하여 거래상 오인 발생이 일반적인 관계를 말한다. 다만, 특정 상품의 보통명칭이라도 그 상품과 전혀 무관한 상품을 지정상품으로 하는 것은 임의선택표장으로서 상표등록이 가능하다(예: 솜을 지정상품으로 하는 '밍크', 컴퓨터를 지정상품으로 하는 '애플').

② 상품의 품질을 오인하게 하는 경우이다. 지정상품이 현실로 가지는 품질과 상이한 품질로 오인될 염려가 있는 때에 품질오인이 있는 것으로 봄이 판례의 태도이다. 다만 판례는 상표법 제6조 제1항 제3호의 기술적 표장이 아니면 수요자에게 품질을 직감시킬 수 없어서 본규정의 품질오인을 일으킬 염려가 없다고 하였다(LINUX 사례).

따라서 본 규정의 적용이 있으려면 표장에서 품질을 수요자가 직감할 수 있어야 한다. 품질은 협의의 품질만이 아니라 효능, 용도, 산지 등 상품의 특성을 나타내는 광의의 개념으로 해석된다(예: 화장품을 지정상품으로 하는 '용삼/YONGSAM', 냄비를 지정상품으로 하는 'ANTI-10000℃', 위스키를 지정상품으로 하는 'Scotch'등). 다만, 품질의 우열은 포함되지 않는데, 등록주의 하에서는 그 판단이 곤란하기 때문이다.

③ 품질오인을 유발하는 표장이 상표의 요부인지를 불문하고 본 규정이 적용된다.

## 2. 수요자를 기만할 염려가 있는 상표

① 상품의 지리적 출처를 오인하게 할 염려가 있는 상표(예: 향수에 사용되는 Maid in Paris), 자연인이 법인명의의 상표를 출원하거나 일반수요자에게 공법상 특수법인으로 오인을 유발할 우려가 있는 경우와 같이 상표가 올바른 상품선택의 수단으로 기능하지 못하는 경우가 대표적이다.

② 상품의 출처를 혼동 시켜 수요자를 기만할 염려가 있다고 하기 위해서는, i) 인용상표나 그 사용상품이 반드시 주지·저명하여야 하는 것은 아니지만 적어도 국내의 일반거래에 있어서 수요자나 거래자에게 그 상표나 상품이라고 하면 특정인의 상표나 상품이라고 인식될 수 있을 정도로 알려져 있어야 하고, ii) 출원상표와 인용상표가 동일·유사해야 하며, iii) 출원상표의 지정상품과 인용상표의 사용상품과 동일·유사한 것이어야 함이 원칙이다.

③ 본 규정은 공익적 취지의 규정이어서 인용상표의 사용자가 악의(선사용 중인 상표사용자가 있음을 알고)로 자신의 상표를 주지시킨 경우에도 주지된 이후에 출원에 대해서 적용이 배제되지 않는다.

다만, 인용상표는 주지·저명의 정도는 아니지만 상당한 정도로 알려진 것이라는 점에서 iii)의 요건과 관련하여 판례는 "인용상표권자에 의하여 사용되는 것이라고 오인될 만한 특별한 사정이 있다고 보이는 경우"에는 상품이 동일·유사하지 않더라도 본 호가 적용될 수 있다고 한다.

이러한 입장은 구체적, 출처혼동의 개념을 도입하여 수요자를 효과적으로 보호할 수 있는 길을 모색한 것이기는 하지만, 동법 동조 동항 제9호의 규정을 사실상 사문화시키는 결과를 가져왔다.

## 24절 국내외에서 특정인의 출처표지로 인식된 상표와 동일 또는 유사한 상표로서 부당한 이익을 얻으려 하는 등 부정한 목적을 가지고 사용하는 상표

국내 또는 외국의 수요자간에 특정인의 상품을 표시하는 것이라고 인식되어 있는 상표와 동일 또는 유사한 상표를 부당한 이익을 얻으려 하거나 그 특정인에게 손해를 가하려는 등 부정한 목적으로 사용하는 경우에는 그 상표는 등록을 받을 수 없다.

「부정한 목적」이라 함은 타인의 신용에 무단히 편승하여 부정의 이익을 얻으려 하거나 수요자에게 널리 인식된 상표가 등록되지 않은 점을 악용하여 상표등록을 함으로써 타인의 상표등록을 저지하여 손해를 끼칠 의도가 있거나, 기타 타인의 명성을 부당하게 이용하거나 저해함으로써 상표권을 희석화(稀釋化)하려는 경우 등을 말한다.

### 1. 국내 또는 외국의 수요자

보호는 상표법 제7조 제1항 제9호 내지 제11호와 달리 국내의 수요자는 물론 외국의 수요자간에 특정인의 출처표지로 인식된 경우에도 적용된다. 국제적인 신용, 공정거래 질서의 유지를 위한 규정임을 알 수 있다. 외국에서만 주지, 저명한 경우에는 국내의 출원인이 그 상표의 존재를 알기 어려울 것이므로 부정한 목적이 인정되기 힘들 것인 바 국외의 수요자간에 특정인의 출처표지로 인식된 경우에도 적용하는 것이 부당한 것은 아니라 할 것이다.

### 2. 특정인의 상품을 표시하는 것이라고 인식

'특정인'이라 함은 구체적으로 누구인지까지 밝혀질 필요는 없다는 점에서 익명의 존재로서의 추상적 출처를 의미한다.

'상품을 표시하는 것'으로 인식되었을 것이 필요하다. 따라서 캐릭터의 명칭이나 영화제명 등으로 알려진 것에 불과하고, 상품식별표지로 인식되었다고 볼 수 없는 경우라면 본 호에 해당하지 아니한다.

개정법은 2007.7.1. 이후 출원에 대해서는 본 호의 적용을 강화하기 위해서 과거의 "현저하게" 인식되는 정도의 주지도를 요구하던 것에서 "현저하게"를 삭제하여 요구하는 주지성의 요구사항을 낮췄다.

### 3. 상표의 동일 · 유사

본 호는 국내 또는 외국의 주지상표와 동일 · 유사한 상표에 한하여 적용된다. 그러나 상품에 대해서는 아무런 제한이 없으므로 상표법 제7조 제1항 제9호 내지 제11호가 적용되기 어려운 경우에도 본 호의 규정이 적용될 여지가 있다.

### 4. 부정한 목적을 가지고 사용하는 상표일 것

본 호는 상품의 적용범위에 대해서 제한이 없는 대신 부정한 목적을 가지고 사용되는 경우에 한하여 적용된다.

거래상의 경쟁관계를 갖지 않는 자에 의한 출원이라도 그것이 신의칙에 반하는 것이라면 등록을 배제하기 위하여 「부정경쟁의 목적」대신에 「부정한 목적」이라는 표현을 사용한 것이다.

법문상의 "부당한 이익을 얻으려 하거나 특정인에게 손해를 가하려고 하는 것"은 부정한 목적의 예시이며, 부정한 목적에는 상표권자가 국내시장에 진입하는 것을 저지하거나 대리점계약 체결을 강제하기 위한 경우 또는 저명상표가 갖는 양질감이나 고객흡인력에 편승하여 이익을 얻고자 하는 경우도 이에 해당된다(판례의 태도).

또한 본 규정의 판단시점에 대해서 명문의 규정은 없으나 판례는 출원시에 없던 부정한 목적이 이후에 생긴다고 볼 수는 없다 하여 상표등록출원시를 기준으로 본 규정의 적용여부를 판단해야 한다 보고 있다.

부정한 목적 유무는 사용상표의 주지 · 저명성, 상표 간의 동일 · 유사 정도, 사용권 교섭 유무, 당사간의 관계, 상품간의 경제적 견련관계 등을 종합적으로 고려하여 판단해야 한다(판례).

## BRAND MANAGEMENT 25절 상품 또는 그 상품의 표장의 기능을 확보하는데 불가결한 입체적 형상만으로 되거나 색채 또는 색채의 조합만으로 된 상표

상품 또는 그 상품의 포장의 기능을 확보하는데 불가결한 입체적 형상만으로 되거나 색채 또는 색채의 조합만으로 된 상표는 등록을 받을 수 없다.

입체상표 중에는 상표로서의 식별력을 갖지 못하는 포장의 일반적인 형상 그대로인 경우와 상표로서의 식별력을 갖고 있다 하더라도 상품의 기능을 발휘하는데 없어서는 안 될 필연적인 형상이 있는바 이러한 상표를 특정인이 독점적으로 사용하는 것은 공익상 부적절하므로 이를 누구나 사용할 수 있도록 개방해야 할 필요성이 있으므로 그 등록을 배제토록 규정한 것이다.

색채만의 상표 중에는 상품의 사용에  필수불가결하거나 기능의 발휘에 없어서는 안 되는 필연적인 경우가 있는 바 이러한 상표를 특정인이 독점할 수 없게 등록을 배제토록 규정한 것이다.

본 호를 적용함에 있어서는 상품 또는 그 상품의 포장의 형상 등으로부터 발휘되는 '실용적 이점'으로 인하여 그 상품 등의 사용자에게 '월등한 경쟁상의 우위'를 제공한다거나 그러한 상품 또는 그 상품의 포장의 형상 등의 독점으로 인하여 '거래업계의 경쟁을 부당하게 저해' 하는지의 여부를 종합적으로 고려하여 판단하여야 한다. 즉, 모든 상품 또는 그 상품의 포장이 채용하는 형상은 대체로 상품 또는 그 상품의 포장이 가지는 일정한 본래 기능을 수행하고 있는 것이 일반적이나 이러한 상품 자체에서 비롯된 본래의 기능을 수행하는 동종의 상품일지라도 그 형상화나 디자인의 특성으로 인하여 상품 자체의 본래 기능을 넘어서 '경쟁상 우월한 기능(실용적 이점)'을 가져올 수 있다. 이 경우 본 호에서 규정하는 기능성 여부를 판단함에 있어서는 상품의 형상화나 디자인의 특성으로 인하여 상품 자체의 본래 기능을 넘어서 경쟁상 우월한 기능이 존재하는지의 여부를 판단하여야 하는 것이다. 따라서 결론적으로 상표법 제7조 제1항 제13호의 기능성을 판단함에 있어서는 상품 자체가 기능적인지의 여부가 아니라 상품의 형상이나 디자인이 기능적인지의 여부를 판단하는 것이라 할 수 있다.

입체적 형상의 경우 본 규정에 해당하는지에 대해 i) 광고, 선전 등으로 알려진 기능에 착안한 것인지, ii) 대체적 형상이 존재하는지, iii) 동등하거나 그 이하의 비용으로 대체적 형상을 생산 가능한 지에 따라 판단하도록 하고 있다.

색채의 경우는 i) 지정상품에 사용이 불가결  또는 일반적인 색채이고, ii) 미적효과가 제품의 마케팅 등에 도움을 주며, iii) 상품의 가격이나 품질 등에 영향을 미치는 색채인지에 따라 판단하도록 하고 있다.

본 규정에도 불구하고 착오로 등록되거나 다른 구성요소와 결합하여 본 규정을 극복하여 등록된 경우라도 상표법 제51조 제1항에서 당해 입체형상이나 색채에 대해서는 상표권의 효력을 제한하고 있다.

# BRAND MANAGEMENT 26절 세계무역기구(WTO) 회원국내의 포도주 및 증류주의 산지에 관한 지리적표시로서 구성되거나 동표시를 포함하는 상표로서 포도주·증류주 또는 이와 유사한 상품에 사용하고자 하는 상표

세계무역기구 가입국내의 포도주 및 증류주의 산지에 관한 지리적 표시로서 구성되거나 동 표시를 포함하는 상표로서 포도주·증류주 또는 이와 유사한 상품에 사용하고자 하는 상표는 등록을 받을 수 없다.

본 호는 WTO 가맹국내의 포도주 및 증류주의 산지에 관한 지리적표시를 포함하거나 동표시로 구성된 상표를 포도주 및 증류주 또는 이와 유사한 상품에 대하여 사용하고자 하는 경우에 상표등록을 받을 수 없도록 규정한 것이다.

본 규정은 동조항을 별도로 신설하지 않아도 포도주 및 증류주에 관한 지리적표시를 포도주·증류주 또는 유사한 상품에 사용하고자 하는 상표등록은 거절되나, WTO/TRIPs 규정의 보다 명백한 이행을 위하여 관련규정을 신설한 것이다.

## 1. 포도주 또는 증류주의 산지에 관한 지리적 표시로 구성되거나 동 표시를 포함하는 상표일 것

포도주 또는 증류주의 산지를 그 지역의 문자로 표시한 것뿐만 아니라 한글 기타 그의 번역 및 음역을 모두 포함한다.

포도주 또는 증류주의 산지에 관한 지리적 표시가 상표의 요부일 필요는 없고, 상표의 구성 중에 단순히 부기적으로 포함된 경우에도 적용된다.

상표의 구성 중에 당해 지리적 표시가 ~종류(kind), ~유형(type), ~양식(style), ~풍(imitation) 등과 같은 표현으로 수반된 경우도 이를 적용한다.

원산지의 표시가 제대로 되어 있다 하더라도(예: 캘리포니아주에서 생산하는 '보르도' 포도주에 미국산이라고 표기하는 경우) 본 호를 적용한다.

## 2. 포도주 · 증류주 및 이와 유사한 상품에 사용하는 경우일 것

포도주 또는 증류주와 비유사한 상품에 사용할 경우에는 현저한 지리적 명칭이 아니고, 수요자에게 품질오인 또는 출처혼동을 유발할 염려가 없다면 등록을 받을 수 있다.

'포도주 또는 증류주'의 범위는 주세법상의 주류의 범위를 참고하되 리큐르는 포함되지 아니하는 것으로 본다.

## 3. 예외적 등록가능성

지리적 표시의 정당한 사용자가 그 해당 상품을 지정상품으로 하여 지리적 표시 단체표장등록출원을 한 때에는 본 규정의 적용이 배제되어 등록 가능하다.

## 4. 상표등록 후 WTO 회원국에서 포도주의 지리적 표시가 된 경우라도 무효사유, 효력제한이 되지는 않는다.

**표 2-2 상표법 제7조 제1항 각호에 대한 정리**

| | 판단시점 (법7조2항, 3항) | 지정상품 고려여부 | 착오등록시 무효 심판 제척기간 | 예외적 등록사유 |
|---|---|---|---|---|
| 7조1항1호 | 등록여부결정시 | 고려 안함 | 없음 | 없음 |
| 7조1항2호 | 등록여부결정시 | 고려 안함 | 없음 | 없음 |
| 7조1항3호 | 등록여부결정시 | 고려 안함 | 없음 | 단체의 직접 출원 |
| 7조1항4호 | 등록여부결정시 | 고려 안함 | 없음 | 없음 |
| 7조1항5호 | 등록여부결정시 | 고려 안함 | 없음 | 없음 |
| 7조1항6호 | 상표등록출원시 | 고려 안함 | 등록일로부터 5년 | 해당타인의 승낙 시 |
| 7조1항7호 | 상표등록출원시 | 고려됨 | 등록일로부터 5년 | 없음 |
| 7조1항8호 | 상표등록출원시 | 고려됨 | 등록일로부터 5년 | 없음 |
| 7조1항9호 | 상표등록출원시 | 고려됨 | 등록일로부터 5년 | 없음 |
| 7조1항10호 | 상표등록출원시 | 고려됨 | 없음 | 없음 |
| 7조1항11호 | 등록여부결정시 | 고려됨 | 없음 | 없음 |
| 7조1항12호 | 상표등록출원시(判) | 고려됨 | 없음 | 없음 |
| 7조1항13호 | 등록여부결정시 | 고려됨 | 없음 | 없음 |

| 7조1항14호 | 등록여부결정시 | 고려됨 | 등록일로부터 5년 | 지리적표시단체 표장으로 출원시 |
|---|---|---|---|---|

상표법 제7조 제1항 제6호 내지 제9호 및 제8조 등은 상표등록일후 5년 내에 무효심판을 제기하도록 하고 있다. 이외의 동법 제6조 및 제7조의 규정은 고도의 공익적 요소를 담고 있기에 제척기간없는 무효사유로 삼고 있다(법76조1항).

## 연습 문제 객관식 문제

**01** BRAND

**상표등록을 받기 위한 요건 중 틀린 것은?**

① 자타상품식별력을 가지고 있어야 한다.
② 1상표 1출원의 원칙에 위반되지 않아야 한다.
③ 부등록사유에 해당하지 않아야 한다.
④ 지리적 표시 단체 표장은 단체의 소속원들이 공동으로 출원 가능하다.

BRAND MANAGEMENT | ④

**02** BRAND

**주지 · 저명상표에 대한 설명으로 틀린 것은?**

① 주지성을 인정하는데 반드시 상당한 시간동안 사용되어야 한다.
② 수요자 사이에 널리 인식되어 있는 상표를 의미한다.
③ 상품거래의 실정 및 사회통념상 객관적으로 널리 알려졌느냐의 여부가 기준이다.
④ 저명상표란 동일, 유사상품과 이종상품에 이르기까지 특정인의 상표로 일반 수요자에게 현저하게 인식되어 있는 상표를 의미한다.

BRAND MANAGEMENT | ①

**03** BRAND

**상표등록을 받기 위한 요건 중 틀린 것은?**

① 자타상품 식별력을 가지고 있어야 한다.
② 1상표 다출원의 원칙에 위반되지 않아야 한다.
③ 상표관련 국제조약에 위반되지 않아야 한다.
④ 부등록사유에 해당하지 않아야 한다.

BRAND MANAGEMENT | ②

**04** BRAND 상품의 보통명칭에 대한 예로서 틀린 것은?

① 굴비-영광
② 과자-호도과자
③ 자동차-Car
④ 스낵제품-Corn Chip

BRAND MANAGEMENT | ①

**05** BRAND 다음의 예는 무엇에 대한 설명인지 맞는 것을 선택하시오?

예 : 스낵제품-Corn Chip, 과자-호도과자, 자동차-Car

① 관용상표
② 효능표시
③ 보통명칭
④ 용도표시

BRAND MANAGEMENT | ③

**06** BRAND 상품의 보통명칭은 상표가 특정상품과 관련하여 그 상품의 명칭을 나타내는 상표를 말한다. 이에 대한 설명으로 옳지 않은 것은?

① 보통명칭이라 함은 일반적으로 그 상품을 취급하는 거래사회에서 그 명칭이 특정상품을 지칭하는 것으로 인식되고 사용되는 명칭을 말한다.
② 상표법은 이러한 보통명칭에 대하여는 그 등록을 배제하고 있으며 등록된 경우라 하더라도 그 효력이 제한될 뿐만 아니라 심판에 의하여 등록무효가 된다.
③ 이와 같이 당해 상품이 속하는 거래사회에서 그 상품을 지칭하는 것으로 자타상품의 식별력이 있는 것으로 인식되고 사용되는 명칭이다.
④ 사례로 스낵제품-Corn Chip, 과자-호도과자, 자동차-Car 등을 들 수 있다.

BRAND MANAGEMENT | ③

**07** BRAND 관용상표에 대한 예로서 틀린 것은?

① 과자류-깡　② 청주-정종
③ 직물-Tex　④ 넥타이-Silk

BRAND MANAGEMENT | ④

**08** BRAND 관용표장이라 함은 동종업자들 사이에서 특정종류의 상품에 대하여 관용적으로 사용되는 표장을 말한다. 이에 대한 설명으로 옳은 것은?

① 사례로 사과-대구, 모시-한산, 굴비-영광 등을 들 수 있다.
② 상품의 품질이나 효능을 표시하는 등 그 상품의 특성을 설명하거나 품질내용을 기술적으로 표시하고 있다.
③ 자타상품의 식별력을 상실한 것이기 때문에 상표등록이 배제될 뿐만 아니라 등록된 경우라 하더라도 그 효력이 제한되며 무효사유가 된다.
④ 이러한 표장은 누구나 그 사용을 희망하므로 이와 같은 표장은 이를 사회일반에 개방하여야 하지 이러한 표장의 사용을 어느 특정인에게 독점시키는 것은 바람직하지 못하다.

BRAND MANAGEMENT | ③

**09** BRAND 성질표시적 상표에 해당하지 않는 것은?

① 산지표시　② 품질표시
③ 명칭표시　④ 용도표시

BRAND MANAGEMENT | ③

**10** BRAND 성질표시적인 표장, 소위 기술표장이라 함은 상품의 품질이나 효능을 표시하는 등 그 상품의 특성을 설명하거나 품질내용을 기술적으로 표시하는 것을 말한다. 이에 대한 설명으로 옳은 것은?

① 상표법은 기술적 표장에 대하여는 상표등록을 불허하고 있을 뿐만 아니라 등록된 경우라 하더라도 그 상표권의 효력은 제한되며 상표등록의 무효사유가 된다.

② 기술적 표장은 상품의 품질이나 효력 등을 나타내는 표장으로서 자타 상품을 식별하는 기능이 포함되어 있다.

③ 이와 같은 표장은 이를 사회일반에 개방하여야 하지만 이러한 표장의 사용을 어느 특정인에게 독점시키는 경우도 있다.

④ 상표법은 상표의 기능적인 면과 공익적 이유 등에서 기술적 표장을 예시적으로 규정하여 이러한 표장에 대하여는 상표등록을 하고 있다.

BRAND MANAGEMENT | ①

**11** BRAND 다음의 예는 무엇에 대한 설명인지 맞는 것을 선택하시오?

예 : 사과-대구, 모시-한산, 굴비-영광

① 품질표시 ② 원재료표시

③ 산지표시 ④ 효능표시

BRAND MANAGEMENT | ③

**12** BRAND **상표가 적극적 요건으로서의 식별력을 가지고 있다하더라도 그 상표를 등록하여 독점배타적 성질의 상표권을 부여하는 경우, 공익상 또는 타인의 이익을 침해하는 경우 당해 상표의 등록을 배제하도록 하는 규정을 상표법 제7조에서 제한열거적으로 규정하고 있는 것에 해당하지 않는 것은?**

① 대한민국의 국기 · 국장, 파리협약동맹국, 세계무역기구 회원국 또는 상표법조약 체약국의 훈장 · 포장, 적십자 · 올림픽 등의 공공마크와 동일 또는 유사한 상표

② 국가 · 공공단체 또는 비영리 공익법인의 표장으로서 저명한 것과 동일 또는 유사한 상표

③ 상표권이 소멸한 날로부터 3년을 경과하지 아니한 타인의 등록상표와 동일 또는 유사한 상표

④ 주지상표와 동일 또는 유사한 상표

BRAND MANAGEMENT | ③

**13** BRAND **상표법에서 부등록사유에 해당하지 않는 것은?**

① 대한민국의 국기, 국장, 군기, 훈장, 포장, 기장

② 런던협약 동맹국 등의 훈장, 포장, 기장

③ 적십자 · 올림픽 또는 저명한 국제기관의 명칭이나 표장

④ 감독용이나 증명용 인장 또는 기호

BRAND MANAGEMENT | ②

**14** BRAND 상표법은 국가 · 인종 · 민족 · 공공단체 · 종교 또는 저명한 고인과의 관계를 허위로 표시하거나 이들을 비방 또는 모욕하거나 이들에 대하여 나쁜 평판을 받게 할 염려가 있는 상표는 상표법 제6조의 규정에 의한 식별력을 갖추고 있다고 하더라도 상표등록을 받을 수 없도록 규정하고 있다. 이에 해당하지 않는 것은?

① 국가 · 인종 · 민족 · 공공단체 · 종교
② 대한민국의 국가승인이 된 통치단체에 한하여 적용한다.
③ 저명한 고인으로 외국인을 포함한다.
④ 국내에 기항중인 외국의 상선명칭

BRAND MANAGEMENT | ②

**15** BRAND 국가 · 공공단체 또는 비영리 공익법인의 표장으로서 저명한 것과 동일 또는 유사한 상표는 상표법 제6조의 규정에 의하여 등록을 받을 수 없다. 여기에 대한 설명으로 부적절한 것은?

① 국가 · 공공단체 또는 이들의 기관과 공익법인의 경우
② 영리를 목적으로 하지 아니하는 업무 또는 공익사업의 경우
③ 주목적이 영리를 목적으로 하지 아니하는 업무일지라도 요금 또는 수수료의 부과 등 부수적으로 영리업무를 하면 제외한다.
④ '공공단체'란 지방자치단체, 공공조합, 공법상 영조물법인과 그 대표기관 및 산하기관을 포함한다.

BRAND MANAGEMENT | ③

**16** BRAND 상표 자체 또는 상표와 상품에 사용될 시 수요자에게 전달하는 의미가 공공의 질서 또는 선량한 풍속을 문란하게 할 염려가 있는 상표에 대한 설명으로 타당하지 않는 것은?

① 상표법은 상표 자체 또는 상표와 상품에 사용될 시 수요자에게 전달하는 의미가 공공의 질서 또는 선량한 풍속을 문란하게 할 염려가 있는 상표는 상표법 제8조의 규정에 의한 식별력을 갖추고 있다고 하더라도 상표등록을 받을 수 없도록 규정하고 있다.

② 자타상품의 식별력을 갖춘 상표라도 공익적인 견지에서 사회공공의 이익보호, 일반의 도덕관념의 유지, 국제적인 신의의 보호 등을 위하여 마련된 규정이다.

③ '공공의 질서'란 실정법상의 공법질서, 국제적인 신뢰 또는 일반 사회질서는 물론 공정하고 신용 있는 거래질서와 인간의 존엄과 가치, 평등권의 보장 등 자유민주주의 기본질서를 포함하는 개념이다.

④ '선량한 풍속'이란 전통적 가치 중 미풍양속 등 사회통념상 존중되고 있는 사회적 윤리 및 도덕질서는 물론 자유시민으로서 지켜야 할 공중도덕을 포함하는 개념이다.

BRAND MANAGEMENT | ①

**17** BRAND

**상표 자체 또는 상표와 상품에 사용될 시 수요자에게 전달하는 의미가 공공의 질서 또는 선량한 풍속을 문란하게 할 염려가 있는 상표에 대한 설명의 예로서 적당하지 않는 것은?**

① 국제간의 선린관계 또는 신뢰관계를 저해할 우려가 있는 상표

② 형사상 범죄에 해당하는 용어나 공중도덕감정을 저해하는 상표

③ 타인의 저명한 저작권을 침해하거나 오래된 고인의 성명 등을 도용한 상표

④ 타인의 창작성 있는 서체 · 도형 등의 상표를 동일 또는 극히 유사하게 모방한 상표

BRAND MANAGEMENT | ④

**18** BRAND

**상표법은 정부가 개최하거나 정부의 승인을 얻어 개최하는 박람회 또는 외국정부가 개최하거나 외국정부의 승인을 얻어 개최하는 박람회의 상패 · 상장 또는 포장과 동일 또는 유사한 표장이 있는 상표는 상표법 제6조의 규정에 의한 식별력을 갖추고 있다고 하더라도 상표등록을 받을 수 없도록 규정하고 있다. 여기에 대한 설명으로 부적절한 것은?**

① 상패 · 상장 또는 포장을 받은 자가 당해 박람회에서 수상한 상품에 관하여 상표의 일부로서 그 표장을 사용한 때에도 등록 불허.

② 정보 또는 외국정부가 개최하거나 그들의 승인을 얻어 개최되었을 것에 한정한다.

③ 전시회, 품평회, 경진대회 등 박람회를 개최하였을 때이다.

④ 주최자가 수여하는 일체의 상패, 상장, 포장이라 함은 공로패, 표창장, 감사장 등 용어를 불문한다.

BRAND MANAGEMENT | ①

**19** BRAND

**'박람회'란 전시회, 품평회, 경진대회 등 그 용어를 불문하고 넓게 해석하고 있다. 구체적인 설명으로 틀린 것은?**

① 정부가 개최하는 박람회

② 외국정부가 개최하는 박람회

③ 지방자치단체에서 개최하는 박람회

④ 정부의 승인을 얻어 개최하는 박람회

BRAND MANAGEMENT | ③

**20** BRAND **저명한 타인의 성명 · 명칭 또는 상호 · 초상 · 서명 · 인장 · 아호 · 예명 · 필명 또는 이들의 약칭을 포함하는 상표는 상표법 제6조의 규정에 의한 식별력을 갖추고 있다고 하더라도 상표등록을 받을 수 없도록 규정하고 있다. 여기에 대한 설명으로 부적절한 것은?**

① 저명성의 정도는 사회통념상 또는 지정상품과 관련한 거래사회에서 널리 인식될 수 있는 정도를 말한다.

② 판례에 따르면 주지상표의 주지성, 현저성보다는 훨씬 주지도가 높을 뿐만 아니라 나아가 오랜 전통과 명성을 지닌 경우일 것을 요구하고 있다.

③ '약칭'이란 그 약칭에 관한 그 타인의 결정여부를 불문하고 국내 일반 수요자 또는 관련 거래업계에서 그 타인으로 약칭되고 있으면 족하다.

④ 자기의 성명 또는 명칭과 저명한 타인의 성명 또는 명칭이 동일할 때에는 그 타인의 승낙을 요구하지 아니한다.

BRAND MANAGEMENT | ④

**21** BRAND **상표권이 소멸한 날로부터 몇 년을 경과하지 아니한 타인의 등록상표와 상표가 동일 또는 유사하고 그 지정상품이 동일 또는 유사한 상표는 등록을 받을 수 없는가?**

① 1년　　② 2년

③ 3년　　④ 4년

BRAND MANAGEMENT | ①

**22**
BRAND

**다음 중 상표의 등록요건으로 적당한 것은?**

① 식별력을 취득한 흔한 명칭의 상표
② 보통명칭의 상표
③ 관용상표
④ 성질표시의 상표

BRAND MANAGEMENT | ①

연습 문제
주관식 문제

**23** BRAND 당해 상품이 속하는 거래사회에서 그 상품을 지칭하는 것으로 인식되고 사용되는 명칭으로써 자타상품의 식별력이 없는 것이므로 상표법은 이러한 (        )에 대하여는 그 등록을 배제하고 있으며 등록된 경우라 하더라도 그 효력이 제한될 뿐만 아니라 심판에 의하여 등록무효가 된다.

BRAND MANAGEMENT | 보통명칭

**24** BRAND 동종업자들 사이에서 특정종류의 상품에 대하여 관용적으로 사용되는 표장을 말한다. 자타상품의 식별력을 상실한 것이기 때문에 상표등록이 배제될 뿐만 아니라 등록된 경우라 하더라도 그 효력이 제한되며 무효사유가 된다.

BRAND MANAGEMENT | 관용상표

**25** BRAND 당국내 또는 외국의 수요자간에 특정인의 상품을 표시하는 것이라고 인식되어 있는 상표와 동일 또는 유사한 상표를 부당한 이익을 얻으려 하거나 그 특정인에게 손해를 가하려는 등 (        )으로 사용하는 경우에는 그 상표는 등록을 받을 수 없다.

BRAND MANAGEMENT | 부정한 목적

**26** BRAND 흔히 있는 (        )을 보통으로 사용하는 방법으로 표시한 표장만으로 된 상표는 상표등록을 받지 못한다.

BRAND MANAGEMENT | 성 또는 명칭

제 3 장

# 상표등록출원

# 03 상표등록출원

## 1절 상표등록출원시 서면출원의 원칙

상표등록 출원은 서면에 의해서만 가능하며 구두에 의한 출원은 불가능하다. 상표등록 출원서에는 아래와 같은 사항을 기재하여야 한다(법9조1항).

① 출원인의 성명과 주소(법인의 경우에는 그 명칭 및 영업소의 소재지)
② 출원인의 대리인이 있는 경우에는 그 대리인의 성명 및 주소나 영업소
③ 출원하고자 하는 상표
④ 지정상품과 그 유구분
⑤ 우선권을 주장하는 경우에는 그 취지, 최초로 출원한 국명 및 출원의 년·월·일
⑥ 기타 상표법 시행규칙이 정한 사항

그 밖에 사용에 의한 식별력 취득을 원인으로 한 출원인 경우에는 그 식별력을 취득했다는 사실 및 이를 증명하는 서류와 증거물 각 1통을 제출하여야 하고, 단체표장 출원에는 단체의 정관을, 업무표장 출원의 경우에는 업무의 경영사실을 증명하는 서류를 각각 첨부하여야 한다.

지리적표시단체표장의 경우 정의규정 합치여부 증명을 위한 증명서류를 제출해야 한다. 지방자치단체장과의 협의서면은 필수제출서류이고 단체의 대표성입증서면은 정의규정 충족여부 심사에 참작할 수 있는 서류이다.

## 2절 양식주의

'양식주의'란 특허청에서 제출하는 모든 서류를 상표에 관한 법령에서 정하는 일정한 양식에 따라 기재하여 제출하는 것을 말하고, '비양식주의'란 특허청에서 제출하는 각종 신청서류가 일정한 양식이나 서식에 입각하여 작성하지 않아도 되는 주의를 말한다.

우리나라의 경우 특허청에 제출하는 출원 · 심판 · 청구 및 각종 등록관련서류 등은 모두 시행규칙 별지 서식 또는 상표법조약규칙에서 정하는 국제표준서식에 따라 기재하여 제출토록 요구하고 있으므로 양식주의를 채택하고 있다. 상표에 관한 법령에서 정하는 양식에 적합하지 않은 출원 등은 특허청장 또는 특허심판원장으로부터 보정명령을 받게 되며, 그 보정명령을 불이행할 경우 당해 절차가 무효될 수 있다(법5조 준용 특허법16조).

캐나다 등 일부국가에서는 특허청의 각종 양식은 권고에 불과하며 어떠한 형식이 되건 상표법에서 정하는 요건만 갖추면 출원서로서 인정하는 비양식주의를 채택하고 있다.

## 3절 국어주의

### 1. 원 칙

상표등록출원서 및 상표에 관한 절차행위에 필요한 서류는 '국어'로 작성하여야 한다. 따라서 국어로 기재하지 않은 상표등록출원서류 등은 수리되지 않는다.

### 2. 예 외

#### (1) 위임장 등

외국인이 우리나라에서 상표등록출원 등의 절차행위를 함에 있어서 일정서류에 대해서는 외국어로 기재된 서류를 제출할 수 있다. 즉, 위임장 · 국적증명서 · 우선권 주장에 관한 서류 등은 그 내용의 진위를 확인하기 위해서 외국어로 기재된 서류의 제출이 필요하다. 다만, 이 경우에도 당해 서류의 제출자는 그 서류제출시 국어로 번역한 번역문을 제출하여야 한다.

#### (2) 마드리드 의정서를 통한 국제출원의 경우

특허청을 본국관청으로 하여 마드리드 의정서를 통한 국제출원을 하는 자는 외국어(영어)로 국제출원을 할 수 있다. 또한 한국을 지정국으로 하여 마드리드 의정서를 통한 국제출원을 하고자 하는 자는 외국어(영어나 불어)로 국제출원을 할 수 있다.

## 4절 선원주의

등록주의 아래에서는 같은 내용의 여러 개의 상표등록출원이 경합하는 경우 어느 상표를 우선하여 등록하여 줄 것인가가 언제나 문제가 된다. 우리 상표법은 이에 대하여 출원일 즉 상표등록신청일의 선후로서 이를 결정하는 이른바 선원주의를 채택하고 있다. 즉 상표법은 동일 유사한 상품에 사용할 동일 또는 유사한 상표에 관하여 다른 날에 2 이상의 상표등록출원이 있는 때에는 먼저 출원한 자만이 그 상표에 관하여 상표등록을 받을 수 있다고 규정하고 있는 것이다.

상표법상 선원주의라 함은 상표 및 지정상품이 동일 또는 유사한 상표등록출원이 경합하는 경우 먼저 출원한 자에 대하여 상표등록을 허여하는 주의를 말한다.

상표 및 지정상품이 동일 또는 유사한 2이상의 상표등록출원이 경합하는 경우 그 중 어느 것을 우선적으로 보호하여 줄 것인가에 대하여 선원주의와 선사용주의가 있는데 우리나라는 선원주의를 취하고 있다.

한편, 같은 날에 동일 또는 유사한 상표등록출원이 있는 때에는 출원의 선·후를 따지지 아니하고 출원인의 협의 또는 추첨에 의하여 그 중 하나의 출원인만이 상표등록을 받을 수 있다.

우리나라는 동일 또는 유사한 상표등록출원이 경합하는 경우에 최선출원자에 대하여 상표등록을 허여하는 선원주의를 채택하고 있는데 이는 선원주의가 선사용주의에 비하여 권리관계가 명확할 뿐만 아니라 실무적으로도 선·후출원여부만 확인하고 상표사용사실여부는 확인할 필요가 없는 등 심사가 보다 간편하고 신속하게 행해질 수 있다는 점 때문이다

### 1. 선원주의와 선사용주의

#### (1) 장 점

선원주의는 최선의 출원인을 우선적으로 보호하여 상표등록을 인정하기 때문에 상표의 선사용 여부를 가릴 필요가 없으며 선·후출원의 판단도 출원사실에 기초하여 판단하기 때문에 실무상으로 보다 간편하고 명확성을 기할 수 있다.

선사용주의는 최선의 상표사용자에 대하여 권리를 인정하므로 진정한 최선의 상표사용자를 보호하기에는 적합하다 하겠다.

### (2) 단 점

선원주의는 상표사용사실의 유무에 불구하고, 권리를 설정하여 주기 때문에 사용하지 않거나 불필요한 상표권을 발생시켜 타인의 상표선택의 범위를 제한하는 결과를 초래하게 되어 진정한 상표사용자의 권리를 해치게 되며 또한, 상표브로커를 등장시키는 하나의 요인으로 작용한다.

상표의 선사용 여부의 판단은 사실적 판단으로서 선사용 사실여부의 판단에 어려움이 있고 또 권리설정을 지체시킬 뿐만 아니라 상표등록을 뒤로 미룸으로써 권리의 안정성이 약하고 선출원에 의한 상표권자와의 권리분쟁을 야기할 우려가 있다.

**표 3-1** 선원주의와 선사용주의의 장 · 단점

| | 장 점 | 단 점 |
|---|---|---|
| 선원주의 | 권리관계의 명확성<br>판단의 간편성 | 불필요한 상표권 발생 우려<br>진정한 상표사용자의 권리 침해우려 |
| 선사용주의 | 진정한 권리자의 보호 | 권리의 불안정성<br>권리분쟁 야기할 우려 |

### (3) 兩主義의 조화

선원주의와 선사용주의는 다같이 장 · 단점이 있어 어느 제도를 채택할 것인가는 입법정책상의 문제라 하겠으나 오늘날 상표제도를 채택하고 있는 대부분의 국가는 양제도를 조화시켜 상호보완적으로 활용하고 있으며 우리나라도 선원주의를 채택하면서도 사용주의적 요소(등록배제효: 법7조1항9호 내지 12호, 사용금지효의 배제: 법57조의3 선사용권)를 가미하고 있다.

## 2. 선 · 후원 판단의 기준

### (1) 시기적 기준

#### 1) 「日」 기준

상표등록출원에 관한 선 · 후출원의 판단은 日을 기준으로 하여 판단한다. 따라서 같은 날에 2이상의 출원이 경합관계에 있는 경우에는 선 · 후출원여부를 따지지 않는다.

#### 2) 다른 날의 출원

동일 또는 유사한 상표가 날짜를 달리하여 출원한 경우에는 선출원자가 상표등록을 받을 수 있다.

#### 3) 같은 날의 출원

① 협 의

동일 또는 유사한 상품에 사용할 동일 또는 유사한 상표의 출원이 같은 날에 이루어진 경우에는 선·후원 관계를 따지지 아니하고 출원인의 협의에 의하여 그 중 1인의 출원에 대하여만 상표등록이 허여된다.

② 추 첨

특허청장의 협의지시에도 불구하고 협의가 성립되지 아니하거나 협의를 할 수 없을 때에는 특허청장이 실시하는 추첨에 의하여 상표등록을 받을 수 있는 자를 결정한다. 이 때 다른 경합관계에 있는 출원에 대하여는 상표법 제8조 제2항을 이유로 거절된다.

### (2) 주체적 기준

상표법상 선원주의는 타인간의 출원에만 적용되고 동일인의 경우에는 적용되지 않는 것으로 해석한다.

### (3) 실체적 기준

상표와 그 지정상품의 동일·유사여부는 상표등록출원서에 첨부된 상표와 그 출원서에 기재된 지정상품을 기준으로 하여 판단하는데 본조가 적용되기 위해서는 상표가 동일 또는 유사하고 지정상품이 동일 또는 유사하여야 한다. 따라서 상표가 동일 또는 유사하더라도 그 상표를 사용할 지정상품이 다른 경우에는 선원주의는 적용되지 아니한다.

## BRAND MANAGEMENT 5절 1상표 1출원주의 원칙

상표등록출원은 지식경제부령이 정하는 상품류 구분 내에서 상표를 사용할 1 또는 2개 이상의 상품을 지정하여 상표마다 출원하여야 하는데 이를 1상표 1출원주의원칙이라고 하며, 하나의 출원서로 동시에 2이상의 상표를 출원하는 것이 허용되지 않는다는 의미이다(법10조1항).

1상표 1출원주의 원칙은 신규 상표등록출원, 지정상품의 추가등록출원, 상표권의 존속기간갱신등록출원에 적용되는 기본 원칙이다.

'97 개정상표법에 따라 '98. 3. 1.부터 '1상표 1류 1출원주의' 제도를 폐지하고 '1상표 다류 1출원주의'를 채택함에 따라 상표마다 출원하되 상표와 서비스업을 동시에 지정하여 출원할 수도 있게 되었다.

## 6절 상표를 사용할 상품의 지정

상표등록출원을 할 때에는 보호받고자 하는 상표와 아울러 산업자원부령에서 정하는 상품류 구분 내에서 그 상표를 사용할 상품을 1개류 또는 다류의 상품을 지정할 수 있다.

상표법 시행규칙 별표에서는 제1류부터 제34류까지의 34개류의 상품류 구분과 제35류부터 제42류까지 8개류의 서비스업류 구분이 명시되어 있다.

우리나라의 경우 '98. 3. 1. 이전에는 우리나라의 고유한 상품류 구분을 채택 · 사용하였으나, '98. 3. 1. 이후에는 표장의 등록을 위한 상품 및 서비스업에 관한 국제분류인 니스협정에 의한 국제상품분류를 채택 · 사용하고 있다.

'07년 개정법에서는 협의의 포괄명칭으로 기재하는 것도 인정하고 있다. 협의의 포괄명칭이란 동일 상품류 구분 내 동일한 유사군코드에 속하는 여러 상품을 포괄하는 명칭을 말한다.

## 7절 지정상품추가등록출원

상표권자 또는 상표등록출원인은 출원 또는 등록 후의 사정변화에 따라 지정상품의 범위를 확대할 필요가 있는 경우 등록상표 또는 상표등록출원의 지정상품에 상품을 추가하는 지정상품의 추가등록을 받음으로써 상표권의 권리범위를 확장하여 상표권자의 이익을 보호받을 수 있다.

상표등록출원인은 상표등록출원시에 1 또는 2개 이상의 상품을 일시에 지정할 수 있으나, 상표등록출원 후 또는 상표등록 후에 지정상품을 추가할 필요가 있을 경우 별도로 지정상품의 추가등록출원서를 제출하여 지정상품을 추가할 수 있도록 하기 위한 제도이다.

지정상품추가등록에 의하여 발생하는 상표권은 원상표권에 합체된다. 다만, 지정상품추가등록출원의 경우에도 통상의 상표등록출원과 마찬가지로 등록요건에 관한 별도의 심사를 받게 된다.[1]

1) '98. 3. 1부터 다류 1출원 제도를 시행하면서 추가등록대상을 동일 상품류 구분내에 한정하던 것을 폐지하였으며 아울러 상품마다 분할하여 출원 및 등록이 가능하도록 개정하였다.

**표 3-2** 지정상품추가등록 출원의 장·단점

| | 장 점 | 단 점 |
|---|---|---|
| 지정상품 추가등록 출원 | –효율적이 상표관리 가능<br>–갱신전환을 1건으로 할 수 있음<br>–불사용 취소심판에서 사용 의제 혜택 받을 수 있음 | –존속기간 측면에서 불리함<br>–유사상품동시이전의 제한 받음<br>–부정사용에 따른 상표취소시 상표권 전체가 취소될 우려 있음 |

♣ 상표권의 존속기간갱신등록출원

상표권의 존속기간은 설정등록일로부터 몇 번이고 계속하여 갱신할 수 있으므로 상표권은 반영구적인 권리이다. 왜냐하면 새로운 기술의 발전과 유행의 변화에 따라 시간이 지날수록 그 가치가 감소하는 특허·실용신안·디자인과는 달리 상표는 장기간 사용할수록 그 상표에 대한 영업상의 신용의 축적과 고객흡인력으로 인하여 기업의 이윤획득이 증가하고 또한 상품식별표시로서의 기능과 품질보증 등의 기능이 강화되기 때문이다. 그러므로 존속기간을 연장할 수 있도록 상표권존속기간갱신등록제도가 필요하다. 다만, 갱신등록을 전부 허용하는 것은 아니고 갱신등록요건에 해당하는 등록된 상표로서 상표권자의 갱신등록출원에 의하여 갱신되고 있다.

상표권의 존속기간을 갱신하고자 할 경우에는 상표권의 존속기간 만료 전 1년 이내에 상표권 존속기간갱신등록출원을 하여야 하며, 존속기간이 만료된 후라도 6개월이 경과하기 이전에는 상표권의 존속기간갱신 등록출원을 할 수 있으나 일정액의 과태료를 납부하여야 한다.

# 8절 상표등록출원절차

## 1. 권리적격 및 절차 능력

상표등록을 받을 수 있는 자는 권리능력[2]을 가져야 하며, 권리적격을 갖추어야 한다.

권리적격과 관련해서 상표법에서는 '국내에서 상표를 사용하는 자 또는 사용하고자 하는 자'는 자기의 상표를 등록받을 수 있도록 규정하고 있다. 다만, 특허청 직원 및 특허심판원 직원은 상속 또는 유증의 경우를 제외하고는 재직 중 상표를 등록받을 수 없도록 제한하고 있다(법3조).

민법규정에 의하여 행위능력을 가진 자는 특허청에 관한 절차를 밟을 수 있다. 다만, 재외자(국적여부와는 무관하게 국내에 주소 또는 영업소가 없는 자)는 국내에 체재하는

2) 권리능력에 대해서는 민법상의 규정이 상표법에 적용된다. 다만, 외국인의 권리능력에 대해서는 별도의 규정을 두고 있다(법5조 준용 특허법25조). 외국인의 경우 국내에 주소나 영업소를 두고 있는 자는 문제되지 않으나, 이에 해당하지 않는 경우에는 원칙적으로 권리능력을 인정하지 않되, 조약 및 상호주의에 입각하여 예외적으로 재외자에 대하여 권리를 인정하여 주고 있다.

경우를 제외하고는 그 재외자의 상표에 관한 대리인으로서 국내에 주소 또는 영업소를 가지는 자에 의하지 아니하면 상표에 관한 절차를 밟을 수 없다.

## 2. 출원인(대리인)등록 및 전자문서 이용신고

특허 등의 절차를 밟고자 하는 자 및 법인은 먼저 특허청에 출원인(대리인)코드부여 신청(인장 등록)을 하여 자신의 고유번호를 부여받아야 하며, 향후 특허청에 대한 절차 수행 시 모든 출원서 및 중간서류의 출원인(대리인) 기재란에 반드시 코드를 기재하고 등록된 인장을 사용하여야 한다.

전자문서(온라인 또는 FD)로 출원하고자 할 경우에는 먼저 전자문서 이용신청서를 제출하여 등록을 하고, 전자문서 작성용 소프트웨어를 지급 받아 전자서명 및 암호화를 하여야 한다. 다만, 서면출원은 별도의 전자문서이용신고 없이도 가능하다.

## 3. 출원방법

### (1) 전자출원

전자출원은 온라인으로 출원하는 방법과 FD로 출원하는 방법이 있다. 온라인 출원의 경우 특허청에서 지급 받은 전자문서 작성용 소프트웨어를 이용하여 작성된 출원서 및 중간서류 등을 온라인으로 전송한 후 접수번호(출원번호)를 확인하면 절차 종료되며, FD출원의 경우 전자문서 작성용 소프트웨어를 이용하여 작성된 출원서 및 중간서류 등을 FD에 수록하여 특허청에 제출하여 접수증 교부받으면 된다. 전자출원은 일요일과 공휴일(9시부터 21시까지)을 제외하고 24시간 접수가 가능하다.

### (2) 서면출원

서면출원의 경우 소정의 양식에 의해 출원서 등을 작성한 후 특허청에 직접 또는 우편으로 제출한다. 출원서 등은 특허청에 도달된 날부터 그 효력이 발생한다. 다만, 우편으로 발송하는 경우에는 우편물의 통신일부인(通信日附印)에서 표시된 날이 분명한 경우에는 그 표시된 날, 그 표시된 날이 불분명한 경우에는 우체국에 제출한 날을 우편물의 수령증에 의하여 증명한 날에 특허청에 도달한 것으로 본다.

# 9절 출원의 보정

상표등록출원의 보정이란 출원의 절차상 또는 내용상의 흠결을 특허청장 또는 심판원장의 명령에 의하여, 또는 출원인이 자진하여 보정할 수 있도록 하는 제도를 말한다.

상표법이 이와 같이 출원의 보정제도를 둔 취지는 우리 상표법이 선원주의를 취하는 결과 통상 출원을 서두르게 되어 출원인이 당초 출원의 의도와는 달리 형식적 요건이 흠결되거나 출원내용이 불비한 상태에서 출원을 하는 경우가 많아 이에 따른 출원인의 불이익을 줄이고 재출원으로 인한 비용의 증가나 절차의 번잡을 줄이고자 한 것이다.

## 1. 출원공고 결정전의 보정(법14조)

출원인은 최초 상표등록출원의 요지를 변경하지 아니하는 범위 안에서 결정의 통지서가 송달되기 전에 출원상표 및 그 지정상품을 보정할 수 있는데, 요지가 변경되지 않는 범위의 보정이란 다음과 같은 경우를 말한다(법16조1항각호).

### (1) 지정상품의 범위의 감축

「지정상품의 범위의 감축」이라 함은 지정상품의 일부를 삭제하거나 포괄적으로 기재된 상품명을 구체적인 상품명으로 기재하거나 세분화하는 것을 말하며, 이때 지정상품의 수는 문제되지 않는다. 그러므로 경우에 따라서는 지정상품의 수가 증가하게 된다.

### (2) 오기의 정정

「오기의 정정」이라 함은 상품명의 기재가 오기임이 객관적으로 명백한 경우에 이를 바른 상품명으로 정정하는 것을 말한다. 예컨대 「항생복」을 「학생복」으로 「찻잔」을 「찻잔」으로 바로 잡는 등의 경우이다.

### (3) 불명료한 기재를 명확하게 하는 것

「불명료한 기재의 석명」이라 함은 지정상품명이 모호하게 기재된 경우 이를 명확히 하거나 이를 명확히 하기 위하여 지정상품명에 한자 또는 영자를 부기하는 등 불명료 또는 오해를 해소할 수 있는 최소한도의 설명을 의미한다.

또한 상표등록출원서에 기재된 지정상품과 상품류구분이 일치하지 아니한때(지정상품은 제30류에 속하는 상품이나 상품류 구분표시를 제33류로 잘못 표기한 경우 등) 그 상품류 구분을 바르게 보정할 수 있으며 이러한 보정은 요지변경으로 되지 아니한다.

### (4) 상표의 부기적인 부분의 삭제

상표는 상표의 부기적인 부분의 삭제에 한하여 보정할 수 있으며(법16조) 상표의 구성으로 볼 때 비록 그것이 부기적 부분이라 하더라도 이의 추가는 인정되지 아니한다.

「상표의 부기적 부분」이라 함은 상표의 구성 중 부기적인 사항으로서 이를 삭제하더라도 최고출원상표의 외관·칭호·관념 등에 중요한 영향이 없는 부분을 말하며, 상표 중 「KS」, 「JIS」, 「특허」, 「실용신안」, 「디자인」 등의 문자 혹은 기호 또는 상품의 품질·산지·판매지 등을 표시하는 문자가 있는 경우 이를 삭제하는 것을 말한다. 이러한 부분을 삭제하는 것은 원칙적으로 요지변경으로 보지 아니하나 다만, 이러한 표시가 상표의 구성전체에서 볼 때 크게 표기되어 있어 수요자에게 인상 깊게 느껴질 때에는 부기적 부분이라 할 수 없으므로 이 부분의 삭제는 요지변경이 된다.

색채도 상표구성에 있어서 주요한 하나의 구성요소이므로 당초에 색채가 채색되지 않았던 상표에 새로이 색체를 결합하거나 다른 색채로 변경하는 것은 인정되지 않는다. 그러나 기존의 색채를 명료하게 하는 등의 경우는 가능하다 할 것이다.

## 2. 출원공고 결정 후의 보정(법15조)

출원인은 출원공고 결정등본의 송달 후에라도 ① 거절이유의 통지를 받거나, ② 상표등록이의신청이 있는 때, ③ 거절결정에 대한 심판을 청구한 때에는 거절이유나 이의신청이유 또는 결정의 이유에 나타난 사항에 관하여 지정상품 및 상표를 보정할 수 있으며, 다음의 기간 내이어야 한다(법15조 각호).

(1) 거절이유의 통지를 받았을 때는 심사관이 지정한 의견서 제출기간내

(2) 상표등록이의신청이 있었을 때에는 심사관이 지정한 답변서 제출기간내

(3) 거절결정에 대한 심판을 청구한 때에는 심판의 청구일로부터 30일내

## 3. 수정정관제출(법17조의2)

단체표장출원인은 제출된 정관의 수정이 필요한 때에는 보정가능기간 내에 수정된

정관을 제출할 수 있다. 이때 제출하는 정관은 수정하는 부분만을 제출하는 것이 아니라 정관전체의 제출이다.

## 4. 보정의 효과

### (1) 적법한 보정

지정상품 또는 상표에 관한 보정이 적법한 것으로 인정되면 그 보정된 내용은 최초의 상표등록출원시에 제출된 것으로 된다.

### (2) 부적법한 보정

#### 1) 보정시기가 경과한 후의 보정

보정의 기간이 지나서 제출된 출원에 관한 보정서는 불수리의 대상이 된다(시규2조).

#### 2) 요지변경인 경우

지정상품이나 상표에 관하여 보정한 것이 요지변경인 경우에는 보정의 시기(출원공고결정등본송달전 · 후)에 관계없이 그 보정은 보정각하의 대상이 된다(법17조1항, 4항).

상표법상 출원의 요지변경이라 함은 상표등록출원서에 기재된 지정상품이나 상표를 보정한 것이 법에서 허용한 보정의 범위를 벗어나서 보정한 경우를 말한다. 이는 최초출원 된 내용과 보정 후 내용이 동일성을 인정할 수 없을 정도로 현저하게 변경된 경우이다.

상표법은 상표등록출원의 요지를 벗어난 지정상품 또는 상표의 보정은 이를 인정치 아니하고 각하토록 규정하고 있는 바 이와 같이 상표등록출원의 요지변경을 인정치 않는 것은 선원주의에 충실하고자 함에 연유한 것이다.

상표등록출원의 지정상품 또는 상표에 관한 보정이 요지변경인지 여부에 대한 판단은 심사절차에서는 물론 심판절차에서도 판단하게 된다.

### (3) 요지변경이 상표등록후에 인정된 경우

지정상품이나 상표에 관하여 보정한 것이 요지변경임에도 심사관의 착오나 간과 등으로 상표등록이 된 후 요지변경인 것으로 인정이 된 때, 그 보정이 출원공고결정등본송달전에 한 경우에는 그 등록상표출원의 출원인은 보정일로 늦춰지며(법16조2항), 출원공고결정등본송달후에 한 보정인 경우에는 그 보정은 없었던 것으로 된다(법16조3항).

**표 3-3** 출원의 보정에 대한 정리

| | 법 제14조의 보정<br>(출원공고결정등본 송달전의 보정) | 법 제15조의 보정<br>(출원공고결정등본 송달후의 보정) |
|---|---|---|
| 시기 | ◦ 등록여부결정서 송달 전<br>◦ 거절결정불복심판 청구일로부터 30일 이내 또는 당해 심판철차에서 의견서 제출기간 내 | ◦ 거절이유통지에 대한 의견서 제출기간 내<br>◦ 이의신청에 대한 답변서 제출기간 내<br>◦ 거절결정불복심판 청구일로부터 30일내 |
| 보정범위 | ◦ 요지변경이 아닌 범위 내 | ◦ 요지변경이 아닌 범위 내<br>◦ 거절이유, 이의신청이유, 거절결정이유에 나타난 사항 |
| 위반시 효과 | ◦ 시기위반: 반려<br>◦ 범위위반: 보정각하결정(법17조1항) | ◦ 시기위반: 반려<br>◦ 범위위반: 보정각하결정(법17조4항) |
| 설정등록 후 요지변경 발견시 | ◦ 보정서제출일에 출원한 것으로 간주(법16조2항) | ◦ 보정하지 않았던 출원에 관하여 설정등록된 것으로 간주(법16조3항) |

## 10절 출원의 분할

2개 이상의 상품을 지정상품으로 하여 상표등록출원을 하였을 경우에는 2이상의 상표등록출원으로 분할하여 출원할 수 있는 제도를 출원의 분할이라고 한다. 즉, 출원의 분할은 지정상품의 분할을 뜻하며, 결합상표라고 하더라도 상표 자체의 분할을 의미하지는 않는다.

출원의 분할은 일부 지정상품에 대하여 거절이유가 있는 경우 거절이유가 없는 상품에 대하여 출원일을 인정받아 먼저 등록을 받을 수 있는 실익이 있으며, 재출원으로 인한 번잡을 방지하는 등 출원인의 편의를 도모하기 위한 제도이다. 출원의 분할에 의하여 분할된 상표등록출원을 "분할출원"이라 한다.

### 1. 분할출원의 요건

#### (1) 원출원의 계속성

출원분할이 가능하기 위해서는 원출원이 무효 · 취하 · 포기 · 결정의 확정 등으로 절차가 종료되지 않았어야 한다. 즉 원출원이 유효하게 계속 중이어야 하는 것이다. 출원의 분할은 원출원의 실체보정을 할 수 있는 기간 내에 할 수 있다.

### (2) 주체의 동일성

출원의 분할을 할 수 있는 자는 원출원인이거나 그의 정당한 승계인이면 가능하며 보존행위적인 성격이 강하므로 공동출원인 중 1인 또는 특별수권 없는 위임대리인도 분할이 가능하다. 또한 출원의 분할도 출원보정의 일종이므로 보정이 가능한 기간 내에 분할하여야 한다.

### (3) 원출원 범위 내에서의 분할

분할은 원출원의 지정상품 범위 내에서의 분할이어야 하며 새로운 지정상품을 추가하여 분할하는 것은 허용되지 않는다. 왜냐하면 분할출원은 원출원시에 소급하여 선원의 지위가 인정되므로 제3자가 손해를 입을 염려가 있기 때문이다. 동일한 상품류 구분에 속하는 상품간에도 지정상품별 분할이 가능하며, 분할이전과 달리 유사한 상품간의 분할도 가능하다.[3)]

## 2. 분할출원의 절차

분할출원을 하고자 하는 자는 별도의 상표등록분할출원서에 그 취지를 기재하고 새로이 출원하여야 하며, 분할출원을 하는 경우에는 원출원에 대하여도 분할하고자 하는 상품을 삭제하는 보정서를 제출하여야 한다.

분할에 의한 새로운 상표등록출원은 독립된 하나의 별개의 상표등록출원이므로 위임장 등을 첨부서류를 별도로 제출하여야 하나 원출원에 첨부한 서류를 원용할 수 있다.[4)] 원출원과는 별도로 심사절차가 진행됨은 물론이고 원출원에 대한 심사결과 등은 분할출원에 영향을 미치지 아니한다. 따라서 등록 후에도 각각 별거의 상표권이 된다. 따라서 원출원에서 행한 조약우선권 출원절차 등도 새로이 행해야 하는 것이다.

## 3. 분할출원의 효과

분할출원이 적법한 것으로 인정이 되면 분할출원의 출원일은 당초 상표등록출원한 때 출원한 것으로 보아 출원일이 원출원일까지 소급되며, 우선권주장이 있는 출원인 경우에는 분할출원에 대한 법 제8조의 적용은 제1국 출원일까지 소급한다. 다만, 조약우선권과 박람회에 출품한 상품에 사용한 상표에 대한 선원주의의 예외를 인정받기

3) 참고로, 97년 상표법 이전에는 지정상품이 2이상의 상품류 구분에 속하는 경우에 한하여 각 지정상품이 속하는 상품류 구분별로의 분할만을 인정하였다.

4) 2005년 7월 1일 시행 개정 상표법 시행규칙은 행정 간소화 차원에서 분할출원서에는 상표견본을 첨부하지 않아도 되는 것으로 규정하였다(규칙11조1항).

위하여 출원시에 기재하여야 하는 사항과 관련서류의 제출은 원출원을 기준으로 하지 않는다. 이는 그 출원일을 당초의 상표등록출원일까지 소급시킴으로써 생기는 불합리한 점을 없애기 위함이다.

부적법한 분할출원인 경우에는 출원일이 소급되지 아니하고 분할출원일이 실제 상표등록출원일이 된다.

### 4. 관련문제

#### (1) 상표권의 분할

상표권의 지정상품이 2이상인 경우에는 그 상표권을 지정상품별로 분할할 수 있으며, 상표권이 소멸한 후에 등록상표 또는 지정상품추가등록에 대한 무효심판이 청구된 경우에는 심결이 확정되기 전까지는 상표권이 소멸된 후에도 상표권을 분할할 수 있다(법54조의 2).[5)]

#### (2) 존속기간갱신등록출원의 분할

등록상표의 지정상품이 2 이상의 상품으로 되어 있는 경우에는 분할하여 상표권의 존속기간갱신등록출원을 할 수 있으며, 상표권의 존속기간갱신등록출원이 2 이상의 상품을 지정상품으로 하여 출원된 경우에는 보정을 할 수 있는 기간내에 2 이상의 상표권의 존속기간갱신등록출원으로 분할할 수 있다. 이 경우 상품분류전환등록신청은 분할하여 신청하거나 이미 접수된 상품분류전환신청을 분할하여야 한다.

## BRAND MANAGEMENT 11절 출원의 변경

출원의 변경이라 함은 출원의 주체 및 내용의 동일성을 유지하면서 출원의 형식만을 변경하는 제도를 말한다. 출원인이 출원형식을 잘못 선택한 경우 선출원의 지위를 계속 유지하면서 이를 정정할 수 있도록 하여, 출원인의 이익을 보호하고 재출원으로 인한 절차의 중복을 피하기 위함이다. 출원의 변경에 의하여 변경된 출원을 '변경출원'이라 한다.

5) 상표권의 분할은 법률 제5355호(1997. 8. 22)에서 새로이 인정하게 되었다.

## 1. 변경출원의 요건

### (1) 최초출원의 계속성

변경출원시 최초출원은 특허청에 유효한 출원으로 계속되고 있어야 한다. 최초출원의 등록여부결정 또는 심결이 확정되기 전까지 출원의 변경을 할 수 있다.

### (2) 주체의 동일성

변경출원인은 최초출원의 출원인과 동일인이거나 정당한 승계인이어야 한다. 변경출원의 경우 최초출원의 취하의제효과가 발생하여 출원인에게 불측의 피해를 줄 수 있으므로 임의대리인의 경우 변경출원의 절차를 밟기 위해서는 특별수권이 필요하고, 공동출원의 경우에는 타 공유자의 동의가 필요하다(법5조 준용 특허법6조 및 11조).

### (3) 객체의 동일성

변경출원은 출원형식의 변경에 불과하므로 변경출원의 내용은 최초출원의 내용과 동일하여야 한다. 따라서, 표장의 동일성이 그대로 유지되어야 함은 물론이고 그 지정상품 또는 지정서비스업의 동일성도 유지되어야 한다.[6]

## 2. 출원의 변경 태양

### (1) 상호간에 인정되는 것

상표등록출원, 서비스표등록출원, 단체표장등록출원간에는 상호간에 변경출원이 가능하다.

### (2) 상표등록출원만으로 변경 가능한 것

존속기간갱신등록출원과 지정상품추가등록출원은 상표등록출원으로 변경출원이 인정된다. 다만, 존속기간갱신등록출원이나 지정상품추가등록출원의 기초가 된 등록상표에 대하여 무효심판 또는 취소심판이 청구되거나 그 기초가 된 등록상표가 무효심판·취소심판 등으로 소멸된 경우에는 상표등록출원으로 변경할 수 없다.[7]

### (3) 업무표장에 관한 변경출원은 인정되지 않는다.

6) 2005년 2월 11일 시행된 개정 상표법 시행규칙의 변경출원 서식상으로는 변경대상 상품류 및 지정상품을 기재하지 않도록 하였다.

7) 원상표등록이 무효·취소될 경우를 대비하여 출원의 변경 제도가 활용되지 않도록 하기 위함이다.

## 3. 변경출원 절차

변경출원을 하고자 하는 자는 별도의 변경출원서에 그 취지를 기재하고 새로이 출원하여야 한다. 변경출원은 독립된 하나의 별개의 상표등록출원이므로 위임장 등을 첨부서류를 별도로 제출하여야 하나 원출원에 첨부한 서류를 원용할 수 있다.[8] 따라서 원출원에서 행한 조약우선권 출원절차 등도 새로이 행해야 하는 것이다. 출원의 변경에 해당하는지 여부는 최초출원서에 기재된 내용에 관계없이 출원서의 형식을 기준으로 하여 판단하여야 한다.

## 4. 변경출원의 효과

변경출원은 최초에 출원한 것으로 간주된다(법19조3항). 따라서 최초출원일을 기준으로 등록요건을 판단하므로 선원주의 등의 예외로 된다.[9]

최초에 한 출원은 취하된 것으로 간주된다(법19조5항). 이것은 출원변경으로 인하여 형식적으로는 새로운 출원이 발생한다는 점에서 2중 출원상태를 방지하기 위한 것이다.

시기를 경과하여 제출한 변경출원서는 반려된다.[10]

# 12절 상표심사절차

상표등록출원의 심사는 심사관이 특정의 상표등록출원에 대하여 상표법상의 제요건을 갖추었는가를 심리하여 상표권을 부여할 것이냐의 여부를 판단하기 위한 절차이다. 우리나라는 심사주의를 취하고 있어 심사관이 상표등록출원에 대한 절차적, 형식적 요건은 물론 적극적 요건과 부등록 사유의 존부와 같은 실체적 요건의 구비여부까지 심사하여 등록 여부를 결정한다.

---

8) 2005년 7월 1일 시행 개정 상표법 시행규칙은 행정 간소화 차원에서 변경출원서에는 상표견본을 첨부하지 않아도 되는 것으로 규정하였다(규칙11조1항).

9) '07년 개정법 이전에는 출원의 변경에 대해서도 출원의 분할과 같이 우선권 주장 및 출원시 특례규정의 절차와 관련하여 출원일의 소급효에 대한 예외를 규정하고 있지 않아 논란이 되었다. '07년 개정법은 출원의 변경에 관한 출원일 소급효의 예외를 명문으로 규정하여 이를 해결하였다.

10) 과거 지정상품의 추가 등 내용 위반의 경우에는 새로이 추가된 부분에 대하여는 새로운 출원으로 보아 변경출원서 제출일을 기준으로 심사하여야 한다는 것이 일반적이었으나, 현행 상표법 시행규칙상 실무상 발생할 수 없는 경우에 해당한다.

**그림 3-1** | **상표등록출원 절차 개요도**

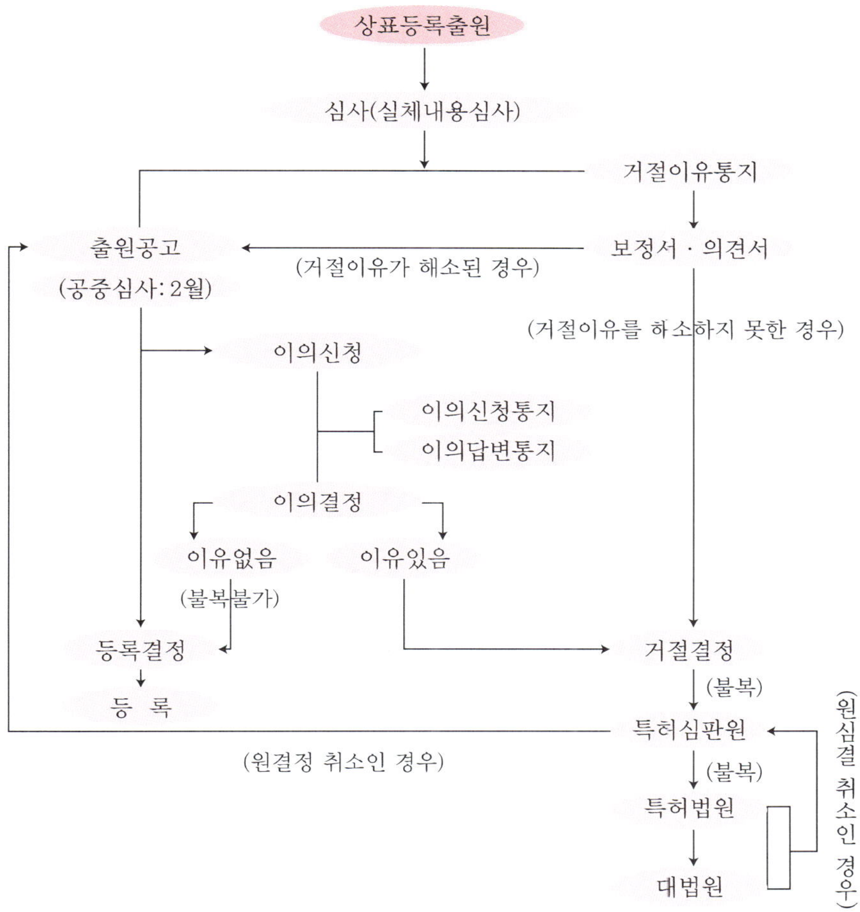


## 13절 우선권제도

하나의 상표를 다수국에서 등록받고자 하는 경우 이를 동시에 출원한다는 것은 거리, 언어, 비용 및 각국의 상이한 제도 등으로 사실상 불가능하다. 이에따라, 파리협약은 내국민대우의 실효성을 보장하고 상표의 국제적인 보호를 도모하기 위하여 우선권제도를 마련하고 있다.

우선권이라 함은 조약 또는 이에 준하는 조약당사국의 국민이 동맹국의 1국에 상표등록출원을 한 후 그와 동일한 상표를 우리나라에 출원하는 경우 그 상표등록출원에 대하여 조약당사국의 제1국에 출원한 날에 출원된 것과 동일하게 취급하여 주는 것을 말하며, 이러한 주장을 우선권주장이라 한다.

상표법 제20조에서 규정하고 있는 우선권주장에 관한 규정은 파리협약 제4조 A(3)에 그 기초를 두고 있는 것으로서 파리협약에서 정한 우선권주장의 조건과 효과를 그대로 받아들이고 있다.

한편 대한민국의 국민도 동맹국의 어느 1국에 상표등록출원을 한 후 동일한 상표를 우리나라에 출원하는 경우 우선권주장을 할 수 있다.

**파리조약**

각국의 제도적인 차이를 인정하고 적절한 타협점을 찾아 산업재산권을 국제적으로 보호하기 위해 1883년 3월 20일 파리에서 맺은 국제조약. 2000년 현재 가맹국은 150개국이 넘는다. 우리나라와 북한도 1980년에 가입하였다. 이 조약은 내외국인 평등의 원칙, 특허독립의 원칙(속지주의의 원칙) 그리고 우선권의 인정을 근간으로 세계 산업재산권을 보호하고 있다.

내외국인 평등의 원칙이란, 파리조약 동맹국의 국민은 동맹국에서 내국인과 같은 대우를 받는다는 것이다. 특허독립의 원칙이란, 동맹국 중 어느 한 나라에서 특허를 받은 권리는 다른 나라에 영향을 끼치지 않고, 특허를 갖고 있는 나라에서만 권리를 행사할 수 있다는 것이다.

## 14절 우선권 적용요건

### 1. 우선권 발생의 요건

우선권은 파리협약 당사국에 최초의 정규적인 출원을 함으로써 발생한다(파리협약 4조A.1.). 정규의 출원이란 결과 여하를 불문하고 당해국에 출원을 한 일부(日附)를 확정하는데 충분한 출원을 말한다. 따라서 그 출원 후에 무효・취하・포기 또는 거절결정된 것이라도 상관없다.

정규의 출원은 파리협약상의 권리능력을 가진 자, 즉 동맹국 국민 및 비동맹국민(무국적자 포함)으로서 동맹국내에 주소 또는 영업소를 가진 자의 출원이어야 한다(파리협약3조).

## 2. 우선권 주장의 요건

제2국 출원인은 제1국에서의 출원인이거나 그 승계인으로서 제2국에 출원할 권리를 가진 자이어야 한다.

제2국에 출원한 상표는 제1국에 출원한 상표와 '동일'한 것이어야 한다. 다만, 상표는 각국마다 부기적인 부분을 달리하여 사용될 필요가 있으므로 물리적으로 동일한 경우뿐만 아니라, 상표법 제16조 소정의 요지변경에 해당하지 않는 정도라면 우선권 주장을 허용하여야 할 것이다.

상품의 면에서도 '동일'한 것이어야 하지만, 포괄명칭의 세분화, 상품명의 번역에 의한 미세한 차이, 상품류 구분의 차이 등은 허용되어야 할 것이다.

## 3. 시기적 요건

우선권을 주장하기 위해서는 우선권주장의 기초가 되는 최초의 출원일부터 6월 이내에 우리나라에 상표등록출원을 하여야 한다(법20조2항).

# BRAND MANAGEMENT 15절 우선권주장의 절차

우선권은 제1국에서의 최초의 정규출원으로 발생하지만 이는 잠재적인 권리에 불과하므로 우선권의 혜택을 받기 위해서는 제2국에 상표등록출원을 하면서 우선권주장을 하여야 한다.

## 1. 우선권주장의 취지 등을 기재

우리나라에서 우선권을 주장하고자 하는 자는 상표등록출원서에 그 취지와 최초로 출원한 국명 및 출원의 연월일을 기재하여야 한다(법20조3항).

## 2. 우선권 증명서류의 제출

우선권을 주장하여 상표등록출원을 한 자는 최초로 출원한 국가의 정부가 인정하는 상표등록출원의 연월일을 기재한 서면, 상표 및 지정상품의 등본을 상표등록출원일로부터 3월내에 특허청장에게 제출하여야 한다(법20조4항).

### 3. 우선권주장의 효과

상표법 제8조(선출원)의 규정을 적용함에 있어 제1국 출원일을 우리나라에 출원한 날로 취급한다(법20조1항).

우선권주장의 요건과 절차가 하자가 있는 경우 그로 인한 영향은 우선권의 상실에 그친다(법20조5항). 따라서 우리나라에서의 출원일을 기준으로 심사를 하게 된다. 다만, 상표는 특허와 달리 신규성의 문제가 남지 않으며, 외국인의 상표를 모방한 출원은 다른 거절이유에 의하여 등록을 배제할 수 있기 때문에(법7조1항12호 및 법23조1항3호) 우선권의 상실로 인한 피해는 특허의 경우보다 상대적으로 심각하지는 않다고 할 수 있다.

## BRAND MANAGEMENT 16절 부분우선과 복합우선

제1국 출원의 지정상품에 다른 지정상품을 추가하여 우리나라에 출원하는 것이 가능하다. 이를 부분우선이라 하며, 제1국 출원에 포함된 지정상품에 대해서는 우선권이 인정되지만 우리나라에 출원하면서 추가된 지정상품에 대해서는 우리나라에서의 출원일을 기준으로 심사한다.

조약당사국에 2이상의 상표등록출원을 한 자가 복수개의 출원에 기초하여 복수개의 우선권을 주장하는 것도 가능하다. 이를 복합우선이라 하는데, 이 경우에는 우선권주장의 기초가 되는 각각의 출원일을 기준으로 출원일의 소급효가 인정된다.

**마드리드의정서에 의한 출원의 특례**

국제상표등록출원의 경우, 국제등록부에 등록된 우선권주장의 취지, 최초로 출원한 국가명 및 출원의 연월일은 상표등록출원서에 기재된 우선권주장의 취지, 우선권주장의 취지 및 출원의 연월일로 본다(법86조의16).

국제상표등록출원을 하는 자가 파리협약에 의한 우선권주장을 하는 경우에는 우선권증명서류를 제출할 필요가 없다(법86의22). 마드리드의정서에 의하면 "모든 국제등록은 파리협약에 규정된 형식적 요건의 부합여부를 불문하고, 동조약에 의한 우선권을 향유" 하기 때문이다(마드리드의정서4조2항).

국제상표등록출원이 지정상품이 중복되는 범위안에서 국내상표등록을 대체하는 경우, 국내상표등록에 관한 상표등록출원에 대하여 조약에 의한 우선권이 인정되는 경우에는 그 우선권이 국제상표등록출원에 대하여도 인정된다(법86의17 2항).

국제상표등록출원의 기초가 된 국제등록이 전부 또는 일부 소멸한 경우 당해 국제등록의 명의인은 당해 상품의 전부 또는 일부에 관하여 재차 상표등록출원을 할 수 있으며, 이 경우에 국제상표등록출원에 대하여 조약우선권이 인정되었으면 그 우선권이 재출원에 대해서도 인정된다(법86의39 3항).

## 17절 상표의 출원공고제도

상표의 출원공고제도는 상표의 공익성과 출원상표의 다양성에 비추어 특허청 내부 심사관의 심사만으로는 부족하다는 견지에서 상표로서의 권리를 설정등록하기 전에 이를 일반에게 공개하여 공중심사에 회부함으로써 각계의 의견을 듣고 이의가 있으면 이의신청을 할 수 있게 하여 심사에 공정성을 달성하기 위한 일련의 과정이다.

출원인은 원칙적으로 출원공고 후 타인이 무단으로 당해 출원된 상표와 동일·유사한 상표를 동일·유사한 상품에 대하여 사용함으로 인하여 출원인에게 업무상의 손실이 발생하는 경우 그 타인에게 경고를 하고 업무상의 손실에 상당하는 보상금을 청구할 권리가 발생하고, 상표등록 출원의 사본(국제상표등록출원의 경우에는 국제출원의 사본)을 제시하고 경고하는 경우에도 보상금을 청구할 권리가 발생하도록 규정하고 있다(법24조의2 1항). 다만, 상표권의 설정등록된 이후에만 당해권리를 행사할 수 있도록 규정하고 있다(법24조의2 3항). 보상금은 경고후부터 상표권에 대한 설정등록까지의 업무상의 손실액이다. 다만 이 손실액은 상표권자가 입증해야 하며 손해액추정규정(법67조)이 준용되지 않는다.

## 18절 출원공고 절차

### 1. 공고결정

심사관은 상표등록출원에 대하여 심사한 결과 상표법에서 규정한 소정의 거절이유를 발견할 수 없을 때는 출원공고결정을 하여야 한다.

### 2. 출원공고

특허청장은 심사관의 출원공고결정이 있으면 그 결정의 등본을 상표등록출원인에게 송달하고 상표공보에 게재하여 출원공고를 하여야 한다. 또한 특허청장은 출원공고가 있는 날로부터 2월간 상표등록출원서류를 특허청에서 공중의 열람에 제공하여야 한다.

## 3. 정정공고

상표법 제24조 제2항이 규정하는 상표공보에 게재된 출원공고사항 중 다음의 경우에는 정정공고를 하여야 하며 정정공고가 있는 때에는 그 때에 출원공고한 것으로 취급한다. 그러나 다음 각호 이외의 사항이 오기 또는 누락된 경우에 그 부분이 심사에 본질적인 영향을 미치지 아니하는 때에는 이에 대한 정정공고는 하지 않는다.

(1) 상표 또는 지정된 상품의 전부가 누락되었을 경우

(2) 인쇄된 상표가 출원서에 첨부된 상표와 상이한 경우

(3) 지정상품의 일부가 누락되었을 경우, 다만 공고된 상품과 동종의 상품의 일부가 누락된 것은 그러하지 아니하다.

(4) 상표와 지정상품의 인쇄가 극히 불선명한 경우

(5) 해당 상품류 구분이 변경되었을 때

## 4. 출원공고절차를 결한 경우

출원공고절차를 결하고 상표등록결정을 한 때에는 그 등록결정은 신청 또는 특허청장의 직권으로 취소할 수 있다.

## 5. 출원공고의 효과

### (1) 출원내용의 확정

상표등록출원에 대한 공고가 있으면 출원의 내용은 일단 확정되는 것으로 본다. 따라서 지정상품 또는 상표의 보정이 제한되며 그 보정은 거절이유나 이의신청이유 또는 거절결정이유로 관한 것으로서 지정상품의 범위의 감축, 오기의 정정, 불명료한 기재의 석명, 상표의 부기적인 부분의 삭제에 한한다.

### (2) 경고할 권리

출원인은 출원공고가 있은 후 당해 상표등록출원에 관한 지정상품에 대하여 출원상표를 사용한 자에게 서면으로 경고할 수 있다. 단, 출원인이 당해 상표등록출원의

사본을 제시하는 경우는 출원공고전이라도 서면으로 경고할 수 있다.

**(3) 손실보상청구권**

출원인은 상기 경고 후 상표권의 설정등록 시까지의 기간동안 발생한 당해 상표의 사용에 관한 업무상의 손실에 상당하는 보상금을 상표권설정등록 후 지급청구할 수 있다.

**(4) 상표등록이의신청의 대상**

출원공고가 있는 때에는 누구든지 출원공고일로부터 2월 이내에 당해 출원에 대해 특허청장에게 이의신청을 할 수 있다.

**(5) 특허청장은 출원공고일로부터 2월간 출원서류 및 부속서류를 공중의 열람에 제공해야 한다.**

## 19절 상표의 이의신청제도

상표등록이의신청이라 함은 상표등록출원이 출원공고 된 경우 누구든지 공고일로부터 2월 이내에 그 출원공고 된 상표등록출원에 대하여 등록받을 수 없는 이유를 들어 상표등록하지 말 것을 요구하는 신청을 말한다.

상표등록이의신청제도는 일반공중으로 하여금 심사에 참여케 하여 심사관의 심사불비를 지적하게 함으로써 심사의 완전성과 공정성을 확보하고자 함에 주된 목적이 있는 제도로서 상표등록이의신청이 있으면 심사관은 이의신청에 대하여도 심사를 하여야 한다.

심사주의를 채택하고 있는 주된 목적은 부실한 상표등록의 사전방지나 부실등록으로 인한 폐해를 예방하고자 함에 있다.

따라서 심사관의 심사만으로는 심사의 완전성과 공정성을 기하기는 어렵다 할 것이므로 일반공중으로 하여금 심사에 참여케 하여 출원공고결정까지 행하여진 심사관의 심사불비를 지적케 함으로써 심사를 보다 완전하고 공정하게 하여 결함있는 상표등록을 미연에 방지하여 상표권분쟁을 최소화 함으로써 상표제도의 신뢰성을 제고하고자 본제도가 마련된 것이다.

# 20절 이의신청절차

출원 공고된 상표에 대하여 이의가 있을 때에는 누구나 출원공고일로부터 2월 이내(연장 불가)에 이의신청을 할 수 있고 이의신청서는 소정의 양식에 의거 작성하되 반드시 이의신청의 이유를 기재하고 이에 필요한 증거를 첨부하여야 한다.

이미 제출한 이의신청에 대한 이유 및 증거를 보정하고자 하는 경우에는 이의신청기간의 경과 후 30일 이내에 하여야 한다.

## 1. 이의신청인

상표등록이의신청은 누구든지 할 수 있으며 이해관계인임을 요하지 않는다. 또한 법인격이 없는 사단·재단 등도 대표자 또는 관리인이 정하여져 있는 경우 그 이름으로 이의신청인이 될 수 있다.

## 2. 이의신청기간

상표등록이의신청은 출원공고일로부터 2월 이내에 할 수 있으며 이 기간은 법정기간으로서 불변기간이다.

## 3. 이의신청

이의신청인은 상표등록이의신청을 하고자 하는 경우 그 이유를 기재한 상표등록이의신청서와 필요한 증거를 첨부하여 특허청장에게 제출하여야 한다.

(1) 상표등록이의신청인 및 그 대리인의 성명과 주소(법인의 경우에는 그 명칭·영업소 및 대표자의 성명)

(2) 상표등록출원의 출원번호

(3) 해당 상품류 구분 및 지정상품

(4) 상표등록이의신청의 취지

(5) 상표등록 이의신청의 이유 및 필요한 증거의 표시

## 4. 이의신청이유의 보정

이의신청인은 출원공고일로부터 2월 이내에 이의신청을 한 후, 그에 대한 이유나

증거방법의 제출 등 이의신청이유의 보정을 이의신청기간경과후 30일내에 할 수 있다.

### 5. 부본송달

상표등록이의신청이 있는 때에는 심사관은 그 부본을 출원인에게 송달하고 기간을 정하여 답변서 제출의 기회를 주어야 한다. 이때 출원인은 답변서 제출기간내에 상표등록이의신청의 이유에 관한 지정상품이나 상표에 관한 보정을 할 수 있다.

## 21절 이의결정

### 1. 이의신청의 각하

이의신청기간 내에 이의신청은 있었으나 그 이유 및 필요한 증거를 이의신청기간 또는 이의신청이유 보정기간 내에 제출하지 아니한 경우에 심사관은 이의신청이유 등의 보정 기간 경과 후에 결정으로 이의신청을 각하할 수 있다.

### 2. 이의결정

#### (1) 이의결정 시기

심사관은 이의신청인이 이의신청에 대한 보정서나 증거방법을 제출할 시기인 30일의 기간이 경과하고 출원인이 답변서를 제출할 수 있는 기간이 경과된 후에는 상표등록이의신청에 대하여 결정을 하여야 한다.

#### (2) 이의결정방식

상표등록이의결정은 서면으로 하여야 하며 그 이유를 붙여야 하는데 결정이유를 붙임에 있어서 2이상의 지정상품에 대한 결정이유가 다른 경우에는 상품마다 결정이유를 붙여야 한다. 특허청장은 이의신청에 대한 결정이 있는 때에는 그 결정의 등본을 상표등록출원인 및 상표등록이의신청인에게 송달하여야 한다.

#### (3) 이의결정의 병합 · 분리

심사관은 2이상의 이의신청이 있는 경우에 그 심사나 결정을 병합 또는 분리하여 행할 수 있다.

#### (4) 이의결정

심사관은 이의신청에 대하여 이의결정을 하여야 한다. 이때 이의신청이유 중 어느 하나라도 이유가 있는 경우에는 그 상표등록출원은 거절된다.

또한 2이상의 이의신청 중 그 어느 하나의 이의신청에 대하여 심사한 결과 이의신청의 이유가 있다고 인정될 때에는 다른 상표등록이의신청에 대하여 결정을 하지 아니할 수 있다. 이때 특허청장은 이의결정을 하지 아니한 다른 이의신청인에 대하여도 거절결정등본을 송달하여야 한다.

### 3. 이의결정을 하지 않는 경우

이의신청이 있은 후 출원이 취하·포기되거나, 이의신청인이 상표등록을 받을 수 있는 권리를 승계한 경우, 이의신청인이 사망하거나 합병에 의하여 소멸한 경우, 이의신청이 취하된 경우에는 이의결정을 하지 아니한다.

그러나 이는 이의신청에 대한 결정을 하지 않는다는 것뿐으로 심사관은 이의신청서에 기재된 이유를 이유로 하여 당해출원을 거절할 수 있다.

### 4. 이의결정에 대한 불복 여부

상표등록이의신청이 있었으나 이의신청이 성립되지 않고 상표등록출원이 등록결정된 경우 이의신청인은 이에 대하여 불복을 신청할 수 없으며 상표등록 후 무효심판으로 다툴 수밖에 없다.

한편 상표등록이의신청이 이유 있는 것으로 받아들여져 거절결정되어 이에 상표등록출원인이 거절결정불복심판을 청구한 경우에는 특허청장은 그 취지를 이의신청인에게 통지하여야 한다.

## 연습 문제
## 객관식 문제

**01** BRAND

**서면출원의 원칙에 대한 설명으로 틀린 것은?**

① 상표등록 출원은 서면에 의해서만 가능하며 구두에 의한 출원은 불가능하다.

② 입체상표 출원인 경우에는 그 취지를 별도 서식에 기재하여야 하며, 출원서 부본 1통, 상표를 표시하는 견본 10통을 붙인 서면 1통을 첨부하여야 한다.

③ 타인의 성명이나 명칭을 포함하는 상표인 경우에는 대리권을 증명하는 서면을 첨부한다.

④ 단체표장출원에는 단체의 정관을, 업무표장 출원의 경우에는 업무의 경영사실을 증명하는 서류를 각각 첨부하여야 한다.

BRAND MANAGEMENT | ②

**02** BRAND

**다음은 무엇에 대한 설명인가?**

> 우리나라의 경우 특허청에 제출하는 출원 · 심판 · 청구 및 각종 등록관련서류 등은 모두 시행규칙 별지 서식 또는 상표법조약규칙에서 정하는 국제표준서식에 따라 기재하여 제출토록 요구하고 있다.

① 선원주의 ② 양식주의

③ 국어주의 ④ 1상표 1출원주의

BRAND MANAGEMENT | ②

## 03 BRAND 상표등록출원에 있어서 타당하지 않는 것은?

① 서면출원의 원칙 ② 양식주의
③ 선사용주의 ④ 국어주의

BRAND MANAGEMENT | ③

## 04 BRAND 국어주의에 대한 설명으로 맞는 것은?

① 특허청을 본국관청으로 하여 마드리드 의정서를 통한 국제출원을 하는 자는 외국어(영어)로 국제출원을 할 수 있다.
② 미국을 지정국으로 하여 마드리드 의정서를 통한 국제출원을 하고자 하는 자는 외국어(영어나 불어)로 국제출원을 할 수 있다.
③ 외국인이 우리나라에서 상표등록출원 등의 절차행위를 함에 있어서도 모든 서류에는 국어를 사용하여 기재된 서류를 제출해야 한다.
④ 상표등록출원서 및 상표에 관한 절차행위에 필요한 서류는 '국어'로 작성 하여야 한다. 다만 외국인일 경우에는 국어로 기재하지 않아도 된다.

BRAND MANAGEMENT | ①

## 05 BRAND 선원주의에 대한 설명으로 틀린 것은?

① 상표 및 지정상품이 동일 또는 유사한 상표등록출원이 경합하는 경우 먼저 출원한 자에 대하여 상표등록을 허여하는 주의를 말한다.
② 상표 및 지정상품이 동일 또는 유사한 2이상의 상표등록출원이 경합하는 경우 그 중 어느 것을 우선적으로 보호하여 줄 것인가에 대하여 선원주의와 선사용주의가 있는데 우리나라는 선원주의를 취하고 있다.

③ 최선의 상표사용자에 대하여 권리를 인정하므로 진정한 최선의 상표사용자를 보호하기에는 적합하다 하겠다.
④ 실무상으로 보다 간편하고 명확성을 기할 수 있다.

BRAND MANAGEMENT ③

## 06 BRAND 선원주의에 따른 시기적 기준에 대한 설명으로 맞는 것은?

① 상표등록출원에 관한 선·후출원의 판단은 시간을 기준으로 하여 판단한다.
② 동일 또는 유사한 상표가 날짜를 달리하여 출원한 경우에는 선출원자가 상표등록을 받을 수 있다.
③ 동일 또는 유사한 상품에 사용할 동일 또는 유사한 상표의 출원이 같은 날에 이루어진 경우에는 선·후원 관계를 따져 선출원에 대하여만 상표등록이 허용된다.
④ 특허청장의 협의지시에도 불구하고 협의가 성립되지 아니하거나 협의를 할 수 없을 때에는 특허청장이 실시하는 추첨에 의하여 상표등록을 받을 수 있는 자를 결정한다. 이 때 다른 경합관계에 있는 출원에 대하여는 상표법 제8조 제2항을 이유로 함께 추첨한다.

BRAND MANAGEMENT ②

## 07 BRAND 상표권의 존속기간갱신등록출원에 대한 설명으로 틀린 것은?

① 상표권의 존속기간은 설정등록일로부터 몇번이고 계속하여 갱신할 수 있으므로 상표권은 반영구적인 권리이다.
② 상표는 장기간 사용할수록 그 상표에 대한 영업상의 신용의 축적과 고객흡인력으로 인하여 기업의 이윤획득이 증가하고 또한 상품식별표시

로서의 기능과 품질보증등의 기능이 강화되므로 존속기간을 연장할 수 있도록 하는 것이다.

③ 갱신등록을 전부 허용하는 것은 아니고 갱신등록요건에 해당하는 등록된 상표로서 상표권자의 갱신등록출원에 의하여 갱신되고 있다.

④ 상표권의 존속기간을 갱신하고자 할 경우에는 상표권의 존속기간 만료전 1년이내에 상표권 존속기간갱신등록출원을 하여야 하며, 존속기간이 만료된 후라도 1년이 경과하기 이전에는 상표권의 존속기간갱신등록출원을 할 수 있으나 일정액의 과태료를 납부하여야 한다.

BRAND MANAGEMENT | ④

**08** BRAND **출원인(대리인) 등록에 대한 설명으로 맞는 것은?**

① 특허 등의 절차를 밟고자 하는 자 및 법인은 먼저 특허청에 출원인(대리인)코드부여 신청을 하여 자신의 고유번호를 부여받아야 한다.

② 출원인(대리인)코드부여 신청 및 변경관련 서식은 서면만으로 제출할 수 있다.

③ 특허청에 대한 절차 수행시 모든 출원서 및 중간서류의 출원인(대리인) 기재란에 반드시 코드를 기재하고 등록된 인장을 사용해야 된다. 미기재시에는 폐기처분한다.

④ 출원인코드를 받으면 전자출원도 가능하다.

BRAND MANAGEMENT | ①

## 09 BRAND 출원인에 대한 내용으로 틀린 것은?

① 특　　허 – 발명을 한 자 또는 그 승계인
② 실용신안 – 고안을 한 자 또는 그 승계인
③ 디 자 인 – 디자인을 사용하는 자 또는 그 승계인
④ 상　　표 – 국내에서 상표를 사용하는 자 또는 사용하고자 하는 자

BRAND MANAGEMENT | ③

## 10 BRAND 출원공고 결정전의 보정에 대한 설명으로 틀린 것은?

① 지정상품의 범위의 감축
② 상표의 변경
③ 오기의 정정
④ 불명료한 기재를 명확하게 수정

BRAND MANAGEMENT | ②

## 11 BRAND 다음은 무엇에 대한 설명인가?

우리 상표법이 선원주의를 취하는 결과 통상 출원을 서두르게 되어 출원인이 당초 출원의 의도와는 달리 형식적 요건이 흠결되거나 출원내용이 불비한 상태에서 출원을 하는 경우가 많아 이에 따른 출원인의 불이익을 줄이고 재출원으로 인한 비용의 증가나 절차의 번잡을 줄이고자 한 것이다.

① 출원의 분할　　② 출원의 보정
③ 출원의 변경　　④ 출원의 우선권

BRAND MANAGEMENT | ②

**12** BRAND **출원공고 결정후의 보정이 아닌 것은?**

① 거절이유의 통지를 받았을 때
② 상표등록이의신청이 있는 때
③ 거절결정에 대한 심판을 청구한 때
④ 출원서상의 오기통지를 받았을 때

BRAND MANAGEMENT | ④

**13** BRAND **출원공고 결정후의 보정에 있어서 거절결정에 대한 심판을 청구한 때에는 심판의 청구일로부터 며칠까지 보정해야 하는가?**

① 7일
② 15일
③ 30일
④ 3개월

BRAND MANAGEMENT | ③

**14** BRAND **'요지변경'에 대한 설명 중 틀린 것은?**

① 지정상품이나 상표에 관하여 보정한 것이 요지변경인 경우에는 보정의 시기(출원공고결정등본송달전・후)에 관계없이 그 보정은 보정각하의 대상이 된다.
② 지정상품 또는 상표에 관한 보정이 적법한 것으로 인정되면 그 보정된 내용은 최초의 상표등록출원시에 제출된 것으로 된다.
③ 상표등록출원의 지정상품 또는 상표에 관한 보정이 요지변경인지 여부에 대한 판단은 심사절차에서는 물론 심판절차에서도 판단하게 된다.

④ 상표법상 출원의 요지변경이라 함은 상표등록출원서에 기재된 지정상품이나 상표를 보정한 것이 법에서 허용한 보정의 범위를 벗어나서 보정한 경우를 말한다.

BRAND MANAGEMENT ②

**15** BRAND **출원의 분할에 있어서 대상이 아닌 것은?**

① 디자인등록출원
② 상표등록출원
③ 상표권의 존속기간갱신등록출원
④ 서비스표 등록출원

BRAND MANAGEMENT ①

**16** BRAND **출원의 분할에 있어서 범위에 대한 설명이 틀린 것은?**

① 출원분할이 가능하기 위해서는 원출원이 무효·취하·포기·결정의 확정 등으로 절차가 종료되지 않았어야 한다.
② 원출원의 지정상품 범위 내에서의 분할이어야 한다.
③ 원출원이 유효하게 계속 중이어야 한다.
④ 새로운 지정상품을 추가하여 분할하는 것은 허용된다.

BRAND MANAGEMENT ④

**17** BRAND **출원의 변경에 대한 설명으로 틀린 것은?**

① 출원의 변경이란 출원의 주체 및 출원내용을 변경함이 없이 출원의 형식만을 변경하는 것이다.

② 상표등록출원과 서비스표등록출원간의 상호변경이 가능하다.

③ 변경출원시 원출원은 특허청에 유효한 출원으로 계속되고 있어야 한다.

④ 변경출원인은 원출원인과 동일인이 아니면 안된다.

BRAND MANAGEMENT | ④

**18** BRAND **출원변경의 효과에 대한 설명으로 틀린 것은?**

① 새로운 상품 · 서비스의 추가라고 판단되는 경우 그 부분에 대해서는 원출원일을 기준으로 심사한다.

② 변경출원은 최초에 출원한 것으로 간주된다. 따라서 최초출원일을 기준으로 등록요건을 판단하므로 선원주의 등의 예외로 된다.

③ 최초에 한 출원은 취하된 것으로 간주된다.

④ 시기를 경과하여 제출한 변경출원서는 반려된다.

BRAND MANAGEMENT | ①

**19** BRAND **우선권제도에 관한 설명으로 틀린 것은?**

① 조약당사국의 국민이 동맹국의 1국에 상표등록출원을 한 후 그와 동일한 상표를 우리나라에 출원하는 경우 그 상표등록출원에 대하여 조약당사국의 제1국에 출원한 날에 출원된 것과 동일하게 취급하여 주는 것을 말한다.

② 대한민국의 국민도 동맹국의 어느 1국에 상표등록출원을 한 후 동일한 상표를 우리나라에 출원하는 경우 우선권주장을 할 수 있다.

③ 우선권은 파리협약 당사국에 최초의 정규적인 출원을 함으로써 발생한다. 따라서 그 출원 후에 무효 · 취하 · 포기 또는 거절결정되면 우선권을 주장할 수 없다.

④ 정규의 출원은 파리협약상의 권리능력을 가진 자, 즉 동맹국 국민 및 비동맹국민(무국적자 포함)으로서 동맹국내에 주소 또는 영업소를 가진 자의 출원이어야 한다.

BRAND MANAGEMENT ③

## 20 BRAND 다음은 무엇에 대한 설명인가?

> * 각국의 제도적인 차이를 인정하고 적절한 타협점을 찾아 산업저산권을 국제적으로 보호하기 위해 1883년 3월 20일 맺은 국제조약.
> * 2000년 현재 가맹국은 150개국이 넘는다.
> * 우리나라와 북한도 1980년에 가입하였다.

① 런던조약　　② 파리조약

③ 뉴욕조약　　④ 로마조약

BRAND MANAGEMENT ②

## 21 BRAND 상표의 출원공고제도에 대한 설명으로 틀린 것은?

① 일반에게 공개하여 공중심사에 회부함으로써 각계의 의견을 듣고 이의가 있으면 이의신청을 할 수 있게 하여 심사에 공정성을 달성하기 위한 제도이다.

② 심사관은 상표등록출원에 대하여 심사한 결과 상표법에서 규정한 소정의 거절이유를 발견할 수 없을 때는 출원공고결정을 하여야 한다.

③ 특허청장은 출원공고가 있는 날로부터 60일간 상표등록출원서류를 특허청에서 공중의 열람에 제공하여야 한다.

④ 상표등록출원에 대한 공고가 있으면 출원의 내용은 일단 확정되는 것으로 본다. 따라서 지정상품 또는 상표의 보정이 제한된다.

BRAND MANAGEMENT | ③

**22** BRAND

**출원공고시 정정공고를 해야할 때가 아닌 것은?**

① 상표 또는 지정된 상품의 전부가 누락되었을 경우
② 인쇄된 상표가 출원서에 첨부된 상표와 상이한 경우
③ 지정상품의 일부가 누락되었을 경우, 따라서 공고된 상품과 동종의 상품의 일부가 누락된 것도 포함한다.
④ 상표와 지정상품의 인쇄가 극히 불선명한 경우

BRAND MANAGEMENT | ③

**23** BRAND

**상표권 출원공고에 따른 효과라고 볼 수 없는 것은?**

① 상표권사용권
② 손실보상청구권
③ 상표등록이의신청의 대상
④ 출원내용의 확정

BRAND MANAGEMENT | ①

**24** BRAND **상표권 이의신청제도에 대한 설명으로 틀린 것은?**

① 상표등록이의신청제도는 일반공중으로 하여금 심사에 참여케 하여 심사관의 심사불비를 지적하게 함으로써 심사의 완전성과 공정성을 확보하는 제도이다.

② 출원 공고된 상표에 대하여 이의가 있을 때에는 누구나 출원공고일로부터 30일 이내에 이의신청을 할 수 있고, 필요할 경우 30일 연장할 수 있다.

③ 제출한 이의신청에 대한 이유나 증거를 보정하고자 하는 경우에는 이의신청기간의 경과 후 30일 이내에 하여야 한다.

④ 상표등록이의신청은 누구든지 할 수 있으며 이해관계인임을 요하지 않는다.

BRAND MANAGEMENT | ②

**25** BRAND **상표출원에 관한 설명으로 옳지 않은 것은?**

① 상표등록출원이 취하된 경우에는 그 출원은 선원의 적용에 있어서 처음부터 없었던 것으로 본다.

② 상표등록출원의 거절결정이 확정된 경우에도 그 출원은 선원주의의 적용에 있어서 처음부터 없었던 것으로 본다.

③ 같은 날 이루어진 두 개의 상표등록출원에 대하여 출원인 사이에 협의가 성립하지 아니하면 특허출원의 경우와 마찬가지로 두 출원 모두 등록될 수 없다.

④ 분할된 상표등록출원은 최초에 출원한 때 등록출원된 것으로 본다.

BRAND MANAGEMENT | ③

연습 문제
주관식 문제

**26** BRAND 상표등록 출원은 서면에 의해서만 가능하며 구두에 의한 출원은 불가능하다. 상표등록 출원서에는 ① 출원인의 성명과 주소(법인의 경우에는 그 명칭과 영업소 및 대표자의 성명), ② 출원인의 대리인이 있는 경우에는 그 대리인의 성명 및 주소나 영업소, ③ 출원하고자 하는 상표, ④ ( ), ⑤ 우선권을 주장하는 경우에는 그 취지, 최초로 출원한 국명 및 출원의 년·월·일, ⑥ 제출연월일, ⑦ 기타 상표법 시행규칙이 정한 서식에 따른 기재를 하여야 한다.

BRAND MANAGEMENT | 지정상품과 그 류 구분

**27** BRAND 우리나라의 경우 특허청에 제출하는 출원·심판·청구 및 각종 등록관련서류 등은 모두 시행규칙 별지 서식 또는 상표법조약규칙에서 정하는 국제표준서식에 따라 기재하여 제출토록 요구하고 있다.

BRAND MANAGEMENT | 양식주의

**28** BRAND 캐나다 등 일부국가에서는 특허청의 각종 양식은 권고에 불과하며 어떠한 형식이 되건 상표법에서 정하는 요건만 갖추면 출원서로서 인정한다.

BRAND MANAGEMENT | 비양식주의

**29** BRAND 상표등록출원서 및 상표에 관한 절차행위에 필요한 서류는 '국어'로 작성 하여야 한다. 따라서 국어로 기재하지 않은 상표등록출원서류 등은 수리되지 않는다.

BRAND MANAGEMENT | 국어주의

**30** BRAND 등록주의아래에서는 같은 내용의 여러 개의 상표등록출원이 경합하는 경우 어느 상표를 우선하여 등록하여 줄 것인가가 언제나 문제가 된다. 우리 상표법은 이에 대하여 출원일, 즉 상표등록신청일의 선후로서 이를 결정한다. 즉 상표법은 동일 유사한 상품에 사용할 동일 또는 유사한 상표에 관하여 다른 날에 2 이상의 상표등록 출원이 있는 때에는 먼저 출원한 자만이 그 상표에 관하여 상표등록을 받을 수 있다고 규정하고 있다.

BRAND MANAGEMENT | 선원주의

**31** BRAND 상표등록출원은 산업자원부령이 정하는 상품류 구분 내에서 상표를 사용할 1 또는 2개 이상의 상품을 지정하여 상표마다 출원하여야 한다. 이는 하나의 출원서로 동시에 2이상의 상표를 출원하는 것이 허용되지 않는다는 의미이며, 신규 상표등록출원, 지정상품의 추가등록출원, 상표권의 존속기간갱신등록출원에 적용되는 기본 원칙이다.

BRAND MANAGEMENT | 1상표 1출원주의원칙

**32** BRAND 상표권의 출원방법

BRAND MANAGEMENT | 전자출원, 서면출원(직접 또는 우편제출)

**33** BRAND 출원의 절차상 또는 내용상의 흠결을 특허청장 또는 심판원장의 명령에 의하여, 또는 출원인이 자진하여 보정할 수 있도록 하는 제도를 말한다.

BRAND MANAGEMENT | 상표등록출원의 보정

**34** BRAND

지정상품의 일부를 삭제하거나 포괄적으로 기재된 상품명을 구체적인 상품명으로 기재하거나 세분화하는 것을 말하며, 이때 지정상품의 수는 문제되지 않는다.

BRAND MANAGEMENT | 지정상품의 범위의 감축

**35** BRAND

2개 이상의 상품을 지정상품으로 하여 상표등록출원을 하였을 경우에는 2이상의 상표등록출원으로 분할하여 출원할 수 있는 제도

BRAND MANAGEMENT | 출원의 분할

**36** BRAND

출원의 주체 및 출원내용을 변경함이 없이 출원의 형식만을 변경하는 것으로 상표등록출원과 서비스표등록출원 간의 상호변경을 의미한다.

BRAND MANAGEMENT | 출원의 변경

**37** BRAND

변경출원의 요건

BRAND MANAGEMENT | 원출원의 계속성, 주체의 동일성, 객체의 동일성

**38** BRAND

출원변경의 효과

BRAND MANAGEMENT | 변경출원의 최초에 출원한 것으로 간주된다.

**39** BRAND 조약 또는 이에 준하는 조약당사국의 국민이 동맹국의 1국에 상표등록출원을 한 후 그와 동일한 상표를 우리나라에 출원하는 경우 그 상표등록출원에 대하여 조약당사국의 제1국에 출원한 날에 출원된 것과 동일하게 취급하여 주는 것을 말한다.

BRAND MANAGEMENT | 우선권주장제도

**40** BRAND 각국의 제도적인 차이를 인정하고 적절한 타협점을 찾아 산업재산권을 국제적으로 보호하기 위해 1883년 3월 20일 맺은 국제조약. 이 조약은 내외국인 평등의 원칙, 특허독립의 원칙(속지주의의 원칙) 그리고 우선권의 인정을 근간으로 세계 산업재산권을 보호하고 있다.

BRAND MANAGEMENT | 파리조약

**41** BRAND 파리조약 동맹국의 국민은 동맹국에서 내국인과 같은 대우를 받는다.

BRAND MANAGEMENT | 내외국인 평등의 원칙

**42** BRAND 파리조약 동맹국 중 어느 한 나라에서 특허를 받은 권리는 다른 나라에 영향을 끼치지 않고, 특허를 갖고 있는 나라에서만 권리를 행사할 수 있다.

BRAND MANAGEMENT | 특허독립의 원칙

**43** BRAND 상표의 공익성과 출원상표의 다양성에 비추어 특허청 내부 심사관의 심사만으로는 부족하다는 견지에서 상표로서의 권리를 설정등록하기 전에 이를 일반에게 공개하여 공중심사에 회부함으로써 각계의 의견을 듣고 이의가 있으면 이의 신청을 할 수 있게 하여 심사에 공정성을 달성하기 위한 일련의 과정이다.

BRAND MANAGEMENT | 상표의 출원공고제도

**44** BRAND 출원공고의 효과

BRAND MANAGEMENT | 출원내용의 확정, 경고할 권리, 손실보상청구권

**45** BRAND 출원인이 상표를 사용하고자 하는 상품을 지정하여 상표등록출원서 또는 전환등록신청서에 기재한 것을 말한다.

BRAND MANAGEMENT | 지정상품

**46** BRAND 1 또는 2이상의 상품류구분 내의 상품을 지정상품으로 하여 상표출원한 경우에는 이를 상품마다 또는 상품류 구분별로 출원을 분할할 수 있도록 한 것을 무엇이라 하는가?

BRAND MANAGEMENT | 출원의 분할

제 4 장

# 상 표 권

# 04 상 표 권

## BRAND MANAGEMENT 1절 상표권의 발생과 존속기간

상표권은 설정등록에 의하여 발생하는데 상표권의 존속기간은 설정등록이 있는 날로부터 10년이며(법42조1항), 상표권의 존속기간 갱신등록출원에 의하여 10년간씩 그 기간을 갱신할 수 있으므로(법42조2항) 반영구적인 효력을 갖는다.

이러한 갱신등록출원제도를 인정하는 것은 상표는 기술의 독점과 달리 표지의 독점에 불과하여 특정인이 장기간 독점적으로 사용한다고 해서 산업발전에 역행하는 것이 아니라, 오히려 사용할수록 상표사용자의 업무상의 신용이 축적되므로, 이를 매개수단으로 거래활동을 하는 수요자의 이익을 보호하기 위해서도 계속적인 보호가 필요하기 때문이다. 다만, 상표법이 처음부터 영속적인 권리를 부여하지 않고 갱신등록을 하도록 한 것은 불사용 상표를 정리한다든지 기타 시간의 경과에 따른 사정변경을 고려할 필요가 있기 때문이다.

## BRAND MANAGEMENT 2절 갱신등록의 요건

### 1. 주체의 동일

갱신출원인은 등록상표의 상표권자 또는 그의 승계인으로서 이전등록을 마친 자이어야 한다.

상표권이 공유인 경우에는 공유자 전원이 공동으로 출원하여야 한다.

### 2. 객체의 동일

갱신출원의 지정상품은 상표권의 지정상품의 범위 내이어야 한다. 따라서 갱신출원의 지정상품을 당해 등록상표의 지정상품이 아닌 상품으로 하거나 지정상품의 범위를 실질적으로 확장하여서는 아니된다(법45조1항6호).

갱신출원서에는 상표견본을 첨부하지 않으므로, 갱신출원에 관한 상표는 당연히 원등록상표와 동일한 것으로 취급된다.

### 3. 일정한 기간 내에 갱신출원 하였을 것

상표권의 존속기간 만료 전 1년 이내에 갱신출원을 하여야 한다(법43조2항본문). 다만 그 기간이 경과한 경우에도 1993년 개정 상표법은 가산금의 납부를 조건으로 존속기간 만료 후 6개월 이내에는 갱신출원을 할 수 있도록 하였다(법43조2항단서).

## 3절 갱신등록의 절차

### 1. 갱신등록출원서의 제출

갱신등록을 받고자 하는 자는 상표등록출원서의 기재사항 외에 등록상표의 등록번호를 기재한 갱신등록출원서를 특허청장에게 제출하여야 한다(법43조1항).

### 2. 갱신출원의 분할

등록상표의 지정상품이 2이상인 경우에는 처음부터 이를 분할하여 갱신출원하거나(법44조1항), 갱신출원을 한 후 보정을 할 수 있는 기간 내에 2이상의 출원으로 분할할 수 있다(법44조2항).

다류구분제도 하에서 갱신출원의 분할은 갱신출원인의 자유이다.

### 3. 갱신출원에 대한 심사

갱신출원에 대해서는 1997년 개정 상표법에서 실체심사가 폐지되었으므로, 상기한 등록요건 즉 i) 갱신출원기간의 준수여부, ii) 갱신출원인과 상표권자의 일치여부, iii) 지정상품의 확장여부와 같은 최소한의 요건만을 심사하여 거절이유가 있으면 거절이유를 통지하고 기간을 정하여 의견서를 제출할 수 있는 기회를 부여한다(법45조).

갱신등록출원에 대해서는 이미 원상표권에 대한 심사가 한 번 있었던 것이어서 출원공고나 이의신청 및 전문조사기관에 대한 협조의뢰가 준용되지 않으므로, 심사관은 거절이유를 발견할 수 없으면 바로 등록결정을 하여야 한다.

# 4절 갱신등록과 관련한 법적효과와 문제

## 1. 갱신출원의 효과

정해진 기간 내에 갱신등록출원이 있을 때에는 심사지연으로 인한 권리의 공백을 방지하기 위하여 일단 상표권의 존속기간이 갱신된 것으로 간주한다(법46조1항본문). 다만 갱신출원에 대한 거절결정이 확정된 때에는 그러하지 아니하다(법46조1항단서).

## 2. 갱신등록의 효과

갱신등록은 원등록의 효력이 끝나는 다음날부터 효력이 발생한다(법46조2항).

갱신등록이 되었다고 하여 원등록에 존재하는 무효사유가 치유되는 것은 아니다. 또한 갱신등록에 하자가 있으면 원등록과 별개로 갱신등록 자체에 대한 무효심판의 청구가 가능하다(법72조).

## 3. 갱신등록의 법적 성질

새로운 권리가 발생하는 것으로 보는 견해와 기존의 권리가 존속기간만 연장되는 것으로 보는 견해가 있으나 판례는 2차 존속기간갱신등록 후라도 1차 존속기간갱신등록이 무효확정되면 1차 갱신 전의 존속기간의 만료일로 소급하여 상표권이 소멸하는 것으로 보아서 기존의 권리가 존속기간만 연장되는 것으로 보는 태도이다(또한 이 사례에서 2차 갱신 후에 1차 갱신에 대해 무효심판청구도 가능하고 이것이 신의칙 위반에 해당하는 것도 아니라고 하였다).

## 4. 갱신등록 거절의 효과

(1) 원상표권은 존속기간의 만료로 소멸한다. 상표권이 소멸한 날부터 1년이 경과하지 아니한 타인의 출원은 거절됨이 원칙이지만(법7조1항8호), 상표권자가 갱신유예기간 내에 등록상표에 대한 갱신출원을 하지 않았고 그 기간이 경과하여 출원된 경우에는 상표법 제7조 제1항 제8호가 적용되지 아니한다(법7조4항3호).

(2) 갱신출원인은 거절결정등본을 송달받은 날부터 30일 이내에 갱신출원에 대한 거절결정에 불복하는 심판을 청구할 수 있다(법70조의2).

### 5. 실체심사의 폐지와 보완책

상표법은 갱신출원에 대한 실체심사를 폐지하여 실체적 등록요건을 갱신거절이유 및 갱신무효사유에서 삭제하였다. 그러나 갱신등록의 간이·신속과 심사의 효율을 고려하여 실체심사를 폐지한 것과 등록 후에 공익에 반하는 상표를 정리하는 것은 별개의 문제이므로, 상표법은 2001년 개정에서 상표등록이 된 후에 그 등록상표가 상표법 제6조 제1항 각호의 1에 해당하게 된 경우를 후발적 무효사유로 하였다(법71조1항5호). 다만 1998.3.1.~2001.7.1. 사이의 출원에 대해서 후발적 무효사유가 적용되지 않는 문제점이 있다.

### 6. 상품류의 전환

종전에는 갱신출원시 상품류구분 및 상품명을 갱신출원 당시의 상품류구분에 일치시키도록 하였으나, 이는 상표법조약에 위반되는 것이어서 상표법은 2001년 개정에서 갱신출원 시 구분류에 의해 등록된 상품을 현행의 분류로 전환하도록 강제하지 않는 대신에, 상품분류의 통일을 도모하기 위하여 갱신등록절차와 별도로 상품분류전환등록제도를 신설하였다(법46조의2). 또한 분류전환등록신청을 하지 않은 경우 다음번의 존속기간갱신출원을 할 수 없도록 제재규정을 두고 있다(법64조의2).

## 5절 상표권의 이전(양태)

상표권의 이전이라 함은 상표권의 내용의 동일성을 유지하면서 소유주체만을 교체하는 것을 말한다.

상표권도 무체재산권의 일종으로 일반재산권과 마찬가지로 자유로운 이전이 허용되어야 할 것이나, 상표법의 목적에 비추어 수요자 이익 보호 등을 위해 필요한 경우에 일정한 제한이 가해지고 있다.

일반적으로 상표권은 그 자체만을 특정하여 영업과 함께하지 아니하고도 매매, 증여 등에 의하여 자유롭게 양도될 수 있고, 또한 지정상품마다 분할이전 할 수도 있다.

### 1. 특정승계

상표권만을 매매·증여 등에 의해 이전하는 경우이다. 상표권은 지정상품이 둘 이

상인 경우는 그 지정상품마다 분할하여 이전 할 수 있다(법54조1항본문). 또 상표권은 공장재단의 구성요소로서 재단저당에 포함되어 담보가 가능하고, 질권 설정이 가능하므로 이러한 담보권의 실행 기타 강제집행을 통하여서도 이전된다. 하지만 특정승계의 경우는 상표권 등록원부에 등록되어야만 승계의 효력이 발생한다(법56조1항).

### 2. 일반승계

상표권도 재산권의 일종이므로 상속, 포괄유증, 회사의 합병 등 일반승계에 의해서도 이전될 수 있다(법56조2항). 일반승계의 경우에는 등록이 없어도 효력이 발생한다. 다만 일반승계가 이루어진 경우에도 특허청장에게 신고하여야 하며, 3년 이내에 상속인이 그 상표권의 이전등록을 하지 아니한 경우에는 상표권자가 사망한 날로부터 3년이 되는 날의 다음날에 상표권이 소멸된다(법64조1항).

## BRAND MANAGEMENT 6절 상표권의 영업과 분리이전

상표는 상품의 출처를 표시하는 기능을 가지고 있으므로 영업과 밀접한 관계가 있다. 따라서 상표권을 영업과 분리하여 이전할 경우 일반수요자는 상품의 출처의 혼동을 일으키게 되므로 상품의 동일성을 유지하고 담보한다는 면에서는 상표권이 영업과 분리하여 이전되는 것은 공익상 해롭기 때문에 인정해서는 안 되는 것이다. 이러한 이유로 구상표법에서는 상표권은 영업과 같이 이전하는 경우만을 인정하고 또 영업의 폐지와 함께 상표권도 소멸된다는 취지의 규정을 두고 있었다. 그러나 상표는 개발, 관리에 막대한 투자와 오랜 기간이 소요될 뿐만 아니라, 상표사용자의 영업상의 신용이 화체되므로, Good Will 이라고 하는 경제적 가치와 재산적 기능을 가지게 되어, 상품기술이나 생산시설, 품질검사시설 및 유통관리 등 영업과는 별도로 독립의 거래대상이 된다. 따라서 상표권을 이전하는 자나 양수에 상응하는 대가를 치러 이전을 받는 자 모두 상표의 재산적 가치와 지정상품의 품질유지에 노력하게 되고 특히 지분이전에 의한 공유일 경우는 더욱 그러할 것이다. 즉 신뢰한 자에게 양도하고 이전 후에는 철저한 관리를 통해 상표의 성가를 지키려 할 것이다.

따라서 상표의 품질보증기능이 충분히 발휘되고 동일상표로 상품의 동일성이 유지된다면 일반수요자에게는 그 상품을 생산, 판매하는 자가 누구이든 문제될 것이 없을 것이다. 설령 상표권이 영업과 분리하여 이전됨으로써 출처의 혼동이 일어난다 하더라도 품질만 보증된다면 일반수요자에게는 아무런 영향을 주지 않는다고 할 수 있으므로 공익상으로도 문제가 될 것이 없다 하겠다. 상품의 동일성이 상표권을 영업과 같이 이전하게 되면 유지되고, 분리하여 이전하면 유지되지 않은 것으로 판단하는 것은 잘못이다. 즉 상품의 동일성은 양수인의 품질의 동일성 유지노력 여하에 따라 다를 수가 있기 때문이다.

오늘날과 같은 신용거래사회에서는 상표의 재산적 기능 때문에 상표를 영업과 분리 이전하더라도 상표를 이전하거나 이전을 받는 자측 모두가 상표를 재산가치의 증식수단으로 선용 또는 관리하게 될 것이고, 나아가서는 상호경쟁적으로 상표의 명성의 유지 내지는 고양에 노력하게 될 것이다. 이는 결국 그 지정상품의 품질향상을 통한 수요자의 신뢰축적으로 이어지기 때문에 일반수요자의 이익보호측면에서는 걱정할 필요가 없을 것이다. 그러므로 구태여 상표를 영업과 운명을 같이 하게 하지 않더라도 지정상품의 품질담보나 일반수요자의 이익에 영향을 주지 않을 것이므로 현행법상 상표의 영업과의 분리이전원칙은 큰 문제가 없을 것으로 판단된다. 하지만, 현실적으로 상표만을 양도할 경우 출처의 혼동이 일어날 수 있고, 또 이로 인하여 품질의 오인과 일반수요자의 피해를 전적으로 부인할 수 없다는 것은 미국의 상표법이나 독일의 판례에서도 볼 수 있고, 또 영업을 하지 않으면서 상표매매만을 목적으로 하는 상표브로커의 발생가능성에 대한 입법차원의 대비가 부족하다는 문제점을 안고 있는 것도 사실이다.

## 7절 상표권이전의 제한

상표권은 원칙적으로 영업과 분리하여 이전할 수 있으나 다음의 경우 등에 있어서는 일정한 범위 내에서 제한을 받는다.

### 1. 유사상품분할이전의 금지

상표권은 그 지정상품마다 분할하여 이전할 수 있으며, 이 경우 유사한 지정상품은 함께 이전해야 한다(법54조1항).

### 2. 국가 · 공공단체 등의 상표권의 양도금지

국가 · 공공단체 또는 이들의 기관과 공익법인 또는 공익사업체에서 자기의 표장을 등록한 상표권은 이를 양도할 수 없다.

다만, 국가 · 공공단체 또는 이들의 기관과 공익법인의 영리를 목적으로 하지 아니하는 업무 또는 영리를 목적으로 하지 아니하는 공익사업을 표시하는 표장으로서 저명한 것과 동일 또는 유사한 상표는 관련된 업무와 함께 양도하는 경우에는 상표권을 양도할 수 있다(법54조8항).

이는 국가 · 공공단체 등 공익업무주체 이외의 자에 대하여 등록된 상표의 양도를 인정한다면 동법 제7조 제1항 제3호의 규정을 두는 취지와 모순되기 때문이다. 이와 같이 국가 · 공공단체 등의 상표권의 양도는 할 수 없으나 공공단체의 합병 등 포괄승계의 경우에는 동조 동항 동호의 제한을 받지 않고 이전이 가능하다. 또 비영리공익사업에 있어서도 사업의 양도가 가능하고, 이때 사업과 같이하는 상표권의 이전은 인정한다는 것이다.

## 3. 업무표장권의 양도금지

비영리업무를 표상하기 위하여 사용하는 업무표장권은 그 업무와 분리하여 양도할 수 없다. 따라서 그 비영리 업무와 함께 양도하는 경우에는 업무표장권은 이를 양도할 수 있다(법54조7항).

## 4. 단체표장권의 이전금지

동종업자 또는 동종업자 및 이와 밀접한 관계가 있는 업자가 설립한 법인이 자신의 영업에 관한 상품 또는 서비스업에 직접 사용 또는 그 감독 하에 있는 단체원의 영업에 관한 상품 또는 서비스업에 사용하기 위한 단체표장권은 법인의 합병의 경우 특허청장의 허가를 받아 이전하는 경우를 제외하고는 이를 이전할 수 없다(법54조9항).

## 5. 공유인 경우의 제한

상표권이 공유인 경우에는 각 공유자는 다른 공유자의 동의를 얻지 아니하면 그 지분을 양도할 수 없다(법54조5항).

또한, 상표권이 공유인 경우에는 각 공유자는 다른 공유자의 동의를 얻지 아니하면 그 상표권에 대하여 전용사용권 또는 통상사용권을 설정할 수 없다(법54조6항).

## 6. 질권설정의 금지

비영리업무를 표상하기 위하여 사용하는 업무표장, 국가 · 공공단체 또는 이들의 기관과 공익법인 또는 공익사업체의 상표권과 동종업자 또는 동종업자 및 이와 밀접한 관계가 있는 업자가 설립한 법인이 그 감독 하에 있는 단체원의 영업에 관한 상품 또는 서비스업에 사용하기 위한 단체표장권을 목적으로 하는 질권은 이를 설정할 수 없다(법54조10항).

상표권이 공유인 경우에는 각 공유자는 다른 공유자의 동의를 얻지 아니하면 그 지분을 목적으로 하는 질권을 설정할 수 없다(법54조5항).

### 7. 제한 규정 위반 시 제재

상표법 제73조 제1항 제4호에서는 이전규정위반의 경우 상표권의 취소사유가 된다 규정하고 있다. 다만 이해관계인에 한하여 청구가능하며 심판청구 후라도 위반사유가 소멸하면 부적법한 심판으로 각하심결이 내려진다.

## 8절 동시이전 및 분할 후의 이전에 대한 문제

### 1. 상표권과 서비스표권의 동시이전문제

동일인이 동일・유사한 표장을 서로 밀접한 관계가 있는 상품과 서비스업에 대하여 상표와 서비스표로 등록을 받은 경우, 그 상표권과 서비스표권을 주체를 달리하여 이전할 수 있는가의 문제가 있다.

서비스표에 대해서도 사용에 관한 규정을 적용할 수 있다는 점(법2조3항), 등록후에도 출처혼동방지의 필요성은 마찬가지라는 점, 후출원 등록배제규정의 우회적인 회피를 방지할 필요가 있다는 점 등에서 이전에 제한을 가할 필요가 있을 것이므로, 상표법 제54조 제1항 후단 또는 제73조 제1항 제9호의 규정을 유추 적용할 여지가 있다.

### 2. 상표권 분할 후의 이전에 대한 문제

상표법은 유사한 지정상품에 관한 상표권은 함께 이전하도록 하고 있다. 그런데 상표권자가 상표법 제54조의2(상표권의 분할)의 규정에 의하여 유사한 지정상품들을 각각 별개의 상표권으로 분할한 후에 그 상표권을 주체를 달리하여 이전한다면 이에 대하여 동법 제73조 제1항 제4호 또는 제9호의 규정을 적용할 수 있는가에 대하여 논란이 있다.

# 9절 전용사용권

상표권은 지정상품 또는 서비스에 대해서 독점배타적으로 등록상표를 사용하는, 사법상의 재산권이기 때문에 상표법의 규정에 의해 제한을 받고 있는 경우를 제외하고는 상표권의 본질에 반하지 않는 한 상표권자는 제3자에게 이를 사용하게 하는 용익권이나 담보 목적의 권리를 설정하는 방법으로 이를 자유롭게 사용할 수 있다. 현행 상표법은 용익권으로서 전용사용권 및 통상사용권의 설정을, 담보권으로서는 질권의 설정을 각 인정하고 있다.

## 1. 의 의

'전용사용권'이란 등록상표를 그 지정상품에 대하여 일정 범위 내에서 독점적으로 사용할 수 있는 권리를 말한다(법55조3항). 전용사용권은 독점적인 권리이므로 상표권자라 하더라도 전용사용권의 범위 내에서는 전용사용권자의 허락 없이 등록상표에 대한 사용·수익행위를 할 수 없으며, 동일범위 내에서의 중복적 전용사용권의 허락을 할 수도 없다.

## 2. 법적성질

### (1) 물권성

전용사용권이 설정될 경우 그 사용자가 등록상표를 독점적으로 사용할 수 있는 독점배타성이 인정된다는 측면에서 '물권적인 성질'을 갖는다.

### (2) 부수성

전용사용권은 상표권의 존재를 근거로 성립하므로 상표권이 소멸하면 전용사용권도 소멸하게 된다.

### (3) 용익성

전용사용권은 설정행위로 정한 범위 내에서 등록상표를 사용할 권리를 갖는다.

## 3. 설정범위 및 효력

상표권자는 타인에게 상표권에 관하여 전용사용권을 설정할 수 있으며, 전용사용권자는 설정행위로 정한 범위 내에서 지정상품에 관한 등록상표를 사용할 권리를 독점하게 된다.

따라서 전용사용권자는 상표권자와 마찬가지로 타인이 등록상표와 동일하거나 이와 유사한 상표를 그 지정상품과 동일하거나 이와 유사한 상품에 사용하는 등의 권리침해에 대하여 금지 또는 예방을 청구할 수 있다. 또한 상표권자의 동의를 얻어 그 전용사용권을 타인에게 이전하거나 통상사용권을 설정할 수 있다(법55조5항, 6항).

전용사용권의 설정·이전 등은 등록하여야 효력이 발생하며(등록은 효력발생요건 - 법56조1항2호), 전용사용권자는 등록상표를 사용하는 상품에 자기의 성명 또는 명칭을 표시하여야 한다.

## 10절 통상사용권

### 1. 의 의

상표법상 통상사용권이라 함은 상표권자 이외의 자가 일정한 범위 내에서 등록상표를 그 지정상품에 대하여 사용할 수 있는 권리를 말한다. 통상사용권은 등록상표를 독점적으로 사용할 수 있는 권리가 아니므로 타인에게 통상사용권을 허락한 후에도 상표권자는 자신이 그 등록상표를 사용할 수 있으며 또한 같은 내용의 통상사용권을 제3자에게도 다시 설정할 수 있다.

우리나라가 상표법에서 통상사용권제도를 법제화하기 시작한 것은 1973. 2. 8. 법률 제2506호부터이며, 사용권을 전용사용권과 통상사용권으로 구분하여 규정한 것은 1990. 1. 13. 법률 제4210호에서부터이다.

과거에는 상표권자 이외의 자에게 상표를 사용토록 하는 것은 상표권자의 영업과 다른 출처가 발생된다는 점에서 이론상 인정되지 아니하였다.

그러나 근래에 와서는 상품의 출처표시기능과 더불어 품질보증기능의 중요성이 대두되면서 상표권자가 상표의 관리를 철저히 하여 수요자에게 상품출처의 오인·혼동을 일으키지 않고 불측의 손해를 줄 우려가 없다면 상표권자 이외의 자가 상표를 사용한다 하여도 크게 문제될 것이 없을 뿐만 아니라 이는 오히려 상표제도의 취지에도 부합하는 것이 된다는 이유에서 통상사용권제도를 두게 된 것이다.

## 2. 법적성질

### (1) 채권성

통상사용권이 설정될 경우 그 사용자는 사용권설정의 범위 내에서 등록상표를 그 지정상품에 사용할 수 있는 권리를 갖게되므로, 통상사용권은 '채권적 성질'을 갖는다.

### (2) 부수성

통상사용권은 상표권의 존재를 근거로 성립하므로 상표권이 소멸하면 통상사용권도 소멸하게 된다.

### (3) 용익성

통상사용권은 설정행위로 정한 범위 내에서 등록상표를 사용할 권리를 갖는다.

## 3. 설정범위 및 효력

상표권자 또는 전용사용권자는 타인에게 그 상표권에 관하여 통상사용권을 설정할 수 있으며, 통상사용권자는 설정행위로 정한 범위 내에서 지정상품에 관하여 등록상표를 사용할 권리를 가지게 된다.

또한 상표권자 및 전용사용권자의 동의를 얻어 그 통상사용권을 타인에게 이전할 수 있다.

통상사용권의 설정·이전 등은 등록하지 아니하면 제3자에게 대항할 수 없으며(등록은 제3자 대항요건), 통상사용권자는 등록상표를 사용하는 상품에 자기의 성명 또는 명칭을 표시하여야 한다.

또한 통상사용권자는 지정상품에 등록상표를 사용할 권리만 가지므로 권리침해에 대한 금지청구권은 없으며, 상표권자나 전용사용권자만이 권리침해에 대한 금지청구 등을 할 수 있다.

## 4. 사용권자 관리감독의무

상표사용환경의 변화에 따라 사용권제도를 도입하였으나 수요자에게 품질의 오인, 출처의 혼동을 일으킬 우려가 상대적으로 커지므로 상표권자에게 사용권자들에 대한 관리감독의무를 부여하고, 이를 이행하지 않았을 경우를 상표법 제73조 제1항 제8호에서 상표등록취소사유로 규정하고 있다. 다만 관리감독의무를 다한 경우에도 취소당하는 것은 상표권자에게 지나치게 불이익한 일인 것이므로 단서규정을 통해서 의무를 다한 경우에는 취소되지 않도록 하였다.

## 5. 상표권이전등의 제한 정리

표 4-1

| | 이전제한 | 질권설정제한 | 사용권 설정 제한 | 질권, 사용권 설정 위반에 대한 제재규정 |
|---|---|---|---|---|
| 유사상품 | 함께 | 없음 | 없음 | 없음 |
| 공유지분 | 타공유자동의 | 타공유자동의 | 타공유자동의 | 질권설정제한위반시 취소사유 |
| 7조1항3호단서 | 업무와 함께 | 불가 | 명문규정없으나 해석상 불가 | 없음 |
| 업무표장 | 업무와 함께 | 불가 | 불가 | 없음 |
| 단체표장 | 법인합병 & 특허청장의허가 | 불가 | 불가 | 없음 |

# 11절 상표권의 효력

상표를 등록할 경우 상표권자는 적극적으로 지정상품에 관하여 그 등록상표를 사용할 권리를 독점하는 독점권과 타인이 등록상표와 동일 또는 유사한 상표를 사용하는 경우 그 사용을 금지할 수 있는 금지권을 행사할 수 있으며 아울러 타인이 자기의 등록상표 또는 등록상표와 유사한 상표를 사용하는 등 상표권을 침해하는 경우 상표권자는 그 자를 상대로 하여 침해금지청구권 · 손해배상청구권 등을 행사할 수 있는 권리를 갖는다.

## 1. 상표권의 효력이 미치는 범위

### (1) 시간적 범위

상표권의 존속기간은 설정등록일부터 10년이다(법42조1항). 상표법은 등록주의에 기초하고 있기 때문에 상표권의 존속기간에 한계를 둔 것이다. 다만, 상표권의 존속기간은 갱신등록에 의하여 10년간씩 연장이 가능하므로 반영구성을 가진다.

### (2) 지역적 범위

속지주의 원칙상 대한민국 영토 내에만 미친다. 다만, 최근에는 진정상품의 병행수입과 관련하여 속지주의 원칙에 수정 내지는 예외가 나타나고 있다.

### (3) 내용적 범위

등록상표의 보호범위는 상표등록출원서에 기재된 상표와 상표등록출원서 또는 전환등록신청서에 기재된 상품에 의하여 정하여진다(법52조).

## 2. 상표권의 효력의 내용

### (1) 적극적 효력

#### 1) 전용권

상표권자는 지정상품에 관하여 그 등록상표를 사용할 권리를 독점하는데(법50조본문), 이것을 전용권이라고 한다.

전용권은 등록상표와 지정상품의 동일범위에 한정되며, 유사범위에서의 사용은 오히려 수요자 보호의 차원에서 불사용이나 부정사용으로 되어 상표등록이 취소될 수 있다.

'등록상표'라 함은 상표등록을 받은 상표를 말하며(법2조1항5호), 등록상표와 유사한 상표로서 색채를 등록상표와 동일하게 하면 등록상표와 동일한 상표라고 인정되는 상표를 포함한다(법91조의2 1항).

'지정상품'이라 함은 출원인이 상표를 사용하고자 하는 상품을 지정하여 상표등록출원서 또는 전환등록신청서에 기재한 것을 말한다.

'상표의 사용'이라 함은 상표법 제2조 제1항 제6호 각목 및 동조 제2항에 규정된 행위를 의미한다.

#### 2) 수익 · 처분권

상표권은 재산권의 일종이므로 상표권자는 상표권에 대하여 사용권이나 질권을 설정하여 그 경제적 가치를 실현할 수 있고, 상표권을 이전할 수 있으며 나아가 상표권의 전부 또는 일부를 포기할 수도 있다.

### (2) 소극적 효력

#### 1) 사용금지권

상표법은 상품의 품질이나 출처에 대한 오인 · 혼동을 방지하기 위하여 상표권의 배타적 효력이 미치는 범위를 유사범위까지 인정하고 있다(법66조). 따라서 정당한 권원 없는 자가 등록상표와 동일 · 유사한 상표를 그 지정상품과 동일 · 유사한 상품에 사용하면 상표권의 침해를 구성한다.

상표권자는 상표권을 침해한 자에 대하여 침해금지(법65조), 손해배상(민법750조) 등을 청구할 수 있고, 상표권의 침해죄(법93조)는 일반 수요자의 이익을 해할 수 있으므로 비친고죄로 하고 있다. 한편, 상표법은 침해가 용이한 반면 그의 입증이나 손해액의 산정이 어려운 무체재산권의 특성을 고려하여 침해로 보는 행위(법66조), 손해액의 추정(법67조), 고의의 추정(법68조)과 같은 규정을 두어 권리구제의 실효성을 담보하고 있다.

2) 등록배제효

상표권자는 타인이 등록상표와 동일・유사한 상표로서 그 등록상표의 지정상품과 동일・유사한 상품에 사용하고자 출원한 경우에 그 등록을 저지할 수 있다(법7조1항7호). 이것은 상표권의 독점배타성을 보장하고 상품출처의 혼동을 방지하기 위하여 등록 전단계에서부터 1상표 1권리주의를 실현하기 위한 것이다.

## 3. 상표권효력의 확장

### (1) 지정상품의 추가등록(법47조)

상표권자는 등록상표에 대한 지정상품을 동일류 구분여부에 관계없이 추가등록 받을 수 있어 상표권의 효력을 계속 확장해 갈 수 있다.

### (2) 상표권의 존속기간 갱신등록(법43조)

상표권의 존속기간은 등록일로부터 10년이면 만료되나 필요한 경우 그 존속기간을 10년간씩 계속 갱신등록함으로써 그 효력을 확장할 수 있다.

### (3) 간접침해(법66조)

상표법은 제66조 제2・3호에서 등록상표 또는 등록상표와 유사한 상표를 그 지정상품 또는 지정상품과 유사한 상품을 사용할 목적으로 교부 또는 판매하는 등 상표사용의 예비적 행위도 침해행위로 간주함으로써 상표권의 효력을 확장하고 있다.

## BRAND MANAGEMENT 12절 상표권효력의 제한

### 1. 사익적 · 공익적 이유에 의한 제한

#### (1) 자기의 성명 · 명칭 등을 보통으로 사용하는 방법으로 표시하는 상표(법51조1항1호)

등록된 상표라도 자기의 성명 · 명칭 또는 상호 · 초상 · 서명 · 인장 또는 저명한 아호 · 예명 · 필명과 이들의 저명한 약칭을 보통으로 사용하는 방법으로 표시한 상표에 대해서는 그 상표권의 효력이 미치지 아니한다. 다만, 상표권의 설정등록이 있은 후 부정경쟁의 목적으로 그 상표를 사용하는 경우에는 그러하지 아니하다.

단 부정경쟁목적의 판단에 있어서는 침해자가 고의로 사용한 사실만으로는 부족하고 상표의 선정동기, 상표의 유사성, 피해상표의 신용정도, 지역적 인접성, 영업목적의 유사성 등을 종합 고려하도록 함이 판례의 태도이다.

#### (2) 보통명칭 또는 성질을 표시하는 상표(법51조1항2호)

등록상표의 지정상품과 동일 또는 유사한 상품의 보통명칭 · 산지 · 품질 · 원재료 · 효능 · 용도 · 수량 · 형상 · 가격 또는 생산방법 · 가공방법 · 사용방법 및 시기를 보통으로 사용하는 방법으로 표시하는 상표에는 상표권의 효력이 미치지 않는다.

입체적 형상이 식별력이 없는 경우에는 그 입체적 형상에 대해서도 상표권의 효력이 미치지 않는다.

#### (3) 관용상표 · 지리적 명칭에 해당하는 상표(법51조1항3호)

등록상표의 지정상품과 동일 또는 유사한 상품에 대하여 관용하는 상표와 현저한 지리적 명칭 및 그 약어 또는 지도로 된 상표에는 상표권의 효력이 미치지 아니한다.

#### (4) 기능발휘에 필수적인 입체적 형상 또는 색채(법51조1항4호)

상품 또는 상품의 포장이 기능을 발휘하는데 불가결한 입체적 형상으로 되거나 색채 또는 색채만의 결합으로 된 상표에 대해서는 상표권의 효력이 미치지 않는다. 기능성 있는 입체적 형상 또는 색채 부분에 대해서 효력을 제한하기 위함이다.

## 2. 타인의 디자인권 또는 저작권과의 저촉에 의한 제한(법53조)

상표권이 상표등록출원일전에 출원하여 등록된 타인의 디자인권 또는 타인의 저작권과 저촉되는 경우에는 디자인권자 또는 저작권자의 동의를 얻지 아니하면 등록상표를 그 지정상품에 사용할 수 없다.

## 3. 사용권설정에 의한 제한(법55조1항단서, 57조2항)

전용사용권 또는 통상사용권에 관한 설정등록이 있으면 그 사용권의 범위 내에서 상표권의 효력이 제한된다.

## 4. 상표권공유 · 질권설정에 의한 제한

상표권이 공유인 경우 각 공유자는 다른 공유자의 동의를 얻지 아니하면 그 지분을 양도하거나 지분을 목적으로 하는 질권을 설정할 수 없으며(법54조4항), 상표권을 목적으로 하는 질권이 설정되어 있는 경우에는 질권자의 동의를 얻어야만 상표권을 포기할 수 있다(법60조1항).

## 5. 업무표장 · 단체표장

업무표장 · 단체표장은 그 표장이 갖는 특성으로 인하여 그 권리의 행사에 있어 여러 가지 제약이 뒤따른다.

## 6. 재심에 의하여 회복한 상표권의 효력 제한(법85조)

(1) 상표등록 또는 갱신등록이 무효로 된 후 재심에 의하여 그 효력이 회복된 경우

(2) 상표등록이 취소된 후 재심에 의하여 그 효력이 회복된 경우

(3) 상표권의 권리범위에 속하지 아니한다는 심결확정 후 재심에 의해 이와 상반되는 심결이 확정된 경우, 심결확정 후 재심청구등록전의 선의의 상표의 사용에는 상표권의 효력이 미치지 아니한다.

## 7. 존속기간이 만료된 선출원 특허권 등에 대한 효력 제한(법57조의2)

상표권은 존속기간이 반영구적이서 상표등록출원일 전 또는 그와 동일한 날에 출원되어 등록된 특허권 등의 권리가 존속기간의 만료로 소멸된 후에도 존속할 수 있다.

이 경우에 상표권의 금지권이 미쳐 선출원자였던 자들이 소멸한 원권리 범위 내에서 실시를 할 수 없다면 형평에 맞지 않고 기존에 설치된 설비의 보호에도 문제가 생기므로, 부정경쟁목적이 아닌 한 원권리의 범위 안에서 계속 상표권을 사용할 권리를 부여하여 상표권의 금지권이 미치지 못하게 하였다. 원특허권자 등은 대가없이 사용가능하고 원특허권 등의 실시권자는 상표권자에게 대가를 지급하고 실시할 수 있다.

## 8. 상표선사용자에 대한 효력 제한(법57조의3)

모방상표를 출원하여 등록받음에 따른 기대이익을 축소 내지 박탈하여 모방상표 출원을 저지하고 선출원주의, 등록주의의 문제점을 보완하기 위해서 선사용주의적 요소를 추가한 것이다. 2007.7.1. 이후에 타인이 상표출원하여 등록된 경우에 적용된다.

타인의 출원시 이전부터 부정경쟁목적 없이 계속해서 사용하여 타인의 출원시에 특정인의 상품을 표시한 것으로 수요자간에 인식되었다면 원래 사용한 범위 안에서 계속해서 자신의 상표를 대가를 지급할 필요없이 사용할 수 있다. 주지성 요건을 둔 것은 등록주의의 예외를 무한정 인정할 수 없는 것이어서 일정한 제한을 둔 것이다. 다만 상표권자는 선사용자에 대해서 혼동방지를 위한 표시를 하도록 청구할 수 있다(법57조의3 2항).

## 9. 권리남용에 따른 상표권 효력 제한(판례)

외형상 적법한 상표권의 행사라도 이러한 권리행사가 권리 남용에 해당하는 경우 행사가 제한되는 경우가 있다.

먼저 주지저명한 상표가 미등록임을 기화로 하여 모방상표 출원하여 등록받고 이 상표권에 기반하여 정당권리자에게는 금지권을 행사하고, 정당권리자의 부정경쟁방지법에 기한 등록상표권자에 대한 상표사용금지청구에 대해서는 자신의 상표사용은 상표권상의 전용권에 기한 것임을 주장하는 경우이다.

판례는 상표출원이 자타상품식별의 목적이 아니고 국내 주지상표를 이용하여 부정한 이익을 목적으로 출원, 등록한 것이라면 등록상표에 대한 무효여부와 관계없이 주지상표주에 대한 권리행사는 권리남용이라 하여 금지권 행사를 배척하고, 등록상표를 사용하는 것은 상표권의 남용이므로 부정경쟁방지법 제15조의 적용이 없다 하여 주지상표주의 사용금지청구를 인용하였다.

권리남용을 인정하기 위해서 주관적 요건이 반드시 갖추어져야 하는 지에 대해서도 판례는 상표권 행사 목적이 오직 상대방에게 고통을 주고 손해를 입히려는 데 있을 뿐 상표권 행사에 아무런 이익이 없어야 한다는 주관적 요건을 반드시 필요로 하는 것은 아니라 하였다.

또한 침해금지가처분신청시 등록상표권에 취소사유가 명백하여 보전의 필요성을 결한 경우에는 가처분 신청을 배척한 바 있고, 상표권자가 영업을 하지 않아 손해를 받은 바 없는 때에는 상표권자의 손해배상청구를 기각하였다.

무효사유가 명백한 상표권에 기한 사용금지청구 등도 권리남용이라 하여 배척하였음이 판례이다. 다만 이는 등록주의의 예외이므로 엄격히 해석해야한다는 견해가 있다.

### 10. 권리소진이론

상표권 독립의 원칙이란 상표권의 실시행위 각 태양마다 각각 상표권의 침해여부를 판단함을 의미한다. 하지만 상표권자가 적법하게 상표를 부착하여 판매한 티비를 사서 사용하다가 이를 중고로 제3자에게 판매하는 경우를 생각하여 본다면 판매행위는 상표가 부착된 상품의 양도행위로서 상표권의 침해를 구성하게 되는 문제가 생긴다.

이에 국내에서 등록상표가 표시된 상품을 양도한 경우에 상표권은 목적을 달성한 것이어서 소진되고 이후의 당해 상품의 사용, 양도, 대여 등의 행위에는 상표권이 미치지 않는 것이라는 권리소진이론이 있다. 형식적으로는 상표권의 침해요건을 만족하는 경우이나 상표권의 침해가 되지 않는 위법성조각사유인 것이다.

다만 판례는 상품의 중요하고 본질적인 부분 등을 교체하여 원래 상품과 동일성을 해할 정도로 가공, 수선이 있는 경우에는 실질적 생산 행위로 보아서 상표권을 침해하는 것이라 하였다.

권리소진이론은 국제적 범위로 발전하여 진정상품병행수입 허용의 이론적 근거가 되기도 한다(하지만 우리나라 판례는 상표의 기능면에서 접근하여 이를 허용하고 있는 태도이다).

## BRAND MANAGEMENT 13절 상표권의 침해

상표법은 상표사용자의 업무상의 신용유지를 도모함과 아울러 기만적이거나 오인을 불러일으키는 상표의 사용으로부터 일반수요자의 이익을 보호함을 목적으로 한다. 이를 위하여 상표법은 상표권자에게 지정상품에 관하여 등록상표를 독점사용할 권리를 인정하는 한편(법50조), 법률상 정당한 권한 없는 타인에게는 등록상표와 혼동가능성이 있는 상표를 사용하지 못하게 하고 있다.

한편, 상표권은 무체재산권으로서 객체의 점유가 불가능하므로 침해가 용이한 반면 침해의 발견이 곤란하고, 상표권의 침해는 곧 수요자의 불이익을 수반하게 되므로, 상표법은 침해의 예비 내지는 방조적 행위도 상표권을 침해한 것으로 간주하고(법66조), 침해자의 고의를 추정하며(법68조), 상표권 침해죄(법93조)를 비친고죄로 하고 있다.

## 1. 상표권침해의 요건

상표권은 상표권자만이 등록상표를 지정상품에 관하여 사용할 권리를 독점하므로 상표권자 이외의 자가 정당한 권한 없이 등록상표와 동일 또는 유사한 상표를 그 지정상품과 동일 또는 유사한 상품에 사용하는 경우는 물론 등록상표와 동일 또는 유사한 상표를 그 지정상품과 동일 또는 유사한 상품에 사용할 목적이나 사용하게 할 목적으로 교부·판매·위조·소지 및 보관하는 행위인 예비적 행위도 상표권을 침해하는 것으로 규정하고 있다.

상표권의 침해가 성립하기 위해서는 i) 상표권의 침해라고 주장하는 사실의 발생시점에 등록상표권이 유효하게 존재하였어야 하고, ii) 상표권의 보호범위(동일영역+유사영역+간접침해)내에서의 사용이어야 하며, iii) 정당한 권한 없는 사용 또는 상표권의 배타적 효력이 제한되는 경우가 아닌 범위 내에서의 사용과 같이 상표의 사용이 위법한 것이어야 하고, iv) 영업상의 거래에 있어서 업으로서 사용하는 것이어야 한다. v) 또한, 상표의 사용행위가 상표법 제2조 제1항 제6호 및 동조 제2항의 규정에서 정하는 사용태양에 속하고 상표의 기능이 발휘되도록 사용(상표적 사용)해야만 하는 경우이어야 한다.

## 2. 상표권침해의 유형

### (1) 전용권의 침해(법50조, 직접침해)

상표권자는 지정상품에 관하여 그 등록상표를 사용할 권리를 독점한다(법50조). 이러한 상표권자의 전용권에 대한 침해를 직접침해라 한다. 즉, 타인의 등록상표와 동일한 상표를 그 지정상품과 동일한 상품에 사용하는 행위는 타인의 전용권을 침해하며, 이는 타인의 상표권을 침해하는 것이다.

### (2) 금지권의 침해(유사영역에서의 침해, 법66조1항1호, 직접침해)

상표법은 상표권의 효력이 보다 실효성 있는 것으로 하기 위해서 등록상표와 동일한 상표뿐만 아니라 등록상표의 유사범위에 속하는 타인의 사용에 대해서도 이를 상표권 침해로 간주하여 그 사용을 금지할 수 있는 권리를 상표권자에게 부여하고 있다(법66조1항1호).[1] 상표권의 이러한 금지적 기능도 상표권의 본래적인 효력을 보호하기 위하여 법률에 의하여 상표권자에게 부여된 권리이기 때문에 이를 상표권의 효력의 일부라고 할 수 있다. 따라서, 타인의 등록상표와 동일한 상표를 그 지정상품과 유사한 상품에 사용하거나 타인의 등록상표와 유사한 상표를 그 지정상품과 동일 또는 유사한 상품에 사용하는 행위는 타인의 상표권을 침해한다.[2]

다만, 지리적 표시 등록단체표장에 관한 금지권은 동일한 상품의 범위로 그 효력범위가 제한된다. 또한, 동음이의어 지리적 표시에 대해서도 그 효력이 미치지 않는다.

#### (3) 예비적인 행위에 의한 침해(법66조1항2호 내지 4호, 간접침해)

상표법은 i) 타인의 등록상표와 동일 또는 유사한 상표를 그 지정상품과 동일 또는 유사한 상품에 사용할 목적이나 사용하게 할 목적으로 교부 또는 판매하거나 위조·모조 또는 소지하는 행위, ii) 타인의 등록상표를 위조 또는 모조할 목적이나 위조 또는 모조하게 할 목적으로 그 용구를 제작·교부·판매 또는 소지하는 행위, iii) 타인의 등록상표 또는 이와 유사한 상표가 표시된 지정상품과 동일 또는 유사한 상품을 양도 또는 인도하기 위하여 소지하는 행위는 상표권을 침해한 것으로 간주한다.

이와 같은 행위는 등록상표의 사용 그 자체는 아니므로 상표권의 직접적인 침해라 할 수는 없지만, 침해의 개연성이 높은 예비적인 행위이므로 이를 침해로 간주하여 상표권자 및 일반수요자를 보호하려는 것이다. 다만, 지리적 표시 등록단체표장과 관련하여서는 동일한 상품의 범위 내에서의 예비적인 행위에 한하여 침해로 간주된다.

## 14절 상표권침해에 대한 구제방법

타인이 자기의 등록된 상표와 동일하거나 이와 유사한 상표를 동일하거나 이와 유사한 상품에 사용하고 있음이 명백하여 사업상의 손해를 입었을 경우에는 상표권자는 상표법이 정하는 바에 따라 정당한 보호를 받을 수 있다.

1) 상표법은 표지 자체를 보호하는 것이 아니라 상표에 화체된 신용을 보호하고 나아가 상표를 매개로 거래를 하는 일반수요자의 상품의 품질과 출처에 대한 인식을 보호하는 것이므로 동일영역에서의 침해뿐만 아니라 유사영역에서의 사용까지 방어영역을 확장한 것이다.

2) 상표의 금지권의 범위는 주지·저명상표라 하여도 비유사범위까지 확장되는 것이 아니라 함이 판례의 태도이다. 따라서 비유사범위에서 저명상표를 무단으로 사용하여 부당한 이득을 취하는 등의 행위시에는 부정경쟁방지법을 통하여 해결해야 한다.

상표권 침해에 대한 구체적인 구제 방법으로는 침해자에 대하여 법원에 고소하여 형사상 제재를 가하도록 함과 동시에, 민사상으로는 금지청구 또는 타인이 고의 또는 과실로 상표권을 침해하여 초래된 재산적·정신적 손해에 대하여 법원에 손해배상청구의 소를 제기하여 손해에 대한 응분의 배상을 받을 수 있으며, 영업상의 신용을 실추케 한자에 대하여는 신용회복조치 등을 강구할 수 있다.

## 1. 민사적 구제

### (1) 침해금지청구권(법65조)

상표권자 또는 전용사용권자는 자기의 권리를 침해한 자 또는 침해할 우려가 있는 자에 대하여 그 침해의 금지 또는 예방을 청구할 수 있으며, 침해금지·예방청구에 침해행위를 조성한 물건의 폐기, 침해행위에 제공된 설비의 제거, 기타 침해의 예방에 필요한 행위를 청구할 수 있다.

### (2) 손해배상청구권(민법750조)

상표권 또는 전용사용권을 고의 또는 과실로 침해한 자는 그에 의하여 발생한 손해를 권리자에게 배상할 책임이 있다. 이와 같이 고의·과실에 기한 상표권 침해로 인한 손해배상에는 민법의 일반 규정이 적용되는 것이 원칙이지만 상표권은 다른 지식재산권과 마찬가지로 무형의 재산으로서 그 침해로 인한 손해를 입증하는 것이 쉽지 않으므로 상표법은 상표권자의 입증의 편의를 위해 고의의 추정(법68조) 및 손해액의 추정(법67조)에 관한 규정을 두고 있다.

### (3) 신용회복청구권(법69조)

고의 또는 과실로 상표권 또는 전용사용권을 침해함으로써 상표권자 또는 전용사용권자의 업무상의 신용을 실추케 한 자에 대해서는 법원은 상표권자 또는 전용사용권자의 청구에 의하여 손해배상에 갈음하거나 손해배상과 함께 상표권자 또는 전용사용권자의 업무상 신용회복을 위하여 필요한 조치를 명할 수 있다.

### (4) 부당이득반환청구권(민법741조)

손해배상청구권이 소멸시효에 의해서 소멸한 경우라도 침해자가 법률상 이유없이 획득한 이득에 대해서는 반환을 청구할 수 있다. 소멸시효가 10년이어서 손해배상청구권과 달리 단기소멸시효의 적용이 없는 점에서 유리하다.

## 2. 형사적 구제

### (1) 침해죄(법93조)

상표법은 상표권 또는 전용사용권의 침해행위를 한 자는 7년 이하의 징역 또는 1억원 이하의 벌금에 처할 수 있도록 하여 상표권 침해 행위에 대하여 형사적 제재를 가함으로써 상표권의 침해로부터 상표권자를 보호하고 있다. 상표권의 침해행위는 정당한 이유없이 타인의 등록상표를 무단으로 사용하는 경우는 물론 상표법 제66조 소정의 침해로 간주되는 행위도 모두 포함한다. 다만 상표법상의 상표권 침해죄에도 형법총칙과 형사소송법의 규정이 준용되므로 상표권침해죄가 성립하기 위해서는 침해자에게 고의가 있을 것이 요구되며 민사적 구제의 경우와 달리 고의가 추정되지는 않는다.

### (2) 허위표시의 죄(법95조)

누구든지 상표 출원 및 등록을 하지 아니한 상표를 한 것처럼 상품에 표시하거나 영업용 광고, 간판, 표찰, 영업의 거래서류 등에 표시하는 행위 등 허위표시를 한 자는 3년 이하의 징역 또는 2천만원 이하의 벌금에 처한다.

### (3) 양벌규정(법97조)

종업원 등이 상표권을 침해한 경우 사용자 등에게도 벌금에 처할 수 있다. 사용자 등이 개인인 때에는 동일한 최고액 내에서, 법인인 때에는 해당 벌금형의 최고액의 3배 범위 내에서 벌금에 처한다.

# BRAND MANAGEMENT 15절 상표권의 사례

**사례 1**

**외국에서 상표등록 된 상품을 수입해서 국내 판매를 할 경우, 국내에 동일한 상표에 대해 다른 상표권자(동일인이 아님)가 있으면 어떻게 해야 하는가?**

상표법은 각 나라마다 다르므로 상표등록은 등록을 받은 나라에서만 독점적인 효력이 있다. 따라서 상표를 보호받고자 하는 나라마다 별도의 등록을 받아야 한다(속지주의 원칙). 우리나라에서 상표법에 의하여 등록받은 상표권자가 있으면 상품을 수입·판매하기 위해서는 우리나라 상표권자의 동의를 받고 전용사용권설정계약 또는 통상사용권설정계약을 맺어야 상표를 사용할 수 있다.

사례 2

**갑 음식점이라는 상호로 신고를 하고 영업을 해오던 중 을이 갑이라는 상호를 특허청에 서비스표로 등록을 하고 상호를 변경하라는 내용증명을 보내 올 경우 어떻게 해야 하는가?**

서비스표권 출원이전부터 상호등록하여 사용하여 온 것이므로 부정경쟁목적이 없을 것이어서 상표법 제51조 제1항 제1호의 효력제한사유를 주장하여 을의 주장을 배척할 수 있다. 갑 상호가 서비스표로 특정인의 출처표지로 인식된 정도의 주지성을 획득했다면 상표법 제57조의3에서 규정하는 선사용권의 주장이 가능하고 을의 상표등록에 대해서 무효심판 청구도 고려해 볼 수 있다.

사례 3

**상표등록출원을 신청한 후 타인에게 내용증명을 보내 등록되었으므로 상표사용을 중지할 것을 요구하는 경우에는 어떻게 해야 하는가?**

상표법에 의한 상표권행사는 상표등록 이후에만 가능하며, 상표등록출원 중에는 독점성이 인정되지 않으므로 상표사용중지의 권리행사를 할 수 없다. 한편, 상표출원 후 상표등록까지는 많은 시간이 소요되므로 "특허청 상표출원 제000000호"와 같이 표시하여 홍보 및 계고의 목적으로 사용할 수 있으며, 서비스·상품 등을 개발하여 영업 중인 경우 부정경쟁방지법에 의한 제재를 구할 수 있다. 상표법상으로는 타인에게 경고한 것이므로 상표권 설정등록 후에 보상금청구권을 행사할 수 있다.

사례 4

**특허청에 등록되어 있지는 않으나 여러 차례 매스컴에 소개된 상호를 사용할 경우 법에 저촉되는가?**

특허청에 등록되어 있지 않은 경우 상표권은 인정되지 않으며, 브랜드(상표)로만 존재하는 것이다. 그러나 일반인들에게 널리 알려진 상호 또는 서비스명일 경우에는 부정경쟁방지법에 의거 사용할 수 없으므로, 아무런 분쟁 없이 사용할 수 있는지의 여부는 유명도와 유사성의 여부에 따라 결정되어지며, 이러한 사항은 사법적 판단에 의해 가려질 사항이다.

방송프로그램의 경우, 제작기획단계에서부터 브랜드전문가가 참여하여 네이밍, 상표관리 및 법적권리(상표권, 저작권 등), 브랜드마케팅 등 브랜드자산화와 브랜드거래(매매 및 사용)를 기해야 할 것이다.

사례 5

**양국의 상표권자가 동일하고 국내에는 별도의 전용사용권자가 있는 경우 외국의 상표권자가 적법하게 상표를 부착한 제품을 수입해서 판매하려고 할 때의 상표권침해문제는 어떠한지?**

수입하고자 하는 상표에 대해서 전용사용권이 설정되어 있는 경우에는 전용사용권자의 사용형태에 따라서 수입여부를 판단하여야 한다.

전용사용권자가 수입하지 않고, 제조·판매를 하는 경우에는 수입을 금지하고 있다. 상품의 수입이 상표권을 침해하는지 여부의 최종적인 판단은 법원의 결정에 따른다.

사례 6

**OEM방식으로(주문자 상표부착) 제품 생산 후 관세청이나 주거래은행에서 이 제품을 압수한 후 채권확보를 위해서 공매하였을 때 상표가 부착된 상태로 유통시킬 경우에는 어떻게 되는지?**

일반적으로 정당한 권한 없이 상표가 부착된 상태의 상품을 유통한다면 상표권침해에 속한다. 그러나 원형을 그대로 두고 상표만을 제거하여, 판매유통을 한다면 이 경우에는 상표법상 침해의 문제는 발생하지 않을 것이다.

사례 7

**사람의 이름과 사진 등을 상표등록 할 수 있는가?**

상표법상 호나 이름도 상표로서 등록받을 수 있으나, 허위로 표시하거나 비방 또는 모욕하거나 이들에 대해 나쁜 평판을 받게 할 염려가 있는 경우에는 등록을 받을 수 없다.

그리고 사람의 사진은 상표등록이 되지 않으나, 삽화, 캐릭터화한 경우에는 원칙적으로 등록이 가능하다. 다만 상표등록의 요건을 충족하고, 상표등록을 받을 수 없는 상표에 해당되지 않아야 한다.

사례 8

**회사의 합병으로 인한 상표권의 사용은 어떻게 되는가?**

상표권은 자유롭게 이전 및 사용수익 할 수 있으며, 상표권의 이전이 상속 기타 일반승계의 경우에는 등록을 하지 아니하여도 그 효력이 발생한다. 따라서 합병으로 인한 상표권은 권리를 포괄하여 승계하므로 새롭게 권리이전의 절차가 없이 사용할 수 있다. 단 특허청에 신고를 해야 한다.

사례 9

**지명과 상품명칭을 결합한 상표의 경우 등록 가능한가?**

상표란 자기의 상품과 타인의 상품을 식별하기 위하여 사용하는 것이므로 이러한 식별력이 없는 상표는 등록이 될 수 없으며, 특정인이 독점하여 사용하기에도 적합하지 않다. 따라서 이에 해당하는 지명과 상품명이 결합한 상표는 등록이 아니되나, 개별적으로 상표명과 분야에 따라 판단하여야 한다. 안흥찐빵 상표권의 경우와 같이 지명이 포함된 상표권의 가치가 막대하고 분규의 소지가 많으므로 이에 대한 심사는 제한적으로 이루어진다.

또한 사용에 의한 식별력을 취득한 경우에는 상표법 제6조 제2항의 적용을 주장하여 상표등록 받을 수 있을 것이다.

사례 10

**상표권의 공동소유자의 동의 없이 소유권이전이 가능한가?**

상표법에 의하면 "상표권이 공유인 경우에는 각 공유자는 다른 공유자 전원의 동의를 얻지 아니하면 그 지분을 양도하거나 그 지분을 목적으로 하는 질권을 설정할 수 없다"라고 규정하고 있으므로 상속 기타 일반 승계의 경우를 제외하고는 동의서 없이 소유권이전을 할 수 없다. 단, 상표권의 상품 또는 서비스류나 수가 다수일 경우 소유권분할청구는 가능하다고 본다.

사례 11

**상표권자가 동종업계의 다수에게 통상사용권을 설정해주고, 자신도 사용할 수 있는가?**

상표법상 통상사용권은 등록상표를 독점적으로 사용할 수 있는 권리가 아닌 것으로 해석함이 일반적이므로 상표권자는 다수에게 같은 내용의 통상사용권을 허락할 수 있으며, 자신도 상표를 사용할 수 있다. 단, 전용사용권설정계약의 경우에는 상표권자가 사용할 수 있다는 계약내용이 없으면 전용사용권자 외에는 사용할 수 없다.

사례 12

**외국의 회사와 상표에 대한 독점계약을 한 뒤 국내에서 상표등록을 하고 상표를 사용하고 있는 바, 만약 계약기간이 만료된 경우 국내의 정당한 상표권자가 계약을 연장하지 않고, 독자적으로 상표를 사용할 수 있는지?**

조약당사국에 등록된 상표 또는 이와 유사한 상표로서 그 상표에 관한 권리를 가진 자의 대리인이나 대표자 또는 상표등록출원일전 1년 이내에 대리인이나 대표자이었던 자가 상표에 관한 권리를 가진 자의 동의를 받지 아니하는 등 정당한 이유 없이 그 상표의 지정상품과 동일 또는 유사한 상품을 지정상품으로 상표등록출원을 하여 등록된 경우에는, 그 상표에 관한 권리를 가진 자가 당해 상표등록일로부터 5년 이내에 취소심판을 청구하여 그 상표의 등록을 취소할 수 있으며, 상표등록이 조약에 위반된 경우 등의 사유로 무효 심판을 청구하여 그 상표의 등록을 무효시킬 수 있다. 단, 상표에 관한 권리를 가진 자의 동의를 받아 상표등록을 한 경우에는 상표법상으로 그 상표의 권리는 등록받은 국내 상표권자에게 있다.

사례 13

**상표등록출원을 하기위해서는 출원 전에 반드시 상표를 사용해야 하는가?**

우리나라는 등록주의의 입장을 취하여 상표법 제3조에서 "국내에서 상표를 사용하는 자 또는 사용하고자 하는 자는 상표등록을 받을 수 있다"라고 규정하여 출원 전에 상표를 사용하지 않아도 상표등록을 받을 수 있다. 또한 거절이유에 있지 않아 사용의사를 고려하지 않음이 심사기준의 입장이어서 등록이 가능하다. 다만 등록 후 3년 이상 계속해서 불사용이면 상표권 취소사유에 해당하여 취소될 우려가 있으므로 그전에 상표를 사용해야 한다.

사례 14

**상표등록권자가 등록된 상표를 약간 변형하여 사용하고자 해도 괜찮은가?**

상표권자는 등록상표를 등록받은 대로 그 지정상품에 사용하여야 하며, 등록받은 상표를 변형 사용함으로써 수요자로 하여금 상품의 품질오인 또는 타인의 업무에 관련된 상표권을 침해할 수 없다. 또한 이러한 변형 사용이 자신의 상표권의 유사범위 사용에 해당하나 이러한 사용이 수요자에게 품질오인 또는 출처의 혼동을 초래하는 경우에는 취소사유에 해당하여 상표권이 취소될 위험도 있다.

## 연습 문제 객관식 문제

**01** BRAND **상표권의 설명으로 잘못된 것은?**

① 상표권은 등록상표를 지정상품에 독점적으로 사용할 수 있는 권리를 말한다.
② 상표권의 존속기간은 설정등록일로부터 10년이며, 갱신등록의 출원에 의하여 15년마다 갱신할 수 있다.
③ 상표권은 설정등록에 의하여 발생한다.
④ 상표권은 재산권의 일종으로서 특허권 등과 같이 담보에 제공될 수 있다.

BRAND MANAGEMENT | ②

**02** BRAND **상표권의 침해에 대한 민사상의 권리가 아닌 것은?**

① 권리침해의 금지 및 예방청구권
② 상표권 침해죄
③ 손해배상청구권
④ 신용회복조치청구권

BRAND MANAGEMENT | ②

**03** BRAND **상표권침해에 해당되지 않는 것은?**

① 등록상표권과 전혀 다른 업종에서 유사한 상표를 사용하고 있다.
② 등록상표권과 유사한 상표를 사용하고 있다.
③ 상표권자의 허락없이 등록상표와 동일상표를 사용하고 있다.
④ 등록된 지정상품과 동일·유사한 상품에 사용하고 있다.

BRAND MANAGEMENT | ①

**04** BRAND 상표권침해에 대한 구제방법 중 다른 것과 절차가 틀린 것은?

① 사용중지 가처분　　② 손해배상
③ 형사처벌　　④ ICANN

BRAND MANAGEMENT ④

**05** BRAND 상표권의 설명 중 틀린 것은?

① 상표권은 등록주의, 선원주의를 채택하고 있다.
② 상표권은 상표에 대해서 사용을 하고 있는 사람 중 먼저 출원한 자에게 등록된다.
③ 상표권은 설정등록에 의해서 효력이 발생한다.
④ 상표법상 등록요건에는 주체적 요건, 객체적 요건, 절차적 요건이 있다.

BRAND MANAGEMENT ②

**06** BRAND 상표권의 소멸에 대한 설명으로 적당한 것은?

① 상표권의 이전
② 상표권존속기간의 연장
③ 상표등록취소심결이나 상표등록무효심결의 확정
④ 상속인의 등록이행

BRAND MANAGEMENT ③

07 BRAND

**상표권 존속기간에 대한 설명으로 틀린 것은?**

① 상표권의 존속기간은 설정등록이 있는 날로부터 10년이다. 상표권의 존속기간 갱신등록출원에 의하여 10년간씩 그 기간을 갱신할 수 있다.
② 상표권의 존속기간 만료 후 1년 이내에 갱신출원을 하여야 한다.
③ WTO/TRIPs에서는 최소보호기간을 7년으로 규정하고 있다.
④ 상표권은 다른 산업재산권들과 달리 반영구적인 효력을 갖는다.

BRAND MANAGEMENT | ②

08 BRAND

**상표권 존속기간 갱신에 대한 설명으로 틀린 것은?**

① 갱신출원인은 등록상표의 상표권자 또는 그의 승계인으로서 이전등록을 마친 자이어야 한다.
② 갱신출원의 지정상품은 상표권의 지정상품의 범위 내이어야 한다.
③ 상표권의 존속기간 만료 후에는 갱신출원을 불허한다.
④ 갱신출원서에는 상표견본을 첨부하지 않으므로, 갱신출원에 관한 상표는 당연히 원등록상표와 동일한 것으로 취급된다.

BRAND MANAGEMENT | ③

09 BRAND

**상표권 존속기간 갱신출원에 대한 설명으로 틀린 것은?**

① 갱신출원기간의 준수여부
② 갱신출원인과 상표권자의 일치여부
③ 지정상품의 확장여부
④ 실체심사

BRAND MANAGEMENT | ④

**10** BRAND **상표권 존속기간 갱신출원에 대한 효력으로 볼 수 없는 것은?**

① 갱신등록은 갱신등록이 되는 다음날부터 효력이 발생한다.
② 정해진 기간 내에 갱신등록출원이 있을 때에는 심사지연으로 인한 권리의 공백을 방지하기 위하여 일단 상표권의 존속기간이 갱신된 것으로 간주한다.
③ 갱신등록이 되었다고 하여 원등록에 존재하는 무효사유가 치유되는 것은 아니다.
④ 갱신등록에 하자가 있으면 원등록과 별개로 갱신등록 자체에 대한 무효심판의 청구가 가능하다.

BRAND MANAGEMENT | ①

**11** BRAND **상표권의 이전에 대한 설명으로 맞는 것은?**

① 상표권은 지정상품이 둘 이상인 경우는 그 지정상품을 함께 이전하여야 한다.
② 상표권은 일반승계에 의해서도 이전될 수 있다. 일반승계의 경우에도 등록이 없어도 효력이 발생한다.
③ 상표권은 재산의 구성요소로서 담보가 가능하지만, 담보권의 실행 및 기타 강제집행을 통하여서는 이전이 불가능하다.
④ 상표권도 재산권의 일종이므로 상속, 포괄유증, 회사의 합병 등 일반승계에 의해서도 이전될 수 있다. 일반승계일 경우에도 특허청에 별도로 신고할 필요는 없다.

BRAND MANAGEMENT | ②

**12** BRAND **상표권이전에 대한 제한에 대한 설명으로 틀린 것은?**

① 상표권은 그 지정상품마다 분할하여 이전할 수 있으며, 이 경우 유사한 지정상품은 함께 이전해야 한다.

② 단체표장은 법인의 합병시 특허청장의 허가를 받아서 이전할 수 있다.

③ 상표권은 원칙적으로 영업과 분리하여 이전할 수 없다.

④ 국가·공공단체 또는 이들의 기관과 공익법인 또는 공익사업체에서 자기의 표장을 등록한 상표권은 이를 양도할 수 없다.

BRAND MANAGEMENT | ③

**13** BRAND **상표권이전에 대한 설명으로 맞는 것은?**

① 상표권이 공유인 경우에는 다른 공유자의 동의를 얻을 필요없이 지분을 양도할 수 있다.

② 상표권의 이전은 상속 기타 일반승계의 경우를 제외하고는 등록하여야 효력이 발생한다.

③ 단체표장권은 법인 합병의 경우 단체원의 승인을 받아 이전하는 경우를 제외하고는 단체표장권은 이를 이전할 수 없다.

④ 국가·공공단체 또는 이들의 기관과 공익법인 또는 공익사업체에서 자기의 표장을 등록한 상표권도 이전이 가능하다.

BRAND MANAGEMENT | ②

**14** BRAND **상표의 전용사용권에 대한 설명으로 틀린 것은?**

① '전용사용권'이란 등록상표를 그 지정상품에 대하여 일정 범위 내에서 독점적으로 사용할 수 있는 권리를 말한다.

② 전용사용권은 독점적인 권리이므로 상표권자라 하더라도 전용사용권의 범위 내에서는 전용사용권자의 허락 없이 등록상표에 대한 사용·수익행위를 할 수 없다.
③ 전용사용권은 상표권이 소멸하더라도 설정기간동안은 사용할 수 있다.
④ 전용사용권이 설정될 경우 그 사용자가 등록상표를 독점적으로 사용할 수 있는 독점배타성이 인정된다는 측면에서 '물권적인 성질'을 갖는다.

BRAND MANAGEMENT | ③

**15** BRAND **상표권의 통상사용권에 대한 설명으로 틀린 것은?**

① 통상사용권은 등록상표를 독점적으로 사용할 수 있는 권리이므로 상표권자는 자신이 그 등록상표를 사용할 수 없으며 또한 같은 내용의 통상사용권을 제3자에게도 다시 설정할 수 없다.
② 우리나라가 상표법에서 통상사용권제도를 법제화하기 시작한 것은 1973년이다.
③ 과거에는 상표권자 이외의 자에게 상표를 사용토록 하는 것은 상표권자의 영업과 다른 출처가 발생된다는 점에서 이론상 인정되지 아니하였다.
④ 통상사용권이 설정될 경우 그 사용자는 사용권설정의 범위 내에서 등록상표를 그 지정상품에 사용할 수 있는 권리이므로 '채권적 성질'을 갖는다.

BRAND MANAGEMENT | ①

## 16 BRAND 상표권의 효력에 대한 설명으로 맞는 것은?

① 상표권의 존속기간은 출원일부터 10년이다.
② 상표권의 존속기간은 갱신등록에 의하여 15년씩 연장이 가능하므로 반영구성을 가진다.
③ 상표권의 효력은 파리조약에 의거하여 세계 각국의 조약국에까지 미친다.
④ 상표권자는 지정상품에 관하여 전용권을 가지게 된다.

BRAND MANAGEMENT ④

## 17 BRAND 상표권의 효력에 대한 설명으로 틀린 것은?

① 전용권은 등록상표와 지정상품의 동일범위에 한정되며, 유사범위에서의 사용은 오히려 수요자 보호의 차원에서 불사용이나 부정사용으로 되어 상표등록이 취소될 수 있다.
② 상표권자는 등록상표에 대한 지정상품을 동일류구분여부에 관계없이 추가로 등록하기 위해서는 별도로 출원해야 한다.
③ '등록상표'라 함은 상표등록을 받은 상표를 말하며, 등록상표와 유사한 상표로서 색채를 등록상표와 동일하게 하면 등록상표와 동일한 상표라고 인정되는 상표를 포함한다.
④ 상표권자는 타인이 등록상표와 동일·유사한 상표로서 그 등록상표의 지정상품과 동일·유사한 상품에 사용하고자 출원한 경우에 그 등록을 저지할 수 있다.

BRAND MANAGEMENT ②

**18** BRAND **상표권효력의 제한에 해당하는 설명으로 옳은 것은?**

① 자기의 성명 · 명칭 등을 특수하게 사용하는 방법으로 표시하는 상표
② 자신의 디자인권 또는 저작권과의 저촉에 의한 제한
③ 상표권공유 · 질권설정에 의한 제한
④ 특허청의 심사에 따른 제한

BRAND MANAGEMENT | ③

**19** BRAND **상표권의 침해에 대한 설명 중 틀린 것은?**

① 상표권의 침해라고 주장하는 사실의 발생시점에 등록상표권이 유효하게 존재하여야 한다.
② 상표권의 보호범위(동일영역＋유사영역＋간접침해)내에서의 사용이어야 한다.
③ 정당한 권원없는 사용 또는 상표권의 배타적 효력이 제한되는 경우가 아닌 범위 내에서의 사용과 같이 상표의 사용이 위법한 것이어야 한다.
④ 영업상의 거래에 있어서 업으로서 자타상품을 동일하게 사용하는 것이어야 한다.

BRAND MANAGEMENT | ④

**20** BRAND **상표권 침해의 유형으로 타당하지 않는 것은?**

① 타인의 등록상표와 동일한 상표를 그 지정상품과 영역이 다른 상품에 사용하는 행위
② 등록상표와 유사한 상표를 그 지정상품과 동일 또는 유사한 상품에 사용하는 행위

③ 타인의 등록상표와 동일 또는 유사한 상표를 그 지정상품과 동일 또는 유사한 상품에 사용할 목적이나 사용하게 할 목적으로 교부 또는 판매하거나 위조·모조 또는 소지하는 행위

④ 등록상표와 동일한 상표를 그 지정상품과 유사한 상품에 사용하는 행위

BRAND MANAGEMENT ①

**21** BRAND **상표권 침해에 대한 구제방법이 아닌 것은?**

① 침해금지청구권 ② 과장광고금지권
③ 손해배상청구권 ④ 신용회복청구권

BRAND MANAGEMENT ②

**22** BRAND **다음 중 상표권의 효력에 대한 설명으로 틀린 것은?**

① 독점권
② 금지권
③ 간접침해의 금지 청구 가능
④ 단체표장권은 이전 불가능

BRAND MANAGEMENT ④

**23** BRAND **다음 중 상표권의 소멸사유가 아닌 것은?**

① 공유관계의 해소 ② 상표권의 포기
③ 상표권의 취소 ④ 상속인의 부존재

BRAND MANAGEMENT ①

연습 문제
주관식 문제

**24** BRAND 상표권의 내용의 동일성을 유지하면서 소유주체만을 교체하는 것을 말한다.

BRAND MANAGEMENT | 상표권의 이전

**25** BRAND 등록상표를 그 지정상품에 대하여 일정 범위 내에서 독점적으로 사용할 수 있는 권리를 말한다.

BRAND MANAGEMENT | 전용사용권

**26** BRAND 상표권자 이외의 자가 일정 범위 내에서 등록상표를 그 지정상품에 대하여 사용할 수 있는 권리를 말한다.

BRAND MANAGEMENT | 통상사용권

**27** BRAND 상표권자는 지정상품에 관하여 그 등록상표를 사용할 권리를 독점한다.

BRAND MANAGEMENT | 전용권

**28** BRAND 상표권침해에 대한 민사적 구제방법

BRAND MANAGEMENT | 침해금지청구권, 손해배상청구권, 신용회복청구권

**29** BRAND 상표권침해에 대한 형사적 구제방법

BRAND MANAGEMENT | 침해죄, 허위표시의 죄

**30** BRAND 상표권은 설정등록에 의하여 발생하는데, 상표권의 존속기간은 설정등록이 있는 날로부터 (　　　)이며, 상표권의 존속기간 갱신등록출원에 의하여 (　　　) 간씩 그 기간을 갱신할 수 있으므로 계속 사용을 하는 한 반영구적인 효력을 갖는다. (　　) 안에 알맞은 말은 ?

BRAND MANAGEMENT | 10년

**31** BRAND 상표권자 또는 (　　　　　)는 자기의 권리를 침해한 자 또는 침해할 우려가 있는 자에 대하여 그 침해의 금지 또는 예방을 청구할 수 있으며, 침해금지 · 예방청구에 침해행위를 조성한 물건의 폐기, 침해행위에 제공된 설비의 제거, 기타 침해의 예방에 필요한 행위를 청구할 수 있다.

BRAND MANAGEMENT | 전용사용권자

제 5 장

# 해외 상표권

# 05 해외 상표권

## 1절 해외에서의 상표의 보호제도

산업재산권보호를 위한 파리협약에 의하면 각국 상표 독립의 원칙을 취하고 있기 때문에 국내 특허청에 상표를 등록하는 경우 대한민국에서만 등록상표로서 보호되고 해외에서는 원칙적으로는 보호가 되지 않는다.

따라서 국내에서 출원 또는 등록한 상표를 해외에서 보호받고자 하는 경우에는 보호받고자 하는 외국의 특허청에 상표등록출원하여 상표등록을 받아야만 한다.

해외에의 상표등록출원을 하는 방법으로는 아래의 그림과 같이 통상의 상표등록출원의 절차와 마드리드 체제에 의한 국제출원절차로 나눌 수 있다.

**표 5-1 마드리드 의정서 체제에 의한 절차와 통상의 출원절차의 비교**

| 통상의 출원절차 | 마드리드 체제에 의한 출원절차 |
|---|---|

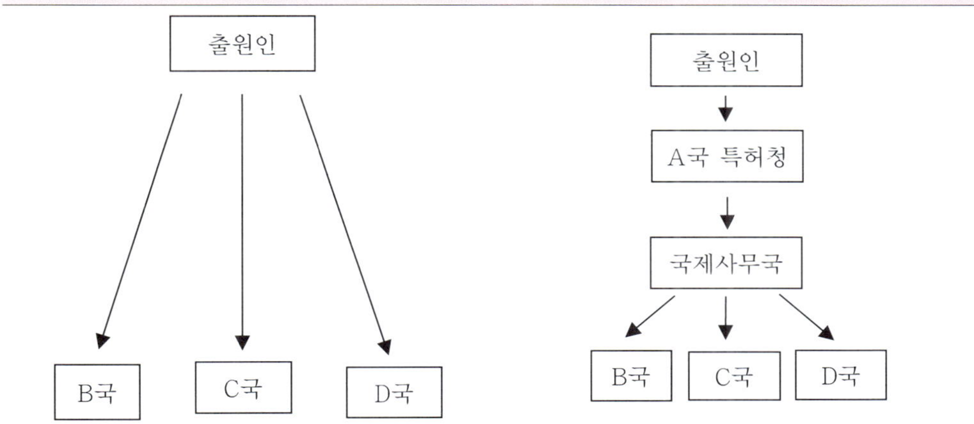


| 통상의 출원절차 | 마드리드 체제에 의한 출원절차 |
|---|---|
| • 각국별 언어<br>• 각국별 출원절차 | • 영어, 불어 또는 스페인어<br>• 하나의 출원절차 |

## 1. 통상의 해외에서의 상표등록출원

출원인은 우리나라에 상표등록출원을 하고 6개월 이내에 우리나라의 출원을 기본으로 하는 우선권을 주장하면서 외국에 출원하는 경우 출원일의 선후원판단과 관련하여 6개월 이내의 기간이 소급되는 이익을 향유할 수 있다.

또한 국내 상표등록출원 후 6개월이 지난 후라도 외국에 상표등록출원을 할 수 있으며, 다만, 이 경우에는 우선권의 이익을 향유할 수 없다. 따라서 외국에 상표등록을 하고자 하는 경우에는 반드시 국내 출원 후 6개월 이내에 하여야 선후원관계에서 6개월 이내 기간의 이익을 누릴 수 있음을 유념하여야 한다.

이러한 통상의 국제출원은 출원인이 출원하고자 하는 각국에 그 나라의 고유언어로 출원서를 작성하여야 하며, 각국의 대리인에 의하여 각국의 고유화폐로 수수료를 납부하여야 하고, 각국별 절차에 의해 진행(1국가1출원시스템)된다는 점에서 비용과 시간이 많이 소요되는 단점이 있다.

따라서 이러한 단점을 보완하여 출원인의 편의를 증진하고자 여러 나라에서의 상표등록출원절차를 하나의 출원절차로 진행할 수 있는 시스템의 마련에 대한 논의가 국제적으로 전개되었는데, 지역적인 측면에서의 유럽공동체상표제도와 국제적인 측면에서의 마드리드 체제(마드리드 협정과 마드리드 의정서)가 바로 그 논의의 결과로 탄생한 다국가 1출원시스템이라고 할 수 있다.

## 2. 유럽공동체상표제도를 이용한 상표등록출원

유럽의 각국은 유럽공동체(EU)를 형성하여 하나의 상표등록절차로 27개 회원국가들에 상표권의 효력을 발휘할 수 있는 유럽공동체상표제도를 운영하고 있는데 이 제도를 활용하면, 유럽 27개국에 개별적으로 상표등록을 하는 절차를 하나의 절차를 통해 할 수 있는 장점이 있다(보다 자세한 내용은 유럽공동체상표청 홈페이지 http://oami.europa.eu 참고).

다만, 유럽공동체 국가는 유럽공동체 상표제도와 각국의 상표제도를 중첩적으로 운영하고 있기 때문에 유럽공동체 각국에서 통상의 상표등록절차도 밟을 수도 있다.

## 3. 마드리드 의정서에 따른 상표의 국제출원

마드리드 의정서에 의할 경우 〈표 5-1〉과 같이 마드리드 의정서 가입국에 대해서는 국내 특허청을 통해 하나의 국제출원서를 영어로 작성하여 출원하면 출원인이 국제출원서에 지정한 국가에 동일한 날짜에 출원한 것으로 간주되기 때문에 국내 기업의 해외상표등록절차가 매우 간소화되는 한편 비용절감의 효과도 누릴 수 있다.

다만, 이러한 국제출원을 하기 위해서는 국내에 기초가 되는 상표등록 또는 상표등록출원이 있어야 하기 때문에 국내에 등록상표나 출원상표가 있어야 하며, 국내에 아무런 등록상표나 출원상표가 없는 경우에는 마드리드 의정서를 통한 국제출원을 할 수 없다.

## 2절 마드리드 의정서

### 1. 마드리드 의정서의 개념

(1) 마드리드 의정서는 그 공식명칭이 "표장의 국제등록에 관한 마드리드 협정에 대한 의정서(Protocol relating to the Madrid Agreement Concerning the International Registration of Marks)"이다. 마드리드 의정서는 1989년 6월 27일 스페인 마드리드에서 채택되어 1995년 12월 1일에 발효되었으며, 동 의정서를 시행하기 위한 하위규정인 공통규칙이 제정됨에 따라 1996년 4월 1일부터 시행에 들어갔다.

(2) 2008년 12월 현재 전 세계적으로 모두 77개국이 마드리드 의정서에 가입하였으며, 우리나라에서는 2003. 4. 10. 발효하였다.

(3) 마드리드 의정서에 의하면, 본국관청[1]에서의 상표등록 또는 상표등록출원을 기초[2]로 하여 당해 표장을 보호받고자 하는 국가를 지정한 국제출원서를 본국관청을 경유하여 WIPO[3] 국제사무국(International Bureau)에 제출하면, 국제사무국은 방식심사를 한 후에 이를 국제등록부에 등재하고 국제공보에 공고한 이흐에 지정국 관청에 통지한다. 지정국 관청에서는 국제출원을 심사하고, 심사 결과 거절이유를 발견한 경우에는 국제등록일부터 12개월(18개월까지 연장 선언 가능) 이내에 국제사무국에 거절통지를 하여야 하며, 만약, 지정국관청이 국제사무국에 대하여 거절통지를 하지 않을 때에는 지정국은 그 지정국에 등록된 것과 동일한 효력을 당해 표장에 부여하여야 한다.

1) 본국관청(Office of Origin)이라 함은 마드리드 의정서에 의하여 출원하고자 하는 상표와 동일한 상표가 등록(기초등록) 또는 출원(기초출원)되어 있는 국가(또는 국제기구)의 관청을 말한다.
2) 본국관청에 이미 등록되어 있는 상표를 기초등록(basic registration)이라고 하고, 출원 중에 있는 상표를 기초출원(basic application)이라고 한다.
3) 세계지식재산권기구(World Intellectual Property Organization)를 말한다.

## 2. 마드리드 의정서 성립배경

### (1) 마드리드 협정[4]이 가지고 있는 문제점 극복

마드리드 의정서는 이전부터 존재하던 마드리드 협정이 가지고 있던 여러 가지 불편한 점을 해소하여 출원인이 보다 이용하기 쉬운 국제상표등록제도를 창설할 목적으로 마련되었다.

즉, 마드리드 의정서에서는,

① 불어 외에 영어도 공식 언어[5]로 채택하여 영어권 국가에 대하여 배려를 하였고,

② 국내의 상표등록 뿐 아니라 상표등록출원을 기초로 하여서도 국제출원을 가능토록 하여 무심사주의 국가와 심사주의 국가간의 불균형을 시정하였으며,

③ 거절이유 통지기한도 마드리드 협정상의 12개월에서 이를 연장하여 최대 1년 6월까지로 하였고,

④ 센트럴어택(Central Attack)으로 인하여 국제등록이 소멸한 경우에도 각국에서 출원인이 국내출원으로 전환할 수 있도록 하여, 출원인이 가지게 되는 위험부담을 상당부분 제거하였으며,

⑤ 국내 상표등록출원에 대한 수수료보다 높지 않은 범위 내에서 개별수수료를 징수할 수 있도록 하여, 심사주의 국가들이 낮은 수수료로 심사를 수행하여야만 했던 가입부담을 완화시켰다. 이와 같이 마드리드 의정서는 기존 마드리드 협정의 문제점을 상당부분 해소함으로써, 미국·일본 등 심사주의 국가의 참여를 유도할 수 있게 되었다.

### (2) 지역 상표등록제도와 연계 강화

마드리드 의정서에서는 유럽공동체 또는 아프리카 지적재산권기구와 같은 지역 상표등록제도와의 연계도 강화하였다. 즉, 마드리드 의정서 가입 자격을 파리조약 가맹국 외에 EU 등 정부간기구(inter-governmental organization)에도 개방함으로써 유럽공동체상표(Community Trademark)를 기초로 국제출원이 가능하게 하였고, 유럽공동체 상표제도와 마드리드 의정서에 의한 국제상표등록제도가 동일 시점에서 운영·개시(1996. 4. 1.)되도록 하였다.

4) 마드리드 협정의 공식명칭은 "표장의 국제등록에 관한 마드리드 협정(the Madrid Agreement Concerning the International Registration of Marks)"이며, 1891년 스페인 마드리드에서 채택되었다.

5) 2004.4.1.부터는 스페인어도 공식 언어가 되었다.

**표 5-2 ‖ 마드리드 협정과 마드리드 의정서의 차이**

| 구 분 | 마드리드 협정 | 마드리드 의정서 |
|---|---|---|
| 가입대상 | 국가 | 국가 또는 정부간 기구 |
| 사용언어 | 불어 | 영어, 불어 또는 스페인어 |
| 수수료 | 개별수수료 징수 불가 | 개별수수료 징수 가능 |
| 국제출원의 기초 | 상표등록 | 상표등록 또는 상표등록출원 |
| 거절통지기한 | 지정통지를 받은 날부터 1년 | 지정통지를 받은 날부터 1년 6월 |
| 국제등록의 존속기간 | 국제등록일부터 20년 | 국제등록일부터 10년 |
| 재출원 | 불가능 | 가능 |

## 3. 마드리드 의정서의 특징

### (1) 다국가 1출원 시스템

마드리드 의정서 체제는 다국가 1출원 시스템이다. 즉 마드리드 의정서 체제는 1의 언어로 작성된 1의 국제출원을 1의 본국관청에 제출하고 1의 수수료를 납부함으로써 1의 번호로 된 국제등록을 획득하고 다수의 국가에서 보호를 받으며, 1의 갱신절차에 의하여 갱신을 하는 특징을 가지고 있다.

### (2) User-Friendly System

마드리드 의정서 체제는 User-Friendly System으로서, 절차의 간소화 및 출원 비용 절감으로 상표제도의 최종 수요자인 출원인의 편익을 제고시키는 제도이다.

## 4. 마드리드 의정서 시스템의 장점

### (1) 해외 상표출원절차의 간편화

출원인은 국적국 또는 거주지국에 영어, 불어 또는 스페인어 중 그 국가에서 정하는 언어로 작성된 하나의 국제출원서에 상표를 등록받고자 하는 국가를 지정하여 제출함으로써, 복수의 체약국에 출원한 효과를 얻을 수 있다.

### (2) 비용 절감 가능

적어도 국제출원단계에서는 각 개별국마다 대리인을 반드시 선임할 필요는 없으므로 출원비용이 절감된다고 할 수 있다.

#### (3) 권리취득 여부의 명확화

지정국관청에서 거절이유를 발견한 경우에는 원칙적으로 국제사무국으로부터 지정통지를 받은 날부터 1년(1년 6월까지 연장 가능) 이내에 국제사무국에 거절통지를 하여야 하고, 만약 그 기간 이내에 거절통지를 하지 아니하면, 그 지정국에서 등록된 것과 동일한 보호를 하여야 하므로, 출원인은 일정 기간 이내에는 각 지정국에서 상표권 취득 가능 여부를 알 수 있다.

#### (4) 지정국의 추가 가능

마드리드 의정서에 새로 가입한 국가 또는 기존의 마드리드 의정서에 가입한 국가에서 추가적으로 상표를 보호받고자 하는 경우에는, 국제등록 후에 그 국가를 지정하는 것이 가능하므로, 상표등록을 받고자 하는 국가를 간편하게 확장할 수 있다.

#### (5) 상표권 관리의 일원화

WIPO 국제사무국에 비치되어 있는 국제등록부상 권리자의 명의변경 또는 존속기간의 갱신 등에 의하여, 다수의 국가에서의 명의변경 또는 존속기간 갱신 등을 할 수 있으므로 상표권을 일괄하여 관리할 수 있다.

## 3절 대한민국 특허청을 통한 마드리드 의정서 국제출원 절차

### 1. 본국관청절차

우리나라 특허청이 마드리드 의정서에 의한 국제출원의 본국관청으로서 역할을 하게 되는 경우 출원인과 특허청 간에 발생하는 국제출원에 관한 절차를 의미한다. 국제출원에 관한 절차란 출원인이 본국관청을 통하여 국제사무국에 국제출원서를 제출함으로써 마드리드 의정서 가입국에 직접 출원한 것과 동일한 효과를 얻을 수 있는 출원절차를 의미한다.

### 2. 국제출원의 요건

우리나라 특허청을 통하여 마드리드 의정서에 의한 국제출원을 할 수 있는 자는 대한민국 국민(법인)에 해당하거나, 대한민국에 주소를 두고 있거나 진정하고 실효적인 산업상 또는 상업상의 영업소를 두고 있어야 한다.

또한, 우리나라 특허청을 통하여 마드리드 의정서에 의한 국제출원을 하기 위해서는 대한민국 특허청에 진행중인 상표등록출원 또는 존속중인 상표등록을 기초로 하여야 한다. 서류는 영어로만 작성하여야 한다.

## 3. 국제등록일과 국제등록의 효과

우리나라 특허청에 접수된 마드리드 의정서에 의한 국제출원은 방식심사 후 국제사무국으로 송부된다. 국제사무국에서 국제출원에 대한 방식심사 등의 결과 하자가 없다고 인정한 경우에는 국제등록부에 등록하고 국제공고하는데, 이 경우 '국제등록일'부터 지정국 관청에 당해 표장이 '출원'된 것과 동일한 보호가 주어지며, 지정국 관청에서 국제출원을 심사한 결과 일정기간 내에 국제사무국에 거절통지를 하지 않은 경우에는 지정국은 '국제등록일'부터 당해 표장이 자국에 '등록'된 것과 동일하게 보호를 하여야 한다.

## 4. 국제등록의 명의변경

(1) 국제등록명의인 또는 그 승계인은 지정상품 또는 지정국의 전부 또는 일부에 대하여 국제등록의 명의를 변경할 수 있다. 국제등록의 명의변경은 국제사무국에 직접신청하거나 또는 특허청장을 경유하여 신청하면 된다(법86조의8).

(2) 국제등록명의의 변경에 의하여 국제등록지정상품의 전부 또는 일부가 분할되어 이전된 경우에는 국제상표등록출원은 변경된 국제등록명의인에 의하여 각각 출원된 것으로 본다(법86조의18 2항).

**표 5-3** Madrid 국제상표출원 건수 (단위 : 건)

| 구 분 | 2003 | 2004 | 2005 | 2006 |
|---|---|---|---|---|
| 내국인 출원 | 108 | 141 | 154 | 208 |
| 전년대비 증감률(%) | - | 30.5 | 9.2 | 35.1 |
| 외국인 출원 | 1,548 | 4,874 | 6,699 | 8,483 |
| 전년대비 증감률(%) | - | 314.8 | 37.4 | 26.6 |

# 4절 마드리드의정서에 의한 국제상표등록출원의 특례

## 1. 국제상표등록출원

의정서에 의하여 국제등록된 국제출원으로서 대한민국을 지정국으로 지정한 국제출원은 상표법에 의한 상표등록출원으로 보며 이를 '국제상표등록출원'이라 한다. 이 경우 국제등록일을 상표등록출원일로 본다.

## 2. 국제등록기초상표권의 존속기간 및 갱신

국제등록기초상표권의 존속기간은 국내에서의 상표권의 설정등록이 있는 날부터 국제등록일 후 10년이 되는 날까지이다(법86조의32 1항).

국제등록기초상표권의 존속기간은 국제등록의존속기간의 갱신에 의하여 10년간씩 갱신되는데(법86조의32 2항), 국제등록의 갱신은 국제사무국이 처리하므로, 국제등록기초상표권에 대해서는 통상의 등록상표의 갱신출원 및 심사・심판에 관한 규정을 적용하지 아니한다(법86조의32 4항, 법86조의38).

## 3. 국제등록기초상표권의 이전

(1) 국제등록기초상표권의 이전은 우리나라 특허청에서 등록절차를 밟는 것이 아니라 국제사무국이 국제등록의 명의변경을 국제등록부에 등록함으로써 효력이 발생하게 된다(법86조의35).

(2) 국제등록기초상표권의 경우 특정승계든 일반승계든 그 원인에 관계없이 국제등록부에 명의변경이 되지 않으면 승계의 효력이 발생하지 않으므로, 기타 일반승계의 경우에도 출원인이 국제사무국에 명의변경신고를 하여야 한다.

# 제 6 장

# 참고자료

# 06 참고자료

## BRAND MANAGEMENT 1절 상표검색

### 1. KIPRIS 소개

KIPRIS(Korea Industrial Property Rights Information Service)는 국내·외 지식재산권에 대한 모든 정보를 데이터베이스로 구축하여 누구나 인터넷을 통해 무료로 이용할 수 있도록 특허청이 한국특허정보원을 통하여 제공하고 있는 특허검색서비스이다. KIPRIS에서는 등록된 상표뿐만 아니라 출원·공고·거절된 상표에 관한 정보도 검색 및 열람할 수 있다. 2009년 1월 현재 KIPRIS를 통하여 제공되는 상표 정보는 아래와 같다.

**표 6-1** KIPRIS 상표 정보 제공 현황

| 구 분 | 상 표 | |
|---|---|---|
| 기 준 | 출원일자 | 공고일자 |
| 기 간 | '50. 03. 20. ~ '09. 01. 28. | '50. 11. 11. ~ '09. 01. 30. |
| 건 수 | 2,179,097건 | 1,226,375건 |

## 2. WWW.KIPRIS.OR.KR

그림 6-1

## 3. 구체적인 상표 검색 방법[1]

### (1) 검색실행

상표검색은 '일반검색'과 '항목별검색'으로 구분되며, 검색어 입력란에 해당 검색어를 입력하여 검색을 실행합니다.

1) www.kipris.or.kr 에서 제공하는 매뉴얼 참조.

**그림 6-2** 일반검색 선택화면

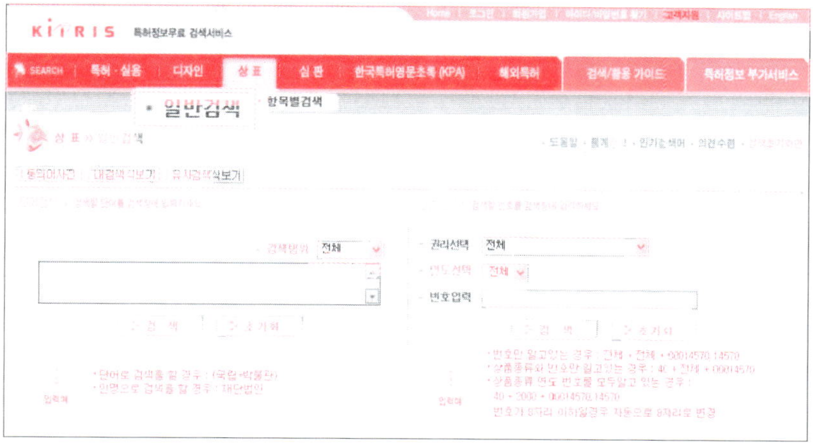


**그림 6-3** 항목별검색 선택화면

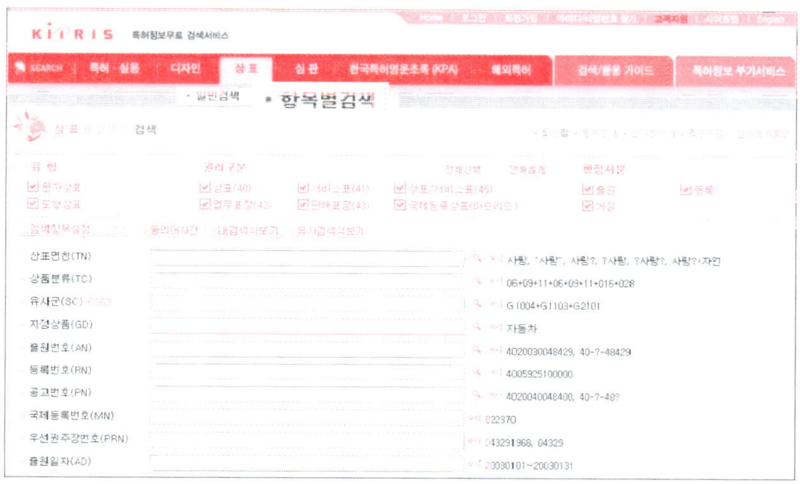


## (2) 일반검색

일반검색은 상표의 명칭이나, 인명, 문헌번호 등의 전체 또는 일부를 이용한 검색이 가능하며, '단어검색'과 '번호검색'으로 구분되어 있습니다.

### 1) 단어검색

단어검색은 상표명칭, 지정상품, 출원인 등 간단한 단어로 검색이 가능하며, 검색항목의 제한없이 Full Text DB에서 검색이 이루어집니다. 검색 기능으로는 검색기간을 설정할 수 있는 검색범위 선택 기능이 있습니다.

검색어는 간단한 문자(한글 또는 영문자)와 숫자 입력이 가능하며 띄어쓰기 및 연산자 이외의 기호는 무시됩니다. 절단검색은 자동으로 지원되지만, 구문검색은 지원되지 않습니다.

예를 들어, 최근 10년 동안 '한국특허정보원'에서 출원한 상표를 모두 검색하고자 할 경우, 다음과 같은 방법으로 검색을 실행하면 됩니다.

**그림 6-4 단어검색화면(단어검색 예제화면)**

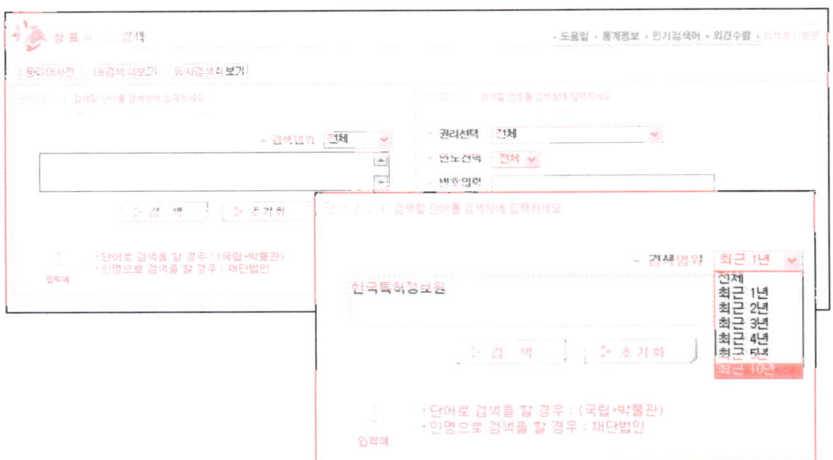


### 2) 번호검색

번호검색은 상표관련 문헌번호(출원, 공고, 등록번호)의 전체 또는 일부를 이용하여 검색이 가능합니다. 번호입력은 특허문헌 일련번호의 자릿수와 관계없이 입력 가능하고, 절단검색은 지원되지 않습니다.

특허관련 문헌번호는 총 13자리로 이루어져 있으며, 출원, 공개, 공고 및 등록번호가 이에 해당합니다. 번호체계는 권리의 구분을 의미하는 숫자(2자리)와 연도(4자리), 일련번호(7자리)로 구성되어 있으나, 예외적으로 등록번호는 권리(2자리)와 일련번호(7자리), 자릿값(4자리=0000)으로 구성되어 있습니다.

**표 6-2** 권리번호형식

| 구 분 | 권리번호 | 내 용 |
|---|---|---|
| 특 허 | 10 | 아직까지 없었던 물건이나 그 물건을 만드는 방법을 최초로 발명한 것 |
| 실용신안 | 20 | 이미 발명된 것을 바꾸어서 보다 편리하고 쓸모 있게 만든 것 |
| 디자인 | 30 | 보는 사람으로 하여금 아름다움을 느끼도록 모양을 만드는 것 |
| 상 표 | 40 | 제조회사가 자사 제품의 신용을 유지하고, 자기 상품을 다른 상품과 구별시키기 위해서 제품 및 포장에 표시하는 표장 |

**표 6-3** 문헌번호형식

| 번 호 | 권리번호 | 연 도 | 일련번호 | 자릿값 |
|---|---|---|---|---|
| 출원번호 | 2자리 | 4자리 | 7자리 | - |
| 공개번호 | 2자리 | 4자리 | 7자리 | - |
| 공고번호 | 2자리 | 4자리 | 7자리 | - |
| 등록번호 | 2자리 | - | 7자리 | 0000 |

번호검색은 문헌번호의 일부 즉 일련번호만을 입력해도 검색이 가능하므로, 권리의 종류와 연도에 대해 알고 있는 정보가 없을 경우 매우 유용하게 사용할 수 있습니다.

예를 들어 2000년도에 출원한 12345번에 해당하는 서비스표를 검색하고자 할 경우, 다음과 같은 방법으로 검색어를 입력한 후 검색을 실행하면 됩니다.

**그림 6-5** 번호검색화면(번호검색 예제화면)

### (3) 항목별 검색

항목별 검색은 전문(공보)에 수록된 내용을 다양한 항목들로 나누어서 검색하는 기능으로, 검색항목간의 연산은 AND조건으로 설정되어 있어 특정 검색항목을 지정하여 검색하거나, 다수 개의 검색항목을 이용한 조합검색이 가능합니다. 또한 검색항목 외에도 상표의 유형, 출원종류, 행정처분별 검색도 가능합니다.

예를 들어 "대한민국"에서 출원한 상표 중 도형상표만을 찾고자 할 경우, 아래와 같은 방법으로 검색어를 입력하여 검색을 실행하면 됩니다.

**그림 6-6 항목별 검색화면**

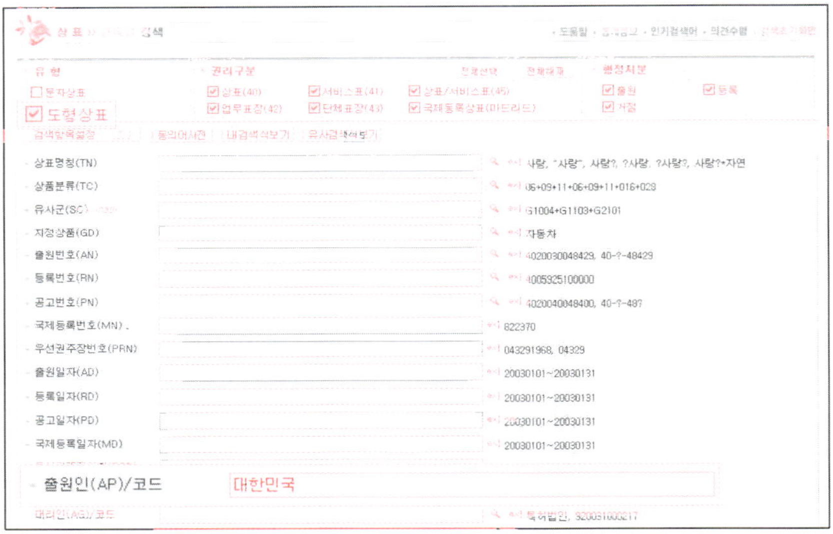


상표법에서는 국가 간의 상품분류 차이로 인한 절차의 번잡성을 해소하고, 상표 및 디자인부문의 출원을 용이하게 하기 위하여 상품분류를 국제적으로 통일화 시켰습니다. 상품분류는 현재 미국 · 유럽 · 일본 등에서 채택하고 있으며, 우리나라는 '98년부터 NICE분류에 따른 상품 및 서비스 분류제도를 적용하고 있습니다. NICE분류는 모두 45개 상품군으로 분류되어 있으며, 제1류부터 제34류까지는 상품, 제35류부터 제42류까지는 서비스에 관한 것으로 항목별 검색의 상품분류(TC) 항목을 통해 조회가 가능합니다.

**그림 6-7** 항목별 검색화면

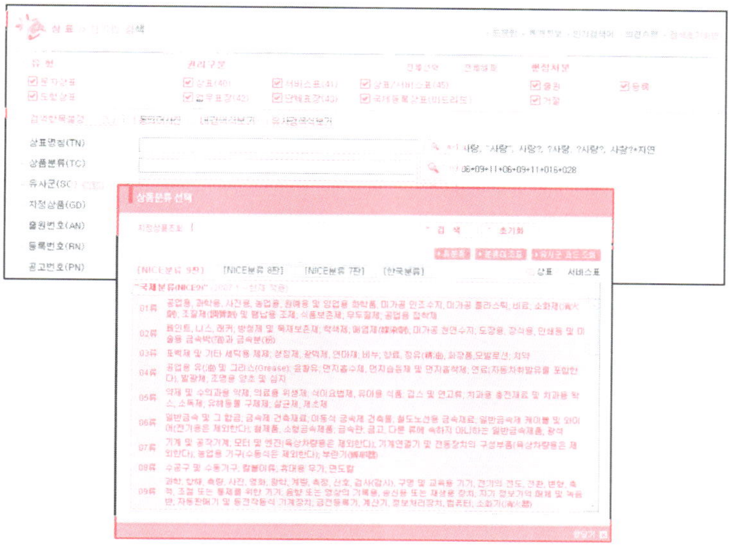

예를 들어, '음식업'에 해당하는 상품분류코드는, 다음과 같이 상품분류 항목 우측에 있는 🔍 를 클릭하여 상품분류/지정상품 조회창을 통하여 조회가 가능합니다.

**그림 6-8** 상품분류코드 조회화면

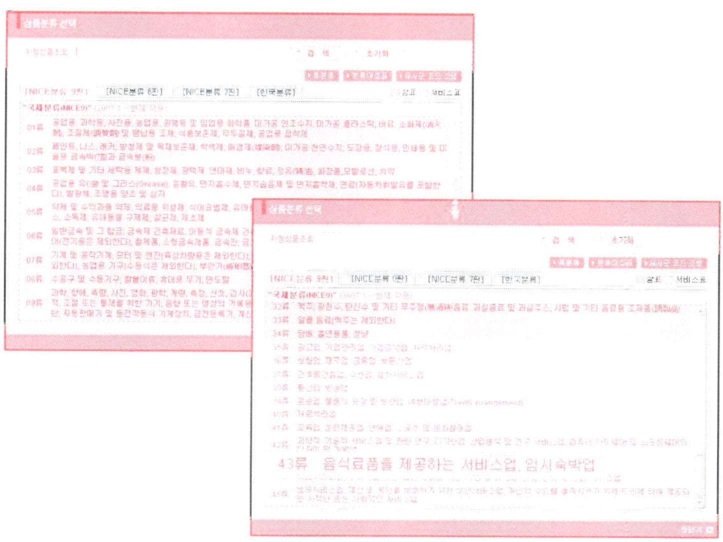

또한 항목별 검색에서는 상표에 포함된 각각의 도형요소를 일관되게 구분할 목적으로 만든 도형상표 분류기준인 도형(비엔나)코드 조회 역시 가능합니다.

**그림 6-9 항목별 검색화면**

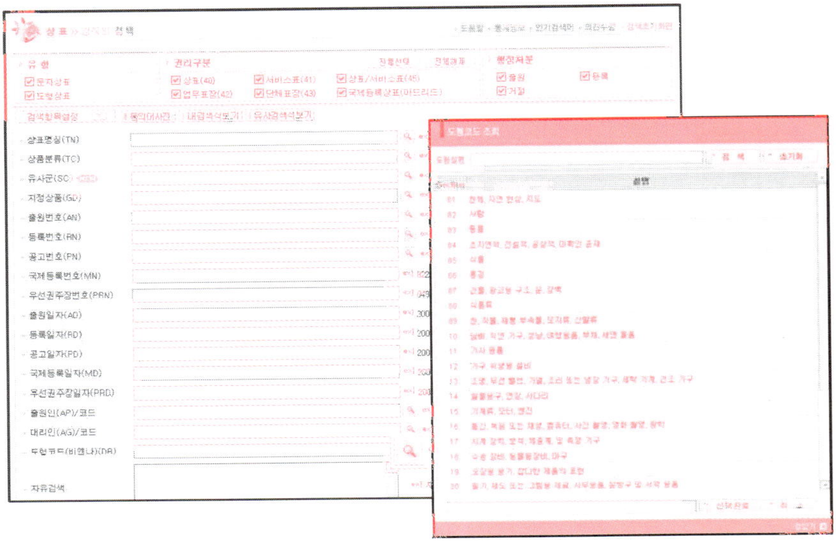

예를 들어 '일본어'로 표기된 상표 전체를 조회하고자 할 경우, 다음과 같이 도형코드 항목 우측에 있는  를 클릭하여 도형코드 조회창을 이용하면 검색이 가능합니다.

## 그림 6-10 도형상표코드 조회화면

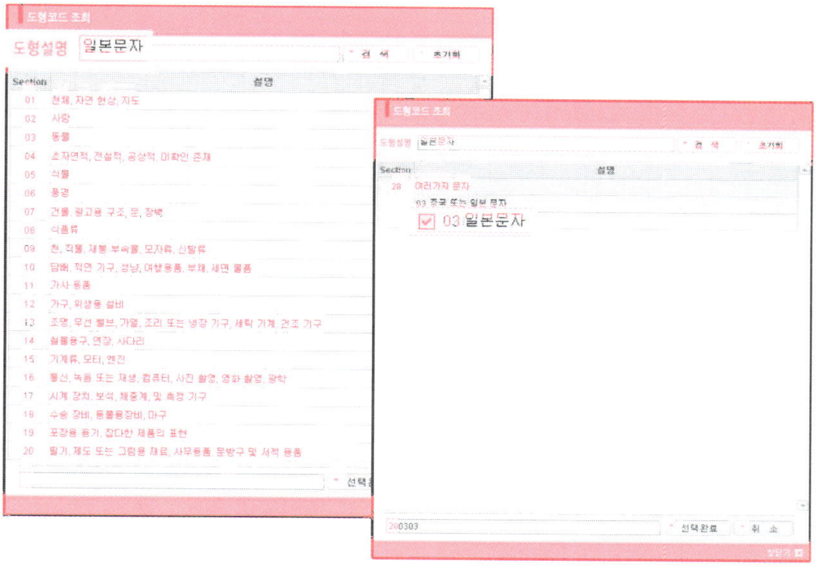

이외에도 🔍를 통하여 조회 및 선택 가능한 항목은 문헌번호, 일자, 유사군, 지정상품, 출원인 코드번호 등이 있습니다.

항목별 검색의 각 검색항목은 이용자 편의에 따라 설정이 가능합니다. 검색화면 우측 상단의 '검색항목설정' 버튼을 클릭하여 필요한 검색항목을 체크하는 방법으로, 검색화면에 자주 이용하는 항목만을 나타내도록 하거나 불필요한 항목을 제거하고자 하는 경우에 사용합니다.

## 그림 6-11 검색항목 설정화면

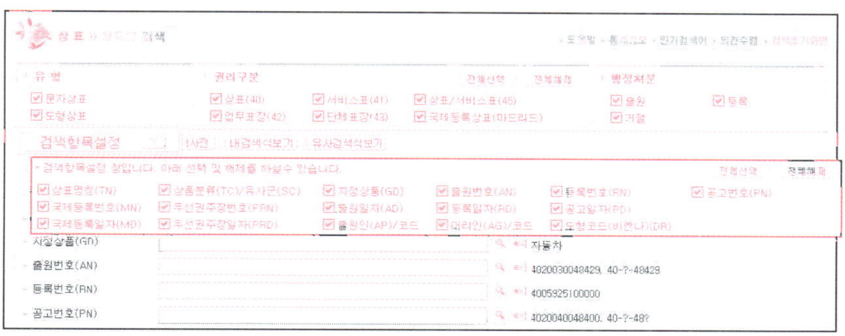

### (4) 검색결과 조회

검색실행 후 검색결과는 검색결과 리스트에 해당하는 '간략정보'와 각각의 '서지상세정보' 및 '전문보기' 순으로 조회합니다.

#### 1) 간략정보 및 견본보기

검색된 결과리스트를 보여주는 결과화면은 '간략정보'와 '견본보기'가 있습니다.

간략정보보기 화면은 견본이미지를 포함하여 출원번호, 공고일자, 상품분류, 명칭 등 모든 항목들을 일괄적으로 볼 수 있도록 구성되어 있습니다. 상단에 있는 페이지이동 버튼을 클릭하여 페이지당 표시건수를 선택할 수 있으며, 각 조회항목의 명칭을 클릭함으로써 내림차순 또는 오름차순(더블클릭)으로 정렬이 가능합니다.

**그림 6-12 | 검색결과정렬 설정화면**

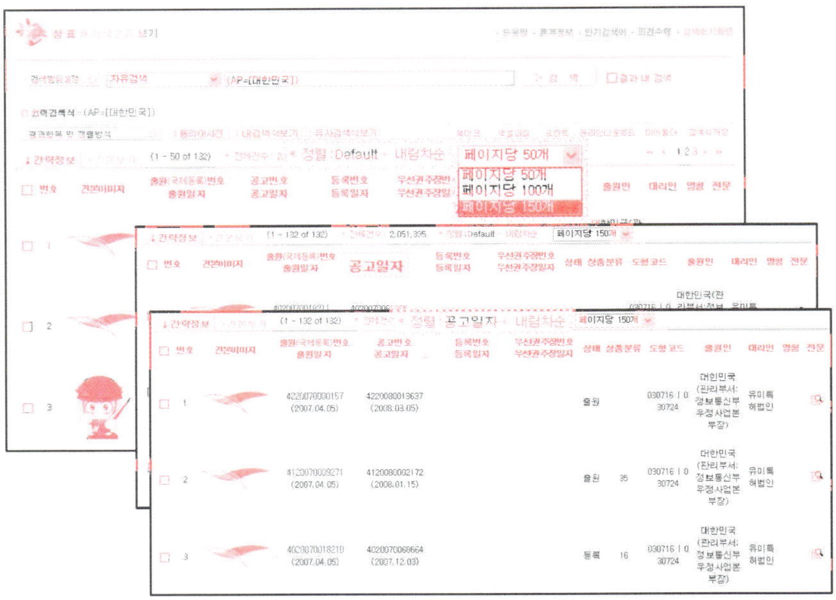


상단에 나타나 있는 '(1 - 50 of 132)'은 검색결과 총 132건이라는 것을 의미하며, 우측의 '전체건수 : 2,051,335'은 현재 상표에서 검색 가능한 데이터 총 건수가 2,051,355건 임을 의미합니다.

간략정보화면에 나타나 있는 결과항목은 화면 상단의 '결과항목 및 정렬방식'에서 변경이 가능합니다. 결과 항목 및 정렬방식은 '출원번호'와 '견본이미지'를 제외한 다양한 결과항목을 간략정보 화면에 추가하거나 제거할 수 있는 선택코너로, 정렬 기능이 포함되어 있습니다.

그림 6-13 결과항목 설정화면

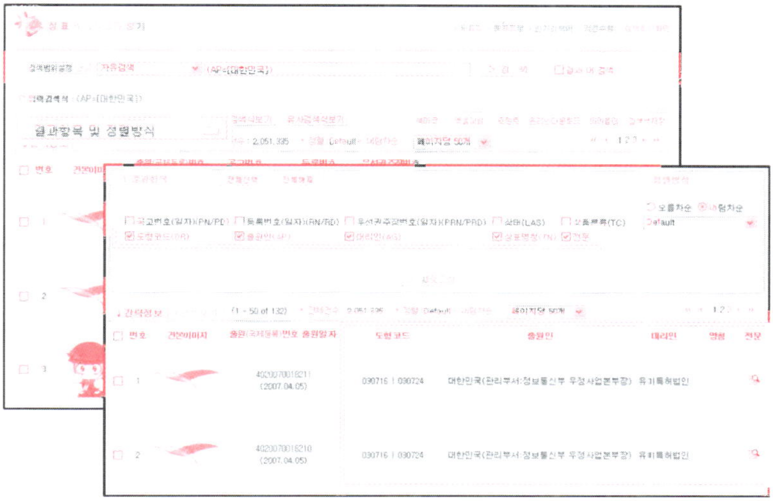

그림 6-14 정렬가능 설정화면

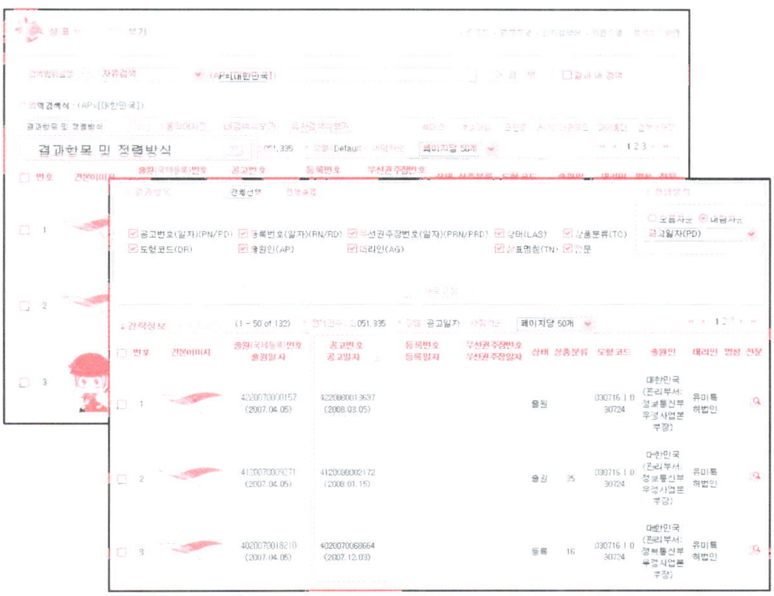

간략정보 화면상단의 "견본보기" 탭을 클릭하면 결과 화면에 나타난 검색결과 리스트에 대한 견본이미지를 페이지당 150개까지 조회할 수 있으며, 간략정보에서와 동일한 방법으로 '결과항목 및 정렬' 기능사용이 가능합니다.

**그림 6-15 간략정보보기화면(견본보기화면)**

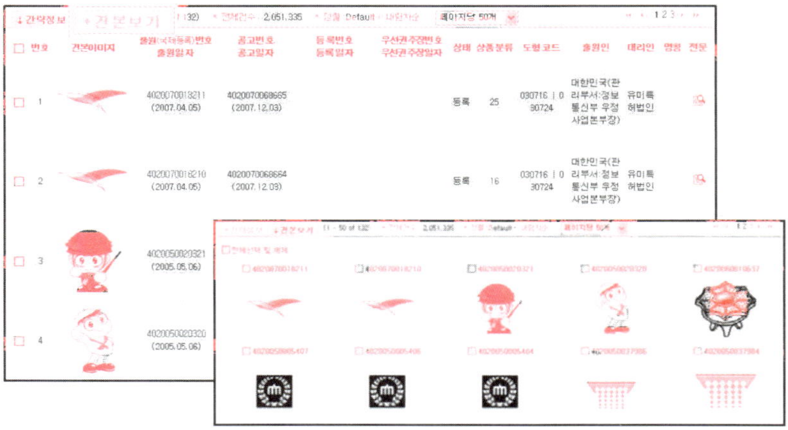

2) 상세정보 보기

서지상세보기 화면에서는 도면, 서지, 지정상품, 행정처리현황 등 세부정보에 해당

**그림 6-16 간략정보화면(서지상세정보화면)**

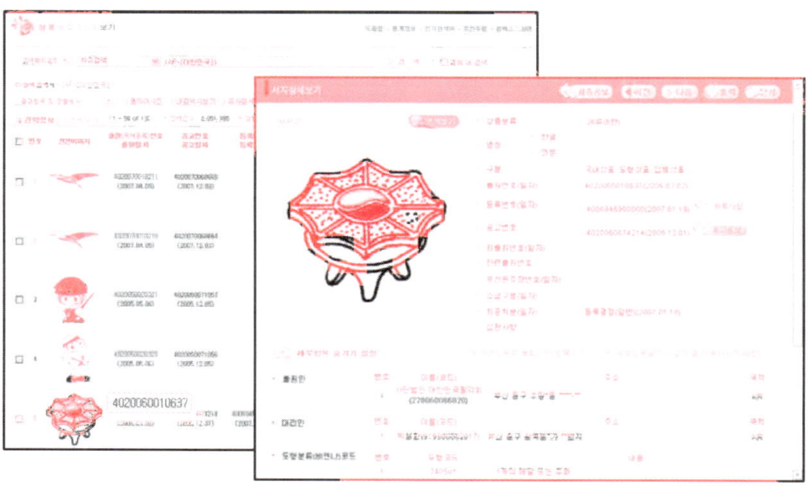

하는 상세정보와 최종공보 및 등록정보를 한 번에 조회할 수 있습니다. 상세정보는 검색결과리스트에서 '출원번호'를 클릭하여 확인할 수 있습니다.

서지상세정보는 화면에 보이는 그대로 출력이 가능하며, '세부항목 숨기기 설정'을 통해서 세부항목 중 불필요한 항목을 선택하여 화면에 나타나지 않도록 설정할 수 있습니다.

**그림 6-17 서지상세정보화면**

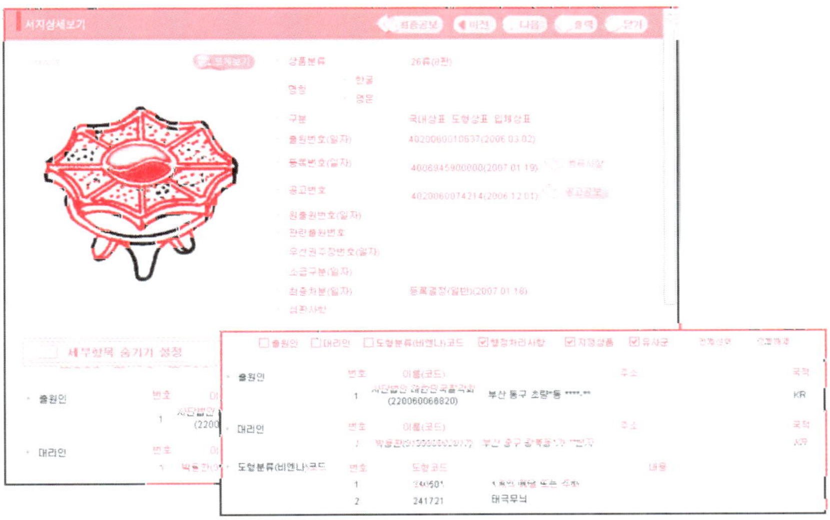


또한 상단의 페이지 이동버튼을 통하여 검색결과리스트 순서를 기준으로 '다음' 및 '이전' 자료 확인이 가능합니다.

**그림 6-18 서지상세정보화면**

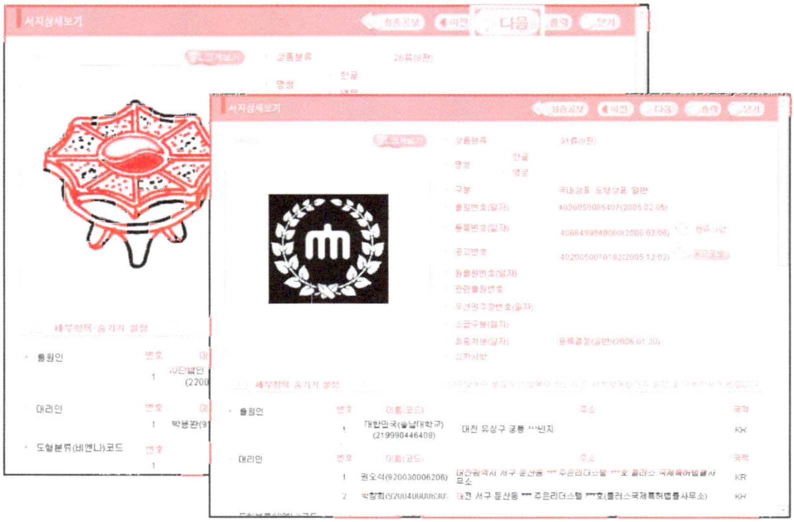

3) 전문보기

전문은 특허청에서 발행하는 공보, 즉 도면을 포함한 명세서 전체를 말하며, 간략정보 및 서지상세 보기화면 내 전문 아이콘을 통하여 조회가 가능합니다.

**그림 6-19 전문보기화면**

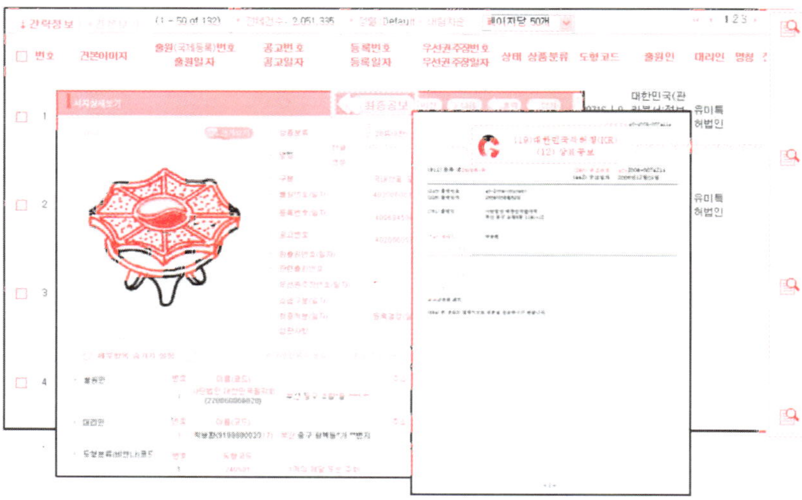

또한 등록번호 및 등록사항 아이콘을 클릭하면 해당 건에 대한 등록정보를 확인할 수 있습니다.

그림 6-20 등록정보화면

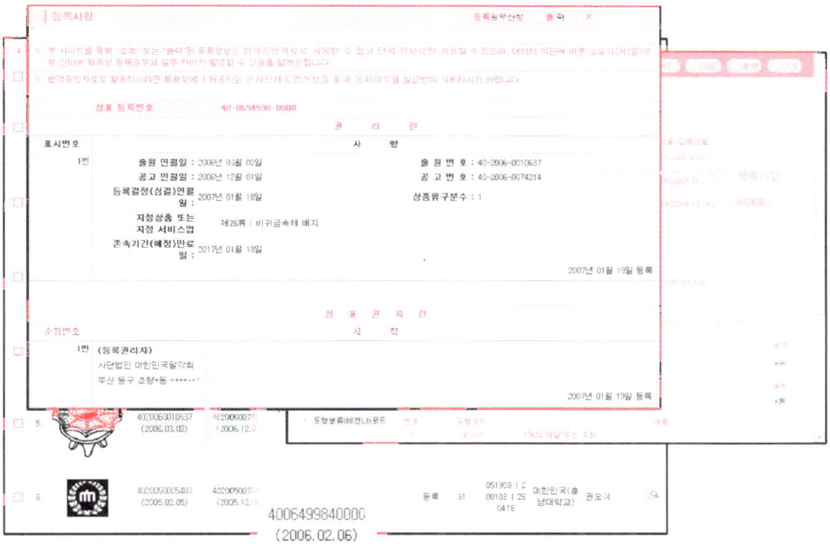



## 2절 상호검색

### 1. 대법원인터넷등기소

상호를 정하고 등기를 하고자 하는 경우에 있어서, 타인의 상호가 먼저 등기되어 있는지를 확인해 보아야 한다.[2] 이 경우 가장 대표적인 방법은 대법원인터넷등기소에서 검색해 보는 방법이다.

2) 타인이 등기한 상호는 동일한 특별시 · 광역시 · 시 · 군에서 동종영업의 상호로 등기하지 못한다(상법22조).

그림 6-21 www.iros.go.kr

## 3절 상표등록출원 절차 샘플

### 1. 출 원 서[3)]

【서지사항】

| | |
|---|---|
| 【서류명】 | 출원서 |
| 【권리구분】 | 서비스표 |
| 【수신처】 | 특허청장 |
| 【제출일자】 | 2007. 06. 01 |
| 【출원인】 | |
| 【성명】 | 김민홍 |
| 【출원인코드】 | 4-2007-023168-3 |

3) 본 사례는 2008년에 상표권을 획득한 브랜드로서 불어로 '침대차의 칸막이방' 의미를 가지고 있는 'couchett' 라는 브랜드 네임과 붉은색 나뭇잎을 모티브로한 브랜드 마크로 구성되어 있다.

【대리인】

【성명】 이승훈

【대리인코드】 9-2006-000697-5

【포괄위임등록번호】 2007-045381-1

【상품(서비스업)류 및 지정상품(서비스업, 업무)】

【상품(서비스업)류】 제43류

【지정상품(서비스업, 업무)】 간이식당업, 간이음식점업, 관광음식점업, 극장식주점업, 다방업, 레스토랑업, 무도유흥주점업, 바(bar)서비스업, 뷔페식당업, 서양음식점업, 셀프서비스식당업, 스낵바업, 식당체인업, 식품소개업, 음식조리대형업, 음식준비조달업, 일반유흥주점업, 일반음식점업, 일본음식점업, 제과점업, 주점업, 중국음식점업, 카페업, 카페테리아업, 칵테일라운지서비스업, 패스트푸드식당업, 한국식 유흥주점경영업, 한식점업, 항공기기내식제공업, 휴게실업

【상표유형】 색채상표

【취지】 상표법 제9조의 규정에 의하여 위와 같이 출원합니다.

대리인 이승훈 (인)

【수수료】

【출원료】 1개류 56,000 원

【우선권주장료】 0 건 0 원

【합계】 56,000 원

【상표견본】

## 2. 출원번호통지서

관인생략

### 출원번호통지서

출원일자 2007. 06. 01
특기사항
출원번호 41-2007-0015068(접수번호 1-12007-0402861-46)
출원인 성명 김민홍(4-2007-023168-3)
대리인 성명 이승훈(9-2006-000697-5)

**특 허 청 장**

1. 출원번호통지서 출원 이후 실사진행 상황 등을 확인하실 때에는 출원번호가 필요하오니 출원번호통지서는 출원절차가 종료될 때까지 보관하시기 바랍니다.
2. 2-가. 특허 및 실용신안 출원은 실사청구 후 평균 10개월에 1차 심사처리가 이루어지고, 상표 및 디자인은 출원 후 평균 6개월에 1차 실사처리가 이루어집니다.
   2-나. 특허 및 실용신안은 특허청 홈페이지(http://www.kipo.go.kr 이하 "홈페이지"라 함)내 "특허로(온라인전자출원)" 사이트 "나의출원등록조회"에서 1차 심사처리 1개월 전에 1차 심사결과통지 예정시기 알림 서비스를 신청하시면 1차 심사처리 약 1개월 전에 해당 출원건의 1차 심사결과통지 예정시기를 SMS 또는 E-mail 서비스로 제공 받을 수 있습니다.(단 홈페이지 회원에 한하여 통지서비스 신청 가능)
   2-다. 상표 및 디자인은 특허청 홈페이지(공지사항)에 류별 1차 심사결과통지 예정시기를 매월 게시하고 있으며, 특허정보검색서비스 시스템(http://www.kipris.or.kr)을 통해 개별 출원건에 대한 1차 심사결과 통지 예정시기를 알려드립니다. 또한, 출원시 1차 심사결과통지 예정시기 알림 서비스를 신청하시면, SMS 또는 E-mail 서비스로 제공해 드립니다.
   ※ 상기 1차 심사결과통지 예정시기는 사정에 의해 다소 늦거나 빨라 질 수 있습니다.
   2-라. 1차 심사결과통지시(심사관이 특허청의 등본을 송달하기 전 또는 심사관이 최초로 거절이유를 통지한 후 출원인이 그 거절이유를 받기 전 중 빠른 때)까지 귀하께서는 특허출원서에 최초로 첨부된 명세서 또는 도면에 기재된 사항의 범위 안에서 명세서 또는 도면을 보정할 수 있습니다.
3. 심사청구 특허출원은 출원일로부터 5년 이내에 특허법시행규칙 별지 제24호서식에 의거 심사청구를 하지 않으면 그 출원은 출원취하된 것으로 간주하여 처리됨을 알려드립니다.
4. 우선심사 특허출원 또는 디자인등록출원에 대해 조기에 심사받기를 원하시면 우선심사제도를 이용하실 수 있습니다.
5. 주소 등 변경신고 출원인의 주소 등을 변경하고자 하는 경우에는 특허법 시행규칙 별지 제4호의 2서식에 의한 출원인 정보변경(경정) 신고서를 제출하여야 합니다.
6. 산업재산권 표시, 광고요령 특허 등 산업재산권을 출원 중에 있는 경우에는 해당 산업재산이 출원상태임을 다음과 같이 표시하여야 하며, 이를 위반할 경우 특허법 제224조 및 제227조에 의거 처벌 받게 됩니다.
   예) 특허출원 10-2001-0000001, 실용신안등록출원 20-2001-0000001, 디자인등록출원 30-2001-0000001, 상표등록출원 40-2001-0000001
7. 미성년자 미성년자인 출원인이 만 20세에 도달하는 경우 출원인의 부모 등 법정대리인의 대리권은 소멸하게 되므로, 출원인은 직접 또는 대리인을 새로이 선입하여 특허에 관한 절차를 밟을 수 있습니다.
8. 문의처 기타 문의사항이 있으시면 특허고객 콜센터(1544-8080)에 문의하시거나 특허청 홈페이지(www.kipo.go.kr)를 참고하시기 바랍니다.
9. 특허청 주소 302-701 대전광역시 서구 선사로 139 정부대전청사 4동
   특허청 서울사무소 주소 135-911 서울특별시 강남구 역삼동 647-9 한국지식센터
   FAX) 대전 : 042-472-7140, 서울 : 02-566-8454

## 3. 상표출원공고

상표출원공고 41-2007-0069313

| | | |
|---|---|---|
| (19) 대한민국특허청(KR) | (260) 공고번호 | 41-2007-0069313 |
| (12) 상표공보 | (442) 공고일자 | 2007년12월03일 |

(511) 분류 43(8판)
(210) 출원번호 41-2007-0015068
(220) 출원일자 2007년06월01일

(731) 출원인
김민홍
경기 고양시 일산서구 일산동 현대홈타운 ***동 ****호
(740) 대리인
이승훈
담당심사관 : 노형식

간이식당업, 간이음식점업, 관광음식점업, 극장식주점업, 다방업, 레스토랑업, 무도유흥주점업, 바(bar)서비스업, 뷔페식당업, 서양음식점업, 셀프서비스식당업, 스낵바업, 식당체인업, 식품소개업, 음식조리대형업, 음식준비조달업, 일반휴응주점업, 일반음식점업, 일본음식점업, 제과점업, 주점업, 중국음식점업, 카페업, 카페테리아업, 칵테일라운지서비스업, 패스트푸드식당업, 한국식 유흥주점경영업, 한식점업, 항공기기내식제공업, 휴게실업.
(591) 본 상표는 색채이므로 원본을 참조하시기 바랍니다.

## 4. 등록결정서

발송번호: 9-5-2008-008810023
발송일자: 2008. 02. 21

| 심사관 | 파트장 | 보고 |
|---|---|---|
| | | |

YOUR INVENTION PARTNER
특 허 청
**등록결정서**

| | |
|---|---|
| 출원인명칭 | 김민홍(출원인코드 : 420070231683) |
| 주소 | 경기 고양시 일산서구 일산동 현대홈타운 ***동 ****호 |
| 대리인명칭 | 이승훈 |
| 주소 | 서울 성동구 성수2가3동 성수아카데미타워 16층05호(국제특허법률사무소패튼월드) |
| 출원번호 | 41-2007-0015068 |
| 상품(서비스업)류 | 제 43 류 |

이 출원은 상표법 제30조에 의하여 등록결정합니다. (상표권은 상표법 제41조에 따라 등록료를 납부하여 설정등록함으로써 발생하게 됩니다.) 끝.

공고번호 : 41-2007-0069313　　공고일자 : 2007. 12. 03

2008. 02. 21

**특허청**　　**상표디자인심사본부**
**서비스표심사팀**

심사관　노형식
파트장　신의진
(결재)

## 5. 등록증

# 서비스표등록증

(CERTIFICATE OF SERVICE MARK REGISTRATION)

등 록 제 41-0162721 호
(REGISTRATION NUMBER)

출원번호 (APPLICATION NUMBER) 제 2007-0015068 호
출원일 (FILING DATE (Y/M/D)) 2007년 06월 01일
등록일 (REGISTRATION DATE (Y/M/D)) 2008년 03월 10일

서비스표권자
(OWNER OF THE SERVICE MARK RIGHT)
김민홍( 730323-1****** )

경기 고양시 일산서구 일산동 현대홈타운 ***동 ****호

서비스표를 사용할 서비스업 및 구분
(LIST OF SERVICES)
제 43 류

간이식당업등 30건

Coffee and Tea
Couchette

위의 표장은 「상표법」에 의하여 서비스표등록원부에 등록되었음을 증명합니다.
(THIS IS TO CERTIFY THAT THE SERVICE MARK IS REGISTERED ON THE REGISTER OF THE KOREAN INTELLECTUAL PROPERTY OFFICE.)

2008년 03월 10일

특 허 청 장
(COMMISSIONER, THE KOREAN INTELLECTUAL PROPERTY OFFICE)

## 4절 상품 및 서비스업 분류

〈상품〉

### 제1류

공업용, 과학용, 사진용, 농업용, 원예용 및 임업용 화학품; 미가공 인조수지, 미가공 플라스틱; 비료; 소화제(消火劑); 조질제(調質劑) 및 땜납용 조제; 식품보존제; 무두질제; 공업용 접착제

[제1류/G0101] 비료, 식물재배용 흙
[제1류/G0201] 공업용 곡분, 공업용 전분
[제1류/G1001] 공업용 약품, 공업용 또는 과학용 화학제, 계면활성제
[제1류/G1002] 공업용 접착제
[제1류/G1003] 인공감미료
[제1류/G1004] 식물성장조절제, 식물용 미량원소제제, 토질개량제
[제1류/G1006] 비의료용 미생물
[제1류/G1503] 도자기용 유약
[제1류/G1601] 고령토, 공업용 돌로마이트, 마그네사이트, 맥반석
[제1류/G1817] 새잡이 끈끈이
[제1류/G2101] 화학시험지
[제1류/G2401] 미가공 인조수지, 미가공 플라스틱
[제1류/G2403] 펄프
[제1류/G3202] 갈륨, 리튬, 세륨, 수은, 우라늄, 플루토늄
[제1류/G3404B] 감광지, 미노광 감광필름, 사진용 화학제
[제1류/G4006] 부동액, 브레이크액, 유압회로용액
[제1류/G5301] 특수세라믹 제조용 합성물

### 제2류

페인트, 니스, 래커; 방청제 및 목재보존재; 착색제; 매염제(媒染劑); 미가공 천연수지; 도장용, 장식용, 인쇄용 및 미술용 금속박(箔)과 금속분(粉)

[제2류/G1001] 미가공 천연수지, 금속보호제, 목재보존제, 목재용 매염제, 피혁용 매염제
[제2류/G1501] 염료

[제2류/G1502]　안료
[제2류/G1504]　도료 등
[제2류/G2101]　부활절계란 착색용지
[제2류/G2201]　인쇄잉크
[제2류/G2202]　그림물감
[제2류/G4003B]　방청유

### 제 3 류

표백제 및 그 밖의 세탁용 제제; 청정제, 광택제, 연마재; 비누; 향료, 정유(精油), 화장품,모발로션; 치약

[제3류/G0404]　식품향미용 정유(精油)
[제3류/G1001]　가정용 탈지제, 세탁용 광택제, 표백제, 탈색제
[제3류/G1002]　세탁용 풀
[제3류/G1201B]　화장품
[제3류/G1202]　향료
[제3류/G1204]　인조손톱, 인조속눈썹, 화장용 접착제, 화장용 면봉, 화장용 탈지면
[제3류/G1301]　비누{인체용은 제외}
[제3류/G1301B]　인체용 비누, 미용비누
[제3류/G1302]　치약
[제3류/G1505]　구두약
[제3류/G1506]　광택제
[제3류/G3105]　연마재

### 제 4 류

공업용 유(油) 및 그리스(Grease); 윤활유; 먼지흡수제, 먼지습윤제 및 먼지흡착제; 연료{자동차휘발유를 포함한다}, 발광체; 조명용 양초 및 심지

[제4류/G0705]　공업용 유지(油脂)
[제4류/G1001]　먼지억지제, 먼지제거제, 윤활제
[제4류/G1505]　구두용 그리스
[제4류/G1506]　가죽보존용 오일
[제4류/G3903]　전기에너지
[제4류/G4001]　고체연료

[제4류/G4002]　기체연료
[제4류/G4002B]　액체연료
[제4류/G4003B]　공업용 유(油)
[제4류/G4004]　미가공 왁스, 조명용 왁스
[제4류/G4102]　라이터용 연료

### 제5류

약제 및 수의과용 약제; 의료용 위생제; 식이요법제, 유아용 식품; 깁스 및 연고류; 치과용 충전재료 및 치과용 왁스; 소독제; 유해동물 구제제; 살균제, 제초제

[제5류/G0213]　유아용 식품{분유는 제외}
[제5류/G0302]　유당(乳糖)
[제5류/G0704]　유아용 분유
[제5류/G1004]　약제
[제5류/G1006]　의료용 미생물
[제5류/G1101]　두통용 연필, 의료용 팔찌, 류머티즘방지반지
[제5류/G1103]　의료용 솜, 의료용 붕대, 의료용 반창고, 의료용 기저귀, 생리대, 수유용 패드, 치과용 연마재, 치과용 충전재
[제5류/G1812]　파리잡이용 점착제, 파리잡이용 종이
[제5류/G2101]　방충지[防蟲紙]

### 제6류

일반금속 및 그 합금; 금속제 건축재료; 이동식 금속제 건축물; 철도노선용 금속재료; 일반금속제 케이블 및 와이어{전기용은 제외한다}; 철제품, 소형금속제품; 금속관; 금고; 다른 류에 속하지 아니하는 일반금속제품; 광석

[제6류/G1401]　금속제 빗자루 손잡이
[제6류/G1601]　금속광석
[제6류/G1801]　금속제 냄비고리
[제6류/G1803]　금속제 바구니
[제6류/G1808]　금속제 간판, 금속제 표지판, 금속제 표찰
[제6류/G1810]　금속제 기념컵, 금속제 기념패
[제6류/G1814]　금속제 야생동물용 덫
[제6류/G1817]　가축용 체인, 금속제 닭장, 동물용 방울

[제6류/G1819] 금속제 사다리
[제6류/G1822] 금속제 저금통
[제6류/G2502] 금속제 통(탱크/컨테이너)
[제6류/G2503] 금속제 상자(박스)
[제6류/G2506] 금속제 마개, 금속제 봉인재료
[제6류/G2601] 금속제 금고, 금속제 가구 부속품
[제6류/G2602] 구두흙털이용 금속제 매트
[제6류/G2605] 금속제 바람개비, 금속제 우편함, 옥외용 금속제 블라인드
[제6류/G2704] 지팡이용 금속제 테
[제6류/G2801] 난로용 장작받침쇠
[제6류/G3001] 금속제 나사, 금속제 너트, 금속제 리벳, 금속제 못, 금속제 볼트, 금속제 쐐기
[제6류/G3002] 금속제 고리, 금속제 자물쇠{전기식은 제외}
[제6류/G3101] 금속제 칼자루
[제6류/G3103] 모루, 바이스용 금속제 조임구
[제6류/G3106] 금속제 줄밥
[제6류/G3201] 미가공 또는 반가공 철(鐵), 미가공 또는 반가공 강(鋼)
[제6류/G3202] 미가공 또는 반가공 비철금속
[제6류/G3203] 땜납, 용접용 금속봉
[제6류/G3303] 금속제 건축 또는 구축 전용재료
[제6류/G3304] 금속제 타일
[제6류/G3305] 금속제 이동식 건축물
[제6류/G3608] 금속제 교통표지{기계식/발광식은 제외}
[제6류/G3701] 하역용 금속제 팔레트
[제6류/G3702] 금속제 계선부표, 금속제 마스트
[제6류/G3801] 금속제 바이스작업대
[제6류/G3804] 금속제 낫자루
[제6류/G3809] 금속제 인공어초
[제6류/G3821] 페인트분무용 금속제 부스
[제6류/G3828] 비기계용 금속제 밸브, 비기계용 금속제 파이프 커플링, 비기계용 금속제 플랜지, 비기계용 금속제 스프링
[제6류/G3905B] 안테나선

[제6류/G4202] 금속제 조립식 로켓발사대
[제6류/G4303] 금속제 다이빙보드, 금속제 텐트펙, 등산용 아이젠
[제6류/G4305] 박차(拍車)
[제6류/G4509A] 금속제 버클
[제6류/G5001] 금속제 로프
[제6류/G5002] 금속제 망(網)
[제6류/G5203] 금속제 조각품{귀금속제는 제외}

### 제7류

기계 및 공작기계; 모터 및 엔진{육상차량용은 제외한다}; 기계연결기 및 전동장치의 구성부품{육상차량용은 제외한다}; 농업용 기구{수동식은 제외한다}; 부란기(孵卵器)

[제7류/G1816] 수족관용 공기펌프
[제7류/G3104] 전동브러시{기계부품용}
[제7류/G3601] 스탬프 날인기계, 라벨 부착기
[제7류/G3612] 잔디 깎는 기계
[제7류/G3613] 기계부품용 공압식 문개폐장치, 기계부품용 수압식 문개폐장치
[제7류/G3701] 하역기계, 승강기계
[제7류/G3702] 선박용 자동 사각갈고리
[제7류/G3705] 굴착기, 불도저, 제설기
[제7류/G3801] 금속가공기계
[제7류/G3802] 광산기계
[제7류/G3803] 토목기계, 석재가공기계
[제7류/G3804] 농기계, 축산기계{착유기기는 제외}
[제7류/G3806] 착유기기
[제7류/G3808] 부란기, 육추기
[제7류/G3809] 어업용 기계
[제7류/G3810] 산업용 화학기계, 폐기물처리기계
[제7류/G3811] 섬유기계
[제7류/G3812] 산업용 식음료 가공기계
[제7류/G3813] 제재기계, 목공기계
[제7류/G3815] 인쇄기계, 제본기계
[제7류/G3817] 봉제기계

[제7류/G3818] 가죽가공기계
[제7류/G3819] 담배가공기계
[제7류/G3820] 유리가공기계
[제7류/G3821] 도장(塗裝)기계
[제7류/G3822] 포장(包裝)기계
[제7류/G3823] 동력기계{증기보일러와 육상차량용은 제외}
[제7류/G3823A] 동력용 증기보일러{육상차량용은 제외}
[제7류/G3824] 펌프, 압축기, 송풍기
[제7류/G3825] 동력전도장치{육상차량용은 제외}
[제7류/G3826B] 기계용 완충기{수송기계용은 제외}
[제7류/G3827B] 기계용 제동장치{수송기계용은 제외}
[제7류/G3828] 기계부품용 링, 기계부품용 밸브 등{육상차량용은 제외}
[제7류/G3829] 수차, 풍차
[제7류/G3830] 세척기계, 광택기계
[제7류/G3831] 주차기계
[제7류/G3832] 고무가공기계, 플라스틱가공기계
[제7류/G3901] 발전기, 모터{육상차량용은 제외}
[제7류/G3906B] 가정용 전기믹서, 가정용 전기세탁기, 가정용 전기청소기
[제7류/G3908] 로봇, 자동조종기계, 반도체가공기계
[제7류/G4602] 양잠기계

### 제8류

수공구 및 수동기구; 칼붙이류; 휴대용 무기; 면도칼
[제8류/G1204] 매니큐어 세트, 페디큐어 세트
[제8류/G1803] 국자, 숟가락, 채소용 강판, 포크
[제8류/G1811] 부삽, 부젓가락
[제8류/G1824] 비전기식 다리미, 비전기식 인두
[제8류/G2202] 팔레트 나이프
[제8류/G3101] 도검(刀劍), 도끼, 송곳, 작살
[제8류/G3103] 드라이버, 렌치, 몽키, 스패너, 집게, 해머
[제8류/G3105] 숫돌, 연마용 강철
[제8류/G3106] 끌, 대패, 톱

[제8류/G3107] 면도날, 비전기식 이발기, 손톱깎이, 이발용 가위

[제8류/G3601] 동전삽

[제8류/G3605] 경찰봉

[제8류/G3804] 수동식 농기구, 가축도살용 기구

[제8류/G3818] 구두제조용 구두형

[제8류/G3824] 수동식 펌프

[제8류/G3906B] 전기면도기, 전기 손톱깎이, 전기이발기

[제8류/G4303] 골프벙커 정리용 써레, 펀치링, 피켈

### 제9류

과학, 항해, 측량, 사진, 영화, 광학, 계량, 측정, 신호, 검사(감시), 구명 및 교육용 기기; 전기의 전도, 전환, 변형, 축적, 조절 또는 통제를 위한 기기; 음향 또는 영상의 기록용, 송신용 또는 재생용 장치; 자기 정보기억 매체 및 녹음반; 자동판매기 및 동전작동식 기계장치; 금전등록기, 계산기, 정보처리장치, 컴퓨터; 소화기(消火器)

[제9류/G1101] DNA 칩, 투약용 디스펜서

[제9류/G1701] 비건축용 가공유리

[제9류/G2202] 주판, 계산자(尺)

[제9류/G2701] 방호용 신발

[제9류/G3002] 전기자물쇠

[제9류/G3401] 실험실용 이화학기기

[제9류/G3402] 광학기기{안경/사진기기는 제외}, 영화기기

[제9류/G3402B] 사진기기

[제9류/G3403] 기본단위계량기기, 유도단위계량기기, 정밀측정기기, 재료실험기기, 자동조절기기

[제9류/G3405] 안경, 콘택트렌즈

[제9류/G3601] 계산기, 금전등록기, 시간기록장치, 화폐계수기

[제9류/G3602] 자동판매기{전자식은 제외}

[제9류/G3605] 구명장치, 안전벨트, 수영재킷, 방탄조끼

[제9류/G3606] 소화기기, 화재 피난장치

[제9류/G3607] 경보기기

[제9류/G3608] 발광식 교통신호기, 기계식 교통신호기

[제9류/G3609] 잠수마스크, 잠수용 귀마개, 잠수용 호흡장치

| | |
|---|---|
| [제9류/G3613] | 전기식 문 개폐장치 |
| [제9류/G3701] | 리프트조작장치, 엘리베이터조작장치 |
| [제9류/G3702] | 구명보트, 소방정 |
| [제9류/G3703] | 인공위성 |
| [제9류/G3705] | 소방차 |
| [제9류/G3801] | 전기아크용접장치, 전기용접장치 |
| [제9류/G3804] | 가축사육용 전기울타리 |
| [제9류/G3808] | 검란기 |
| [제9류/G3810] | 이온화장치{공기처리용은 제외}, 전기도금장치, 전해조 |
| [제9류/G3822] | 전기식 포장용 플라스틱씰 장치 |
| [제9류/G3901] | 배전기기, 전기제어기기, 전기변압기기 |
| [제9류/G3902] | 네온사인 |
| [제9류/G3903] | 전지 |
| [제9류/G3904] | 전기측정기기, 자기측정기기, 전파측정기기 |
| [제9류/G3905B] | 전선, 전기케이블, 광섬유 |
| [제9류/G3906B] | 전기다리미, 전기 버저, 전기가열식 헤어컬기 |
| [제9류/G3907A] | 전기음향영상기기 |
| [제9류/G3907B] | 전기통신기기 |
| [제9류/G3908] | 전자응용기기, 컴퓨터 소프트웨어, 전자관 |
| [제9류/G3908B] | 반도체, 반도체 소자, 집적회로 |
| [제9류/G3909] | 전극, 전기플러그, 전기소켓, 자석 |
| [제9류/G4303] | 다이빙 및 수영용 노즈 클립, 에르고미터 |
| [제9류/G4504] | 방호용 장갑, 방호용 귀마개 |
| [제9류/G4505] | 헬멧 |
| [제9류/G4506] | 방독면, 방호용 마스크 |
| [제9류/G4507] | 방호용 피복 |
| [제9류/G5101] | 음반, 음악이 수록된 전자매체 |
| [제9류/G5201] | 자기식 카드, 음악이 아닌 것이 수록된 전자매체{컴퓨터 소프트웨어는제외} |
| [제9류/G5204] | 노광(露光)된 필름 |
| [제9류/G5206] | 내려받기 가능한 전자출판물 |

### 제10류

외과용, 내과용, 치과용 및 수의과용 기계기구, 의지(義肢), 의안(義眼), 의치(義齒); 정형외과용품; 봉합용 재료

[제10류/G1101] 의료기계기구

[제10류/G1102] 피임용구

[제10류/G1103] 의료용 전기담요, 젖병, 의료용 물 주머니, 의료용 귀마개, 의료용 봉합재료, 정형외과용 깁스, 지지용 붕대

[제10류/G3906B] 가정용 전기마사지기

[제10류/G4501] 수술복

[제10류/G4504] 의료용 장갑

[제10류/G4506] 의료용 마스크

### 제11류

조명용, 가열용, 증기발생용, 조리용, 냉각용, 건조용, 환기용, 급수용 및 위생용 장치

[제11류/G1101] 치과용 오븐[덴탈오븐]

[제11류/G1103] 일회용 살균봉투

[제11류/G1803] 가정용 비전기식 정수기, 가정용 비전기식 식기소독기, 요리용 석쇠장치

[제11류/G1804] 아이스박스{휴대용은 제외}

[제11류/G1805] 버너{실험실용은 제외}, 풍로

[제11류/G1806] 싱크대

[제11류/G1808] 발광성 가옥번호판

[제11류/G1813] 휴대용 난로

[제11류/G1816] 수족관용 여과장치, 수족관용 히터

[제11류/G1821] 변기, 비데

[제11류/G1824] 가열다리미용 히터

[제11류/G1825] 욕조, 샤워기

[제11류/G2601] 일광욕 침대, 이동식 터키탕 케비닛

[제11류/G2801] 난로{전기난로는 제외}

[제11류/G2801B] 난방장치, 난방용 보일러{동력용은 제외}

[제11류/G2802] 냉동기, 냉동장치 및 설비{수송기계용은 제외}

[제11류/G2803] 환풍기, 환풍 장치 및 설비

[제11류/G2901] 비전기식 조명기기
[제11류/G3001] 수도꼭지용 좌금
[제11류/G3303] 급수설비, 배수설비, 위생설비용 도관
[제11류/G3305] 이동식 간이화장실
[제11류/G3401] 실험실용 가열기기
[제11류/G3702] 선박용 냉난방장치, 선박용 조명기기
[제11류/G3703] 항공기용 냉난방장치, 항공기용 조명기기
[제11류/G3704] 철도차량용 냉난방장치, 철도차량용 조명기기
[제11류/G3705] 자동차용 냉난방장치, 자동차용 조명기기
[제11류/G3804] 농업용 건조장치, 농업용 살수장치
[제11류/G3810] 증류장치, 정수장치, 공기정화장치, 가스정화장치, 공기건조장치
[제11류/G3812] 음료냉각장치, 제빙장치 및 설비
[제11류/G3819] 담배용 냉각장치, 담배 로스터
[제11류/G3828] 수도조절용 장치, 가스조절 및 안전용 장치
[제11류/G3902] 전기조명기구, 전기조명장치{수송기계용은 제외}
[제11류/G3906B] 가정용 전기식 식기소독기, 가정용 전기식 정수기, 가정용 전기 냉장고, 전자 레인지, 전기식 압력솥, 전기식 주전자
[제11류/G4102] 가스점화기{흡연용은 제외}

### 제12류

수송기계기구: 육상, 공중 또는 수상이동장치
[제12류/G1101] 휠체어
[제12류/G3605] 낙하산
[제12류/G3701] 견인차, 케이블식 운반장치 및 설비, 전기식 운반기
[제12류/G3702] 선박, 선박의 부품 및 부속품{에어쿠션식은 제외}
[제12류/G3703] 항공기, 항공기의 부품 및 부속품
[제12류/G3704] 철도차량, 철도차량의 부품 및 부속품
[제12류/G3705] 자동차, 자동차의 부품 및 부속품
[제12류/G3706] 자전거, 자전거의 부품 및 부속품
[제12류/G3707] 손수레, 썰매, 유모차, 핸드카, 에어쿠션식 수송정
[제12류/G3708] 타이어, 튜브
[제12류/G3711B] 수송기계용 완충기기

[제12류/G3712B] 수송기계용 제동장치
[제12류/G3804] 농업용 트랙터
[제12류/G3823] 육상차량용 동력기계
[제12류/G3825] 육상차량용 동력전도장치
[제12류/G3828] 육상차량용 베어링, 육상차량용 커플링, 차축 저널
[제12류/G3901] 육상차량용 모터

### 제13류

화기(火器); 총포탄 및 발사체; 화약류; 불꽃
[제13류/G3705] 전차[탱크]
[제13류/G4201] 총(銃), 포(砲)
[제13류/G4202] 총포탄, 화약, 폭약, 화공품(火工品)

### 제14류

귀금속 및 그 합금과 귀금속제품 또는 귀금속도금제품{다른 류에 속하는 것은 제외한다}; 보석류, 귀석(貴石); 시계용구
[제14류/G1601] 보석의 원석
[제14류/G1810] 귀금속제 기념컵, 귀금속제 기념패, 주화, 구리 토큰
[제14류/G2601] 보석상자, 귀금속제 상자
[제14류/G2702] 귀금속제 구두장식
[제14류/G3002] 귀금속제 열쇠고리
[제14류/G3501] 시계, 시계의 부품 및 부속품
[제14류/G4401B] 보석, 인조보석
[제14류/G4402] 귀금속, 모조 귀금속
[제14류/G4509A] 귀금속제 액세서리, 보석제 액세서리
[제14류/G4510B] 커프스 단추
[제14류/G5203] 귀금속제 조각품

### 제15류

악기
[제15류/G3610] 악기 조율기
[제15류/G5101] 악기, 연주보조용품

### 제16류

[제16류/G0902] 시가용 밴드
[제16류/G1002] 가정용 접착제{문방구용은 제외}, 가정용 접착테이프
[제16류/G1401] 종이제 쓰레기봉투, 플라스틱제 쓰레기봉투
[제16류/G1803] 은박지, 주방용 호일
[제16류/G1808] 종이제 또는 판지제 간판, 비직물제 라벨
[제16류/G1809] 종이제 기(旗)
[제16류/G1815] 종이제 화분커버
[제16류/G1821] 종이제 변기시트커버
[제16류/G1824] 자수용 도안형지, 재봉용 초크
[제16류/G2101] 종이용지
[제16류/G2102] 종이제 수건, 종이제 티슈, 화장지
[제16류/G2201] 사진제판용 수정잉크
[제16류/G2202] 문방구
[제16류/G2401] 포장용 플라스틱제 필름
[제16류/G2501] 머니클립, 여권홀더[여권커버]
[제16류/G2502] 종이제 크림용기
[제16류/G2503] 종이제 상자, 판지제 상자
[제16류/G2504] 포장용 종이제 포대, 포장용 플라스틱제 포대
[제16류/G2602] 종이제 식탁용품, 실내장식용 종이제 커버
[제16류/G3104] 페인트용 솔, 가정용 페인트 롤러
[제16류/G3401] 교육용 생물체조직
[제16류/G3601] 타자기, 제도기, 주소인쇄기, 잉크 리본
[제16류/G3815] 인쇄활자, 제본재료, 프린팅 블록
[제16류/G4004] 봉랍(封蠟)
[제16류/G4504] 유아용 종이 및 셀룰로오스제 기저귀, 종이제 턱받이
[제16류/G4509A] 묵주
[제16류/G5201] 인쇄물{서적과 정기간행물은 제외}
[제16류/G5202] 서화
[제16류/G5203] 혼응지(종이찰흙)제 조각품
[제16류/G5204] 사진, 청사진
[제16류/G5205] 모형제작용 재료, 건축모형

[제16류/G5206]　서적, 정기간행물

### 제17류

고무, 구타페르카, 고무액(Gum), 석면, 운모 및 이들의 제품{다른 류에 속하는 것은 제외한다}; 제조용 압출성형플라스틱; 충전용, 마개용 및 절연용 재료; 비금속제 신축관

[제17류/G1002]　접착테이프{문방구용/의료용/가정용/전기절연용은 제외}
[제17류/G1601]　운모
[제17류/G1815]　꽃꽂이용 폼서포트
[제17류/G2101]　석면지
[제17류/G2401]　반가공 인조수지, 플라스틱 필름{포장용은 제외}
[제17류/G2402]　미가공 고무, 반가공 고무
[제17류/G2504]　포장용 고무제 포대
[제17류/G2506]　고무제 마개, 고무제 봉인재료
[제17류/G2701]　석면제 구두밑창
[제17류/G3001]　고무제 좌금, 경화섬유제 좌금
[제17류/G3303]　석면제 건축재, 건축용 방습재, 방음재, 보온용 단열재, 틈막이용 조성물
[제17류/G3606]　석면제 소방용품, 소방용 호스
[제17류/G3826B]　고무제 완충기
[제17류/G3828]　가스켓, 고무제 링, 탄성고무제 또는 경화섬유제 밸브, 고무제 패킹, 플라스틱제 패킹, 석면제 패킹
[제17류/G3909]　전기절연재료
[제17류/G3909B]　전기절연용 고무재료, 전기절연테이프
[제17류/G4504]　절연용 장갑
[제17류/G4705]　비직물용 화학섬유
[제17류/G4706]　비직물용 무기섬유
[제17류/G4801]　비직물용 화학섬유사, 비직물용 무기섬유사
[제17류/G4901]　석면직물
[제17류/G4904]　석면제 펠트(Felt)
[제17류/G5001]　고무끈, 석면제 끈
[제17류/G5002]　석면제 망(網)

### 제18류

가죽과 모조 가죽 및 그 제품{다른 류에 속하는 것은 제외한다}; 동물가죽(獸皮); 트렁크 및 여행용 가방; 우산, 양산 및 지팡이; 채찍, 마구(馬具)

[제18류/G0703] 소시지제조용 창자
[제18류/G1204] 휴대용 화장품 케이스{내용물이 없는 것}
[제18류/G1817] 동물용 목걸이, 애완동물용 의류
[제18류/G2301] 가죽
[제18류/G2302] 인조가죽
[제18류/G2501] 가방, 지갑
[제18류/G2503] 가죽제 상자, 경화섬유제 상자
[제18류/G2504] 포장용 가죽제 포대
[제18류/G2602] 가구용 가죽제 장식, 가죽제 커버
[제18류/G2702] 스케이트화용 가죽끈
[제18류/G2703] 우산, 양산
[제18류/G2704] 지팡이
[제18류/G3002] 가죽제 열쇠고리
[제18류/G3804] 동물용 여물주머니
[제18류/G3828] 가죽제 밸브, 스프링용 가죽제 케이징
[제18류/G4305] 마구(馬具), 승마용구
[제18류/G5001] 가죽끈

### 제19류

비금속제 건축재료; 건축용 비금속제 경질관(硬質管); 아스팔트, 피치 및 역청; 비금속제 이동식 건축물; 비금속제 기념물

[제19류/G1001] 타르, 피치
[제19류/G1601] 건축 또는 구축용 비금속광물{가공하지 않은 것에 한함}
[제19류/G1701] 건축용 유리
[제19류/G1808] 비금속제 광고기둥
[제19류/G1816] 구조물로 된 수족관
[제19류/G1817] 돼지우리, 마구간, 비금속제 닭장
[제19류/G2001] 건축용 목재, 가공 목재
[제19류/G2002] 압축된 코르크

[제19류/G2502] 석제 통
[제19류/G2605] 옥외용 블라인드{비금속제/비직물제에 한함}, 석제 우편함
[제19류/G2607] 비금속제 묘비{석제는 제외}
[제19류/G3301] 시멘트, 시멘트 기초제품
[제19류/G3302] 석재, 인조석재
[제19류/G3303] 비금속제 건축 및 구축 전용재료
[제19류/G3304] 비금속제 타일, 내화재, 벽돌{시멘트제는 제외}
[제19류/G3305] 비금속제 이동식 건축물, 비금속제 조립식 건축물
[제19류/G3306] 비금속제 침목, 비금속제 말뚝, 비금속제 전주
[제19류/G3608] 비금속제 교통표지{발광식/기계식은 제외}
[제19류/G3702] 계선용 비금속제 부유도크, 계선용 비금속제 정박주, 비금속제 마스트
[제19류/G3809] 비금속제 인공어초
[제19류/G3821] 페인트분무용 비금속제 부스
[제19류/G3828] 급배수용 비금속제 밸브{플라스틱제는 제외}
[제19류/G4202] 비금속제 조립식 로켓발사대
[제19류/G4303] 비금속제 다이빙보드
[제19류/G5002] 비금속제 방충망
[제19류/G5203] 석제 조각품, 콘크리트제 조각품, 대리석제 조각품

제20류

가구, 거울, 액자; 목재, 코르크, 갈대, 등나무, 고리버들, 뿔, 상아, 고래수염, 조개껍질, 뼈, 호박(琥珀), 진주모(珍珠母), 해포석(海泡石)을 재료로 하는 제품과 이들 재료의 대용품 또는 플라스틱 제품{다른 류에 속하는 것은 제외한다}

[제20류/G1401] 비금속제 빗자루손잡이, 우산꽂이통
[제20류/G1601] 미가공 산호, 미가공 해포석, 미가공 호박
[제20류/G1803] 비금속제 바구니, 음료용 빨대
[제20류/G1808] 목제 간판, 플라스틱제 간판, 비금속제 표찰, 공기팽창식 광고물
[제20류/G1809] 깃대, 깃봉
[제20류/G1810] 비금속제 기념컵, 비금속제 기념패
[제20류/G1815] 초목용 지지목
[제20류/G1817] 애완동물용 집{구조물과 새장은 제외}, 애완동물용 쿠션, 애완

동물용 침대

[제20류/G1819] 비금속제 사다리

[제20류/G1824] 수틀, 목제 실패

[제20류/G1901] 갈대, 볏짚, 밀짚, 보릿짚

[제20류/G2001] 죽재

[제20류/G2002] 고리버들, 등나무 줄기

[제20류/G2404] 거북 등, 고래수염, 굴 껍질, 동물 발굽, 동물뿔

[제20류/G2502] 비금속제 통{석제는 제외}

[제20류/G2503] 목제 상자, 플라스틱제 상자

[제20류/G2506] 비금속제 마개{고무제/유리제/자기제는 제외}

[제20류/G2601] 가구

[제20류/G2602] 동물 박제, 실내용 블라인드, 장식용 주렴

[제20류/G2604] 액자

[제20류/G2606] 매트리스, 방석, 베개, 요람, 쿠션

[제20류/G2607] 관(棺), 납골단지

[제20류/G2705] 부채

[제20류/G3001] 비금속제 못, 비금속제 볼트, 비금속제 너트, 비금속제 쐐기, 비금속제 리벳

[제20류/G3002] 커튼용 링, 커튼용 레일, 커튼용 훅, 비금속저 자물쇠{전기식은 제외}

[제20류/G3101] 비금속제 칼자루

[제20류/G3103] 비금속제 공구손잡이

[제20류/G3106] 톱질모탕

[제20류/G3303] 비금속제 경첩, 비금속제 문 부속품

[제20류/G3304] 반사경 타일

[제20류/G3601] 제도대

[제20류/G3604] 이미용 의자

[제20류/G3701] 하역용 비금속제 팔레트

[제20류/G3702] 비금속제 계선부표

[제20류/G3801] 비금속제 바이스작업대

[제20류/G3804] 사료선반

[제20류/G3807] 벌집, 벌통용 재료

[제20류/G3828] 급배수용 플라스틱제 밸브{기계부품은 제외}

[제20류/G4201] 총가(銃架)

[제20류/G4301] 유아용 놀이틀, 유아용 보행기

[제20류/G4303] 비금속제 텐트 펙, 캠핑용 침낭

[제20류/G4304] 낚시바구니, 낚시의자

[제20류/G5201] 플라스틱제 비자기식 열쇠카드

[제20류/G5203] 목제 조각품, 밀랍제 조각품, 석고제 조각품, 플라스틱제 조각품

[제20류/G5205] 양복용 인체모형, 재단용 인체모형

### 제21류

가정용 또는 주방용 기구 및 용기; 빗 및 스펀지; 솔{회화용과 도장용은 제외한다}; 솔 제조용 재료; 청소용구, 강철 울(Steel wool); 미가공 또는 반가공 유리{건축용은 제외한다}; 유리제품, 도자기제품 및 토기제품{다른 류에 속하는 것은 제외한다}

[제21류/G1103] 치과용 플로스[덴탈플로스]

[제21류/G1204] 화장용 솔, 향수분무기, 빗, 화장용 콤팩트, 비누갑

[제21류/G1302] 칫솔

[제21류/G1401] 세탁 및 청소용구{전기식은 제외}

[제21류/G1701] 비건축용 유리기초제품

[제21류/G1801] 비전기식 냄비, 비전기식 솥, 비전기식 주전자, 비전기식 프라이팬

[제21류/G1802] 식기

[제21류/G1803] 가정용 식음료 가공기구{전기식은 제외}, 식품저장용기, 밥상, 쟁반, 절구

[제21류/G1804] 물통, 보온통, 휴대용 냉각용기

[제21류/G1808] 자기제 간판, 유리제 간판

[제21류/G1811] 가정용 석탄통

[제21류/G1812] 파리채, 포충기

[제21류/G1814] 쥐덫

[제21류/G1815] 화분, 실내식물재배용 테라륨, 화분용 물뿌리개

[제21류/G1816] 실내용 수족관{구조물은 제외}

[제21류/G1817] 새장, 애완동물용 우리

[제21류/G1820] 양복솔

[제21류/G1821]　침실용 간이변기, 화장지걸이
[제21류/G1822]　비금속제 저금통
[제21류/G1823]　전화기 회전대
[제21류/G1824]　다림질대
[제21류/G1825]　유아용 휴대식 목욕통
[제21류/G2503]　유리제 상자, 캔디 상자
[제21류/G2506]　유리제 마개, 도자기제 마개
[제21류/G2507]　병(甁)류{꽃병은 제외}
[제21류/G2601]　쌀통
[제21류/G2603]　도자기, 꽃병, 수반
[제21류/G2607]　제기, 향로
[제21류/G2702]　구둣솔, 구둣주걱
[제21류/G2902]　촛대
[제21류/G3104]　공업용 솔, 선박용 솔
[제21류/G3303]　자기제 문 손잡이
[제21류/G3804]　가축용 구유, 동물용 빗{애완동물용은 제외}
[제21류/G3906B]　전기 빗, 전기 칫솔
[제21류/G4303]　코펠
[제21류/G4504]　가사용 장갑, 광택용 장갑, 원예용 장갑
[제21류/G4510B]　단추고리
[제21류/G4511]　때밀이용 스펀지
[제21류/G4704]　브러시용 모
[제21류/G4706]　비절연용 유리섬유, 비직물용 유리섬유
[제21류/G4801]　비절연용 유리섬유사, 비직물용 유리섬유사
[제21류/G5203]　자기제 조각품, 테라코타제 조각품, 유리제 조각품
[제21류/G5205]　인조알(卵)

### 제22류

로프, 끈, 망, 텐트, 차양막, 타폴린, 돛, 포대{다른 류에 속하는 것은 제외한다}; 충전용 재료{고무제 또는 플라스틱제는 제외한다}; 직물용 미가공 섬유

[제22류/G0802]　충전용 해초
[제22류/G1814]　그물형 덫

[제22류/G1819]　줄사다리
[제22류/G1901]　충전용 짚
[제22류/G2003]　대팻밥, 톱밥
[제22류/G2504]　포장용 직물제 포대
[제22류/G2505]　짚제 포장재, 가마니
[제22류/G2605]　차양(遮陽), 천막
[제22류/G2606]　해먹
[제22류/G2702]　구두꿰매는 실
[제22류/G3702]　선박용 돛
[제22류/G3809]　어망용 부자
[제22류/G4303]　등산 또는 캠핑용 텐트
[제22류/G4601]　누에고치
[제22류/G4701]　미가공 면(綿) 섬유
[제22류/G4702]　미가공 견(絹) 섬유
[제22류/G4703]　미가공 마(麻) 섬유
[제22류/G4704]　미가공 모(毛) 섬유
[제22류/G4705]　직물용 화학섬유
[제22류/G4706]　직물용 무기섬유
[제22류/G5001]　노끈, 비금속제 로프, 비금속제 케이블, 포장용 끈
[제22류/G5002]　비금속제 망{석면제는 제외}

### 제23류

직물용 실(絲)

[제23류/G4801]　직물용 실(絲)

### 제24류

직물 및 직물제품{다른 류에 속하는 것은 제외한다}; 침대커버 및 테이블커버

[제24류/G1204]　화장제거용 직물제 냅킨
[제24류/G1803]　행주
[제24류/G1808]　직물제 라벨
[제24류/G1809]　비종이제 기(旗)
[제24류/G1821]　직물제 변기시트커버

[제24류/G1824]　자수용 도안직물
[제24류/G1825]　직물제 샤워커튼, 플라스틱제 샤워커튼
[제24류/G2302]　인조가죽직물{부직포는 제외}
[제24류/G2602]　직물제 식탁용품, 직물제 실내장식용품, 직물제 커버
[제24류/G2604]　직물제 족자
[제24류/G2606]　이불, 침낭, 침대커버, 베갯잇
[제24류/G2607]　수의(壽衣)
[제24류/G4511]　직물제 수건, 직물제 목욕장갑, 보자기
[제24류/G4901]　직물
[제24류/G4902]　메리야스 생지(生地)
[제24류/G4903]　세폭(細幅) 직물
[제24류/G4904]　부직포, 직물펠트

### 제25류

의류, 신발, 모자
[제25류/G2501]　머니 벨트(의류)
[제25류/G2701]　신발, 신발의 부품 및 부속품
[제25류/G4303]　스포츠 전용 의류
[제25류/G4501]　겉옷, 외투(스포츠 전용의류, 한복은 제외)
[제25류/G4502]　한복
[제25류/G4503]　속옷, 스웨터, 셔츠("셔츠요크"두개있어 하나삭제함 09.02.26)
[제25류/G4504]　목도리, 넥타이, 숄, 스카프, 방한용 귀마개, 양말, 스타킹, 발싸개, 방한용 장갑, 유아용 직물제 기저귀
[제25류/G4505]　모자
[제25류/G4506]　방한용 마스크
[제25류/G4507]　방수용 피복
[제25류/G4508]　의복용 벨트

### 제26류

레이스 및 자수포, 리본 및 브레이드(Braid); 단추, 훅 및 아이(Hooks and eyes), 핀 및 바늘; 조화(造花)
[제26류/G1204]　가발, 장식용 수염, 비전기식 헤어컬기{수동기구는 제외}

[제26류/G1801] 찻주전자용 보온 커버
[제26류/G1808] 경기용 번호표
[제26류/G1824] 바늘꽂이, 바늘쌈지, 재봉상자, 재봉용 받침대
[제26류/G2602] 러그훅
[제26류/G2702] 구두끈, 비귀금속제 구두장식
[제26류/G3002] 커튼상단부용 테이프
[제26류/G3102] 바늘{재봉틀용은 제외}
[제26류/G3811] 소모기용(梳毛機用) 바늘, 어망제조용 북
[제26류/G3817] 재봉틀용 바늘
[제26류/G4504] 의류용 어깨패드
[제26류/G4508] 소매흐름방지용 탄력밴드
[제26류/G4509A] 액세서리{귀금속제 및 보석제는 제외}
[제26류/G4510B] 단추, 지퍼
[제26류/G4512] 조화(造花)
[제26류/G4801] 자수용 금속실(絲)
[제26류/G4902] 자수레이스용 생지(生地)
[제26류/G5205] 인조과일

### 제27류

카펫, 융단, 매트, 리놀륨 및 그 밖의 바닥깔개용 재료; 비직물제 벽걸이

[제27류/G1825] 욕실용 매트
[제27류/G1902] 돗자리, 거적, 멍석
[제27류/G2101] 벽지
[제27류/G2602] 매트, 비직물제 벽걸이, 카펫
[제27류/G2604] 비직물제 족자
[제27류/G3303] 인조잔디
[제27류/G4303] 스포츠용 매트

### 제28류

오락 및 놀이용구; 체조용품 및 운동용품{다른 류에 속하는 것은 제외한다}; 크리스마스트리용 장식품

[제28류/G1812] 곤충채집용 채

[제28류/G1817] 애완동물용 장난감
[제28류/G2602] 크리스마스트리용 장식품{조명용품과 과자류는 제외}
[제28류/G3611] 유원지용 탑승놀이기구
[제28류/G4004] 스키용 왁스
[제28류/G4301] 완구[장난감], 인형
[제28류/G4302] 오락용구
[제28류/G4303] 스포츠용구
[제28류/G4304] 낚시용구
[제28류/G5101] 고적대지휘봉

## 제29류

육류, 어류, 가금 및 수렵대상이 되는 조수(鳥獸); 육(肉)즙; 절임, 조림, 냉동, 건조 및 조리된 과실과 채소; 젤리, 잼, 설탕에 절인 과실; 계란, 우유 및 그 밖의 유제품; 식용 유지(油脂)

[제29류/G0201] 냉동한 두류
[제29류/G0204] 채소가공식품, 보존처리한 채소{냉동한 채소는 제외}, 과실가공식품, 보존처리한 과실{냉동한 과실은 제외}
[제29류/G0204B] 요리용 채소주스
[제29류/G0205] 두부, 두부가공식품
[제29류/G0206] 두류가공식품{두부와 두부가공식품은 제외}, 보존처리한 두류
[제29류/G0211] 냉동한 과실
[제29류/G0701] 식육(食肉)
[제29류/G0702] 식용란(卵), 난(卵)가공식품
[제29류/G0703] 가공한 식육, 육류내장품, 육류가공식품
[제29류/G0704] 우유, 유(乳)가공식품
[제29류/G0704B] 버터, 버터크림
[제29류/G0705] 식용유지, 유지가공식품
[제29류/G0705B] 마가린
[제29류/G0707] 살아있지 않은 식용벌레, 벌레가공식품
[제29류/G0801] 살아있지 않은 어패류{냉동/염장한 것을 포함함}
[제29류/G0802] 보존처리한 식용해초, 해초가공식품
[제29류/G0803] 보존처리한 어패류, 어패류가공식품

### 제30류

커피, 차(茶), 코코아, 설탕, 쌀, 타피오카, 사고(Sago), 대용커피; 곡분(穀粉) 및 곡물조제품, 빵, 과자, 빙과; 꿀, 당밀(糖蜜); 효모, 베이킹파우더; 소금, 겨자; 식초, 소스(조미료); 향신료; 얼음

[제30류/G0201] 도정(搗精)한 곡물, 식용 곡분, 식용 전분
[제30류/G0204] 아몬드 페이스트, 케이퍼
[제30류/G0206] 가공한 곡물, 곡물가공식품
[제30류/G0207] 메주, 효모
[제30류/G0208] 식용 맥아
[제30류/G0301] 과자, 빵, 껌, 캔디, 초콜릿
[제30류/G0302] 식용 당류
[제30류/G0303] 떡류
[제30류/G0401] 장(醬)류
[제30류/G0402] 화학조미료
[제30류/G0403] 마요네즈, 식초, 조미용 소스, 케첩
[제30류/G0404] 향신료
[제30류/G0405] 식용 소금
[제30류/G0501] 차(茶)류
[제30류/G0502] 커피, 코코아
[제30류/G0503] 차(茶)를 주성분으로 하는 음료, 차(茶)음료
[제30류/G0505] 얼음
[제30류/G1001] 가정용 식육연화제, 아이스크림 응고제, 생크림용 안정제, 요리용 농화제

### 제31류

농업, 원예 및 임업 생산물, 곡물{다른 류에 속하는 것은 제외한다}; 살아있는 동물; 신선한(가공하지 않은) 과실 및 채소; 종자, 자연식물 및 꽃; 사료; 맥아

[제31류/G0201] 미가공 곡물, 미가공 두류, 미가공 꽃가루
[제31류/G0202] 신선한 채소
[제31류/G0203] 사탕무, 사탕수수
[제31류/G0204] 코프라
[제31류/G0208] 양조용 및 증류용 맥아

[제31류/G0209] 사료
[제31류/G0210] 종자(種子), 구근(球根), 버섯 균사
[제31류/G0211] 신선한 과실
[제31류/G0212] 살아있는 식물{채소류는 제외}
[제31류/G0406] 홉
[제31류/G0502] 미가공 코코아 원두
[제31류/G0702] 부화용 수정란
[제31류/G0706] 살아있는 짐승, 살아있는 조(鳥)류
[제31류/G0707] 살아있는 벌레
[제31류/G0801] 살아있는 어패류
[제31류/G0802] 신선한 해초
[제31류/G1817] 애완동물용 모래 종이, 애완동물용 향처리 모래
[제31류/G1901] 동물용 깔짚, 식물보온용 짚
[제31류/G2001] 통나무
[제31류/G2002] 미가공 나무껍질
[제31류/G2003] 펄프제조용 나무조각
[제31류/G2602] 살아있는 나무로 만든 크리스마스트리
[제31류/G4304] 낚시용 떡밥, 낚시용 살아있는 미끼
[제31류/G4512] 생화(生花) 화환, 장식용 건조식물
[제31류/G4601] 누에, 누에씨

### 제32류

맥주; 광천수, 탄산수 및 그 밖의 무주정(無酒精)음료; 과실음료 및 과실주스; 시럽 및 기타 음료용 조제품(調製品)

[제32류/G0406] 맥주제조용 홉 엑기스
[제32류/G0503] 청량음료, 발포성 음료용 재료, 채소 또는 과실을 가공한 음료
[제32류/G0503B] 음료용 채소주스
[제32류/G0504] 광천수, 생수
[제32류/G0602] 맥주, 맥주용 맥아즙

### 제33류

알콜 음료{맥주는 제외한다}

[제33류/G0601]　소주, 약주, 청주, 인삼주, 법주, 탁주
[제33류/G0602]　보드카, 브랜디, 위스키, 진, 딸기주, 매실주, 머류주, 포도주, 사과주
[제33류/G0603]　고량주, 노주, 오가피주, 독사주, 박하주, 송엽주, 벌꿀주, 약미주

### 제34류

담배; 흡연용품; 성냥
[제34류/G0901]　담배{의료용은 제외}
[제34류/G0902]　흡연용구
[제34류/G4101]　성냥
[제34류/G4102]　흡연용 라이터

## 〈서비스업〉

### 제35류

광고업; 기업관리업; 기업경영업; 사무처리업
[제35류/S0101]　광고업
[제35류/S1204]　회계업, 세무대리업
[제35류/S1205]　약제도매업, 약제중개업, 의약품판매알선업
[제35류/S1207]　호텔경영지원업
[제35류/S1216]　사진복사업
[제35류/S1231]　기업경영 및 조직상담업, 사업경영자문업, 인사관리상담업, 기업정보제공업, 상업정보제공업, 시장조사업
[제35류/S1231B]　정보의 데이터베이스가공편집업, 정보의 컴퓨터데이터베이스구축업, 컴퓨터자료검색업, 컴퓨터화된 파일관리업
[제35류/S1311]　도매업, 소매업, 상품중개업, 판매대행업, 판매알선업
[제35류/S1312]　수출입업무대행업
[제35류/S1370]　사무처리업
[제35류/S1735]　기타서비스업(제35류)

### 제36류

보험업; 재무업; 금융업; 부동산업
[제36류/S0201]　예금접수업, 자금대부업, 내국환거래업, 증권업

[제36류/S0301] 보험업
[제36류/S1204] 재무평가업, 재무관리업, 재무상담업
[제36류/S1212] 부동산감정업, 부동산관리업, 부동산중개 및 임대업
[제36류/S1312] 무역중개업, 오퍼업, 통관절차대행업
[제36류/S1736] 기타서비스업(제36류)

### 제37류

건축물건설업; 수선업; 설치서비스업

[제37류/S0401] 건축물건설업
[제37류/S0501] 수리업, 수선업, 설치업, 유지관리업
[제37류/S1001] 경석에 의한 연마처리업, 주석에 의한 재도금업, 타이어재생업
[제37류/S1201] 유정업, 채광업, 채석업, 광산용기계장비임대업
[제37류/S1281] 청소업
[제37류/S1282] 세탁업
[제37류/S1737] 기타서비스업(제37류)

### 제38류

통신업; 방송업

[제38류/S0601] 통신업
[제38류/S0701] 방송업
[제38류/S1738] 기타서비스업(제38류)

### 제39류

운송업; 물품의 포장 및 보관업; 여행대행업(travel arrangement)

[제39류/S0801] 운송업, 운송기구 및 장비의 임대업
[제39류/S0901] 창고업, 창고임대업, 냉동식품창고임대업, 냉동장치임대업, 화물보관용 컨테이너임대업
[제39류/S1205] 휠체어임대업
[제39류/S1210] 잠수복대여업
[제39류/S1215] 관광안내업, 여행알선업, 여행예약업
[제39류/S1231B] 전자데이터 및 서류의 물리적 저장업
[제39류/S1739] 기타서비스업(제39류)

## 제40류

재료처리업

[제40류/S1001]　특수가공업
[제40류/S1201]　목재벌목업
[제40류/S1202]　제판업, 인쇄업, 제본업, 영화필름제판업, 인쇄장비임대업
[제40류/S1205]　치기공(齒技工)업
[제40류/S1214]　봉재업, 양복점업, 양장점업, 양재업, 의류재단업, 커튼재단업, 편물기계임대업
[제40류/S12126]　사진인화업, 사진필름현상업, 영화필름현상업
[제40류/S1281]　공기정화 및 탈취업, 분뇨처리업, 폐기물 및 위험물처리업
[제40류/S1740]　기타서비스업(제40류)

## 제41류

교육업; 훈련제공업; 연예업; 스포츠 및 문화활동업

[제41류/S1101]　연예업
[제41류/S1201]　동물사육지도업, 어업기술지도업
[제41류/S1202]　교과서출판업, 서적출판업
[제41류/S1206]　디스코택업, 나이트클럽업, 카바레운영업, 요리지도업, 제과제빵기술지도업
[제41류/S1207]　학교기숙사업
[제41류/S1209]　문화예술 및 사회교육서비스업
[제41류/S1210]　스포츠·오락서비스업
[제41류/S1214]　패션쇼개최업
[제41류/S1216]　마이크로필름기록업, 사진촬영업, 비디오녹화촬영업
[제41류/S1234]　보도업
[제41류/S1283]　미용기술지도업
[제41류/S1741]　기타서비스업(제41류)

## 제42류

과학적, 기술적 서비스업 및 관련 연구, 디자인업; 산업분석 및 연구 서비스업; 컴퓨터 하드웨어 및 소프트웨어의 디자인 및 개발업

[제42류/S1205]　약제연구업, 세균연구업

[제42류/S1213]　설계 및 디자인관련업
[제42류/S1214]　의상디자인업, 패션디자인업
[제42류/S1233B]　컴퓨터정보산업관련업
[제42류/S1281]　환경연구업, 환경보호에 관한 연구업
[제42류/S1283]　화장(化粧)연구업
[제42류/S1742]　기타서비스업(제42류)

### 제43류

음식료품을 제공하는 서비스업, 임시숙박업
[제43류/S1206]　일반음식점업, 간이음식점업, 주점업, 제과점업
[제43류/S1207]　하숙업, 숙박시설안내업, 모텔업, 유스호스텔업, 호텔업
[제43류/S1210]　야영장장비공급업, 야영장시설제공업, 텐트대여업
[제43류/S1212]　방(房)임대업, 이동식가옥임대업
[제43류/S1743]　기타서비스업(제43류)

### 제44류

의료서비스업; 수의사업; 인간 또는 동물을 위한 위생 및 미용업; 농업, 원예 및 임업 서비스업
[제44류/S1201]　농업서비스업, 축산서비스업, 어업서비스업, 임업서비스업
[제44류/S1205]　병의원업, 의료보조업, 요양소업, 의료보건장비임대업
[제44류/S1210]　휴양소업
[제44류/S1283]　이미용업, 입욕시설제공업, 마사지업, 문신업, 지압업, 안마업, 위생시설임대업
[제44류/S1744]　기타서비스업(제44류)

### 제45류

법무서비스업; 재산 및 개인을 보호하기 위한 보안서비스업; 개인의 수요를 충족시키기 위해 타인에 의해 제공되는 사적인 또는 사회적인 서비스업
[제45류/S1204]　법무서비스업
[제45류/S1214]　야회복대여업, 의류관리서비스업, 의복대여업, 의상상담업
[제45류/S1284]　장의업, 묘지관리업, 납골당관리업
[제45류/S1745]　기타서비스업(제45류)

**[저 자 약 력]**


**윤영수**
원광대학교 법학박사
웅지세무대학 브랜드경영센터장
한국브랜드마케팅협회(KBMA) 회장
한국브랜드관리사회장
한국브랜드학회 상임이사
한국상표권센터(KTRC)소장(前)
한국법학회 부회장(前)
한국기업법학회 상임이사(前)
계간 기업법연구 발행인(前)

**이승훈**
고려대학교 변리사
국제특허법률사무소 패튼월드 대표
한국브랜드학회 이사
한국브랜드관리사회 이사
고려대학교 디자인대학 강사
홍익대학교 국제디자인대학원 강사
성균관대학교 디자인대학 강사
대한변리사회 공익변리사(前)

**홍기갑**
서울대학교 법학박사
원광대학교 교수
노사정위원회(전북) 위원장
한국브랜드학회 상임부회장
한국노동법학회 부회장
노동부 노동위원회 위원, 관세사
원광대학교 교무처장/법과대학장(前)
행정고등고시위원(前)
사법시험위원(前)
외무고등고시위원(前)

**박강익**
원광대학교 법학박사
한국기업법무연구원 연구위원
전라북도 청소년위원회 위원
한국프로그램보호위원회 외래교수
법무부 Law Educator
한국브랜드학회 상임이사
한국법학회 학술이사
원광대학교 교수(前)
한국상표권센터(KTRC) 이사(前)

**조성종**
명지대학교 법학박사
경북전문대학 교수
한국브랜드마케팅협회(KBMA) 부회장
한국브랜드학회 상임이사
한민족미래연구소 부소장
서울특별시 고급공무원시험위원(前)
동방종합법무법인 사무국장(前)
월간/계간 사회보험 편집위원(前)



**상표관리론**

2009년 6월 25일 초판인쇄
2009년 6월 30일 초판 1쇄발행

공저자 윤영수 · 이승훈 · 홍기갑
박 강 익 · 조 성 종
발행인 배 효 선
발행처 도서출판 法 文 社
413-756 경기도 파주시 교하읍 문발리 526-3
등 록 1957년 12월 12일/제2-76호(윤)
전 화 (031)955-6500~6 FAX (031)955-6525
E-mail (영업) bms@bobmunsa.co.kr
(편집) edit66@bobmunsa.co.kr
홈페이지 http://www.bobmunsa.co.kr
조 판 (주) 한 미 문 화 사

정가 17,000원 ISBN 978-89-18-12469-8